装备制造业绿色全要素生产率研究

ZHUANGBEI ZHIZAOYE LÜSE QUANYAOSU
SHENGCHANLÜ YANJIU

孟祥宁◎著

电子科技大学出版社
University of Electronic Science and Technology of China Press

·成都·

图书在版编目(CIP)数据

装备制造业绿色全要素生产率研究 / 孟祥宁著.
成都：成都电子科大出版社，2025.1. -- ISBN 978-7-5770-1441-8
Ⅰ.F426.4
中国国家版本馆CIP数据核字第2024XJ2202号

装备制造业绿色全要素生产率研究
ZHUANGBEI ZHIZAOYE LÜSE QUANYAOSU SHENGCHANLÜ YANJIU

孟祥宁　著

策划编辑	李燕芩
责任编辑	李燕芩
责任校对	刘　凡
责任印制	段晓静

出版发行	电子科技大学出版社
	成都市一环路东一段159号电子信息产业大厦九楼　邮编 610051
主　页	www.uestcp.com.cn
服务电话	028-83203399
邮购电话	028-83201495

印　刷	成都久之印刷有限公司
成品尺寸	170 mm×240 mm
印　张	12.5
字　数	270千字
版　次	2025年1月第1版
印　次	2025年1月第1次印刷
书　号	ISBN 978-7-5770-1441-8
定　价	75.00元

版权所有，侵权必究

前　　言

　　高度发展的装备制造业是产业演化升级的重要标志，体现了国家在经济全球化进程中的国际分工地位。党的十九大报告首次提出要"提高全要素生产率"，强调高质量的增长。提高全要素生产率（total factor productivity，TFP）是经济提质增效、实现可持续增长的核心来源。近年来，工业绿色转型步伐加快，对装备制造业绿色发展提出了更高的要求。绿色全要素生产率（green total factor productivity，GTFP）将环境效应纳入分析，是从可持续发展的角度测度产业演化的核心指标，也是产业演化内在功能的关键表征。产业演化结果往往外在表现于演化的规模和速度，而内在表现为演化的质量，其中，演化效率是质量的重要标志。虽然学者研究开始从产业发展的规模维度转向质量维度，但是在装备制造业演化效率的研究中，质量的研究较少考虑。因此，从质量层面去度量装备制造产业演化效率、剖析其演化影响机制是非常必要的。

　　基于此，本书采用考虑能源消耗与环境污染的GTFP作为测度产业演化效率的核心指标，从可持续角度探析装备制造业的演化效率。从演化经济学理论中的异质性视角出发，采用系统论框架构建了多重异质性（要素异质性、结构异质性、环境异质性），研究其对装备制造业GTFP（功能异质性）演化的影响机制、门槛效应和时空效应，并以中国（广西）装备制造业发展为案例，有助于为我国实施装备制造强国绿色发展战略提供理论指引和实践指南。

　　对比既有研究成果，本书在以下五个方面具有特色：

　　1.多重异质性是解决产业演化质量问题的关键钥匙

　　研究装备制造业生产效率影响因素的既有文献虽然较多，但这些文献主要是从单一视角（或要素投入，或产业集聚结构，或外部环境）来研究对产业演化的影响。相对而言，将要素投入、产业集聚结构、外部环境通盘考虑，研究其对产业演化的复杂作用路径的文献较少。而且产业演化是多个异质主体与环境相互作用的过程，目前缺乏系统研究。

　　产业系统具有多维（微观、中观、宏观）异质嵌套的结构特征，每一个尺度上都涉及要素、结构、环境的异质性与系统功能的异质性。本书运用系统论框架构建了多重异质性（要素异质性、结构异质性、环境异质性），研究其在产业系统演化效率（功能异质性）中的作用机理。基于理论分析，提出五个假设：①要素（劳动力、资本、知识）异质性对产业GTFP演化具有正向推动作用。②在高度专业化的装备制造业中，要素异质性有助于推动产业GTFP增长；在专业化水平较低的装备制造业中，要素异质性对产业GTFP的作用力不明显。③多重异质性影响产业GTFP具有门槛效应。④多重异质性影响产业GTFP存在不同的空间效应，在考虑了要素异质性的空间效应之后，其更有利于本地产业GTFP的增长。⑤不同质量的外部环境对本地产业GTFP的作用力不同。

2. 采用GTFP测度装备制造业演化效率较为科学

首先，多数文献选用全要素生产率作为演化的判断标准，但是未充分考虑到能源消耗、环境污染问题。其次，采用GTFP研究装备制造业的文献很少。截至2018年4月，在知网搜索引擎仅有一篇，即户慧、刘财2013年撰写的论文《中国装备制造业TFP增长的结构性研究——基于面板数据的实证分析》。而且该文章仅考虑了劳动、资本、能源消耗等投入要素对全要素生产率的影响，未充分考虑到环境污染对装备制造业生产效率的影响。然后，现阶段依靠投资驱动的装备制造业生产率增长质量不高，且对生态环境的污染问题不容小觑。为了从可持续发展角度衡量装备制造产业的投入产出效率，本书选择GTFP作为产业演化成功与否的判断标准，在传统投入要素（劳动、资本）的基础上，加入了能源消耗和非期望产出（CO_2排放量、SO_2排放量、工业固体废物排放量、工业烟尘排放量、工业废水排放量）。这个指标既能反映知识和技术在演化中的地位和作用，又能够剔除演化中能源消耗与环境污染，是衡量内在演化效率的科学指标，可以为经济转型分析提供关键指标。

3. 从产业投入的质量维度研究装备制造业演化升级是新趋势

提质增效是装备制造业演化升级的最终目标，产业投入的质量、质量的差异对产业生产效率演化非常重要。本书采用产业投入质量指标，研究质量差异对装备制造业GTFP演化的影响。投入产出使用质的指标，实现逻辑上的一致性，可以解决质与质之间的关系问题，在质量分析中，更加精准。

4. 装备制造业GTFP演化效应问题实证检验具有尺度特征

本书从理论推导和装备制造业GTFP的时空演化特征可知，产业要素投入、产业结构、外部环境的异质性作用于生产率增长的时空演化过程并非简单的线性相关，即异质性的提高并不必然推动装备制造业绿色全要素生产率增长。基于此，本书首先构建线性的经典面板模型，再构造非线性面板门槛模型，最后构建空间计量模型，逐步递进的模型分析将有助于研究演化的非线性、断续性等特征。

5.不同的产业专业化集聚度下,要素异质性对装备制造业GTFP演化作用各异

研究表明,劳动异质性、资本异质性、知识异质性有助于推动工业全要素生产率的增长,产业专业化水平越高越有利于促进产业结构合理化,提高装备制造业全要素生产率。但是尚未有学者研究在不同的产业专业化集聚度下,要素异质性对装备制造业全要素生产率,特别是GTFP增长的影响。本书将产业专业化集聚度设为虚拟变量,分为高、低两组,与要素异质性相乘为交互项,放入模型进行实证分析。结论是随着装备制造业专业化集聚度的提高,劳动异质性提高了技术进步能力,对GTFP由抑制力转为推动力,资本异质性产生的规模不经济导致技术进步的空间相对减小,对装备制造业GTFP的推动力有限,专利知识结构落后导致知识异质性未能有效提高技术进步而抑制了装备制造业GTFP的增长。东、中部地区的劳动异质性和资本异质性促进了技术进步和规模扩大,推动了装备制造业GTFP增长,但知识异质性导致的技术滞后阻碍了装备制造业GTFP增长。西部地区劳动异质性的提高有效地改进了技术效率,资本异质性则促进了技术进步,实现了装备制造业GTFP增长,而知识异质性导致的规模无效抑制了装备制造业GTFP增长。

根据理论、实证以及案例研究,围绕经济效益与生态效益共赢的目标,本书提出加大绿色创新要素投入,推动低碳技术进步;大力发展环保装备制造业;提升政府服务能力和保障能力;完善环保装备制造业的金融体系,提高资本质量;根据各子行业GTFP制约因素选择创新发展路径等对策建议。

本书是国家自然科学基金项目"异质性与地方特色产业演化机理研究(41361028)"、广西哲学社会科学规划研究课题"广西装备制造业质量测度与提升路径研究(17CJL001)"的研究成果。装备制造业GTFP涉及绿色创新要素(知识、技术)投入、产业链资源整合、产业与生态环境的协调发展,是一个牵涉面广、复杂性强、工作量大的系统工程。因此,笔者在写作过程中借鉴和吸收了国内外关于产业演化、装备制造业发展等最新研究成果,在此向各位文献作者表示深深的谢意。如果由于笔者的疏忽有个别之处未标明出处,在此深表歉意。受知识面和能力所限,尽管笔者做了最大努力,但是书中仍然会不可避免地存在一些缺点和不足,恳请各位读者提出宝贵的意见和建议,以使本书中的观点得以不断修正、补充和优化,为后续研究奠定基础。

目 录

第一章 绪 论 ……………………………………………………………… 1
1.1 研究背景与研究意义 …………………………………………………… 1
1.1.1 研究背景 ……………………………………………………………… 1
1.1.2 研究意义 ……………………………………………………………… 2
1.2 国内外文献研究 ………………………………………………………… 2
1.2.1 产业演化理论的发展 ………………………………………………… 2
1.2.2 装备制造业产业演化的研究 ………………………………………… 5
1.2.3 异质性与产业演化关系的研究 ……………………………………… 7
1.2.4 产业演化与TFP、GTFP关系的研究 ……………………………… 10
1.2.5 研究述评 ……………………………………………………………… 12
1.3 研究思路、框架与技术路线 …………………………………………… 13
1.3.1 研究思路 ……………………………………………………………… 13
1.3.2 研究框架 ……………………………………………………………… 14
1.3.3 技术路线 ……………………………………………………………… 14
1.4 研究方法 ………………………………………………………………… 15

第二章 多重异质性与区域产业演化关系的研究 ……………………… 17
2.1 异质性与区域产业演化关系的研究需要系统视角 …………………… 17
2.2 多重异质性的表现 ……………………………………………………… 18
2.2.1 要素异质性 …………………………………………………………… 18
2.2.2 结构异质性 …………………………………………………………… 20
2.2.3 环境异质性 …………………………………………………………… 21
2.2.4 功能异质性 …………………………………………………………… 22
2.3 异质性与区域产业演化动力的关系 …………………………………… 23
2.3.1 微观经济演化的动力机制 …………………………………………… 23
2.3.2 种群演化的动力机制 ………………………………………………… 24
2.4 异质性测度指标的构建 ………………………………………………… 25
2.5 系统视角下异质性区域产业演化的前沿领域 ………………………… 28

2.5.1　要素异质性与区域产业GTFP演化关系的研究 …………… 28
　　2.5.2　结构异质性与区域产业GTFP演化关系的研究 …………… 29
　　2.5.3　异质性视角下区域产业GTFP的空间演化效应 …………… 29
　　2.5.4　异质环境对区域产业GTFP演化效应的影响力 …………… 30

第三章　我国装备制造业GTFP的演化特征分析 ……………………… 31
3.1　GTFP是装备制造业生产方式转型判断的核心指标 ……………… 31
3.2　GTFP模型构造与数据说明 ………………………………………… 33
　　3.2.1　模型构造 ……………………………………………………… 33
　　3.2.2　样本数据说明 ………………………………………………… 34
3.3　我国装备制造业的演化特征分析 …………………………………… 36
　　3.3.1　我国装备制造业及其子行业GTFP的时间演化分析 ……… 36
　　3.3.2　我国装备制造业及其子行业GTFP的空间演化分析 ……… 40
3.4　本章小结 ……………………………………………………………… 46

第四章　我国装备制造业GTFP演化效应的影响因素分析 …………… 47
4.1　研究方法与模型构建 ………………………………………………… 47
　　4.1.1　研究方法 ……………………………………………………… 47
　　4.1.2　模型构建 ……………………………………………………… 48
4.2　变量选取与数据说明 ………………………………………………… 49
　　4.2.1　变量选取 ……………………………………………………… 49
　　4.2.2　数据来源与处理 ……………………………………………… 51
　　4.2.3　变量的描述性统计 …………………………………………… 52
4.3　实证分析 ……………………………………………………………… 53
　　4.3.1　异质性影响我国装备制造业GTFP的演化效应分析 ……… 53
　　4.3.2　异质性影响我国东中西部装备制造业GTFP的演化效应分析 … 60
　　4.3.3　异质性影响我国装备制造业各子行业GTFP的演化效应分析 … 67
　　4.3.4　稳健性检验 …………………………………………………… 77
4.4　本章小结 ……………………………………………………………… 78

第五章　我国装备制造业GTFP演化的门槛效应分析 ………………… 80
5.1　研究设计 ……………………………………………………………… 80
　　5.1.1　门槛模型的研究方法 ………………………………………… 80
　　5.1.2　门槛模型的构建 ……………………………………………… 81
　　5.1.3　门槛模型变量选取 …………………………………………… 84

目 录

  5.2 实证分析 ……………………………………………………………… 84
    5.2.1 异质性对我国装备制造业GTFP演化的门槛效应分析 ……… 84
    5.2.2 异质性对我国装备制造业GTFP分解指标演化的门槛效应分析 … 92
    5.2.3 稳健性检验 ………………………………………………………… 99
  5.3 本章小结 ……………………………………………………………… 102

第六章 我国装备制造业GTFP演化的空间效应分析 …………………… 104

  6.1 研究设计 ……………………………………………………………… 104
    6.1.1 空间自相关性 …………………………………………………… 104
    6.1.2 空间计量模型构建与权重矩阵选取 …………………………… 105
    6.1.3 变量说明 ………………………………………………………… 106
  6.2 实证分析 ……………………………………………………………… 106
    6.2.1 空间自相关检验 ………………………………………………… 106
    6.2.2 全样本全时段的空间效应分析 ………………………………… 111
    6.2.3 全样本分时间段的空间效应分析 ……………………………… 112
    6.2.4 分地区的空间效应分析 ………………………………………… 114
    6.2.5 稳健性检验 ……………………………………………………… 116
  6.3 本章小结 ……………………………………………………………… 142

第七章 案例研究：广西提升装备制造业GTFP的困境与解决思路 …… 145

  7.1 广西装备制造业发展的机遇 ………………………………………… 145
    7.1.1 "一带一路"沿线国家对基础设施建设市场需求较大 ………… 145
    7.1.2 广西具有"走出去"的独特区位优势与平台优势 ……………… 146
    7.1.3 广西装备制造业发展潜力大，对外输出具备广阔发展空间 … 146
  7.2 广西装备制造业GTFP的演化特征 ………………………………… 147
  7.3 广西提升装备制造业GTFP面临的困境 …………………………… 150
    7.3.1 劳动力质量不高，高素质人才队伍缺失 ……………………… 150
    7.3.2 地区资本密度相对较小，创新活动不活跃 …………………… 152
    7.3.3 专利结构滞后，知识质量不高 ………………………………… 154
    7.3.4 生产专业化度水平较低，高端装备制造业发展滞后 ………… 155
    7.3.5 外部环境推动力各不相同 ……………………………………… 156
  7.4 广西提升装备制造业GTFP的思路 ………………………………… 158
    7.4.1 深化人才强业战略，为提升GTFP提供智力支持 …………… 158
    7.4.2 健全环保装备制造业发展资金担保体系，拓宽信贷渠道 …… 159
    7.4.3 引入和制定环保装备制造业高标准，促品牌提升 …………… 159

- 7.4.4 实施"制造业+互联网"试点示范工程，提高专业化水平 ……… 160
- 7.4.5 优化营商环境，提高广西装备制造业GTFP增长的环境质量 ……… 161

第八章 主要结论、政策建议、不足与展望 …………………………… 162

- 8.1 主要结论 …………………………………………………………… 162
  - 8.1.1 依靠投资驱动的我国装备制造业GTFP整体偏低 ………… 162
  - 8.1.2 不同条件下的多重异质性对我国装备制造业GTFP演化的作用力各异 ………………………………………………………… 163
  - 8.1.3 多重异质性对我国装备制造业GTFP演化的影响存在门槛效应 … 169
  - 8.1.4 多重异质性对我国装备制造业GTFP演化的影响存在空间效应 … 170
  - 8.1.5 广西装备制造业提高GTFP需要从人才强业、品牌塑造、"互联网+"、优化营商环境等途径实现 ………………………… 176
- 8.2 对策建议 …………………………………………………………… 176
- 8.3 研究不足 …………………………………………………………… 180
- 8.4 研究展望 …………………………………………………………… 180

参考文献 ……………………………………………………………………… 181

第一章 绪 论

1.1 研究背景与研究意义

1.1.1 研究背景

我国经济已进入新常态，要素驱动、投资驱动要逐步转向创新驱动。党的十九大报告首次提出了要"提高全要素生产率"。全要素生产率与实现更高质量、更有效率、更加公平、更可持续的发展，以及建立现代化经济体系直接相关。全要素生产率是指全部生产要素（包括劳动、资本、土地等）投入量不变时，技术进步导致的产出增加。提高全要素生产率是经济可持续增长的唯一来源，也是供给侧结构性改革的目标。

作为供给侧结构性改革的重点，装备制造业是整个工业的核心和基础，影响着我国的工业化进程。《国务院关于加快振兴装备制造业的若干意见》（国发〔2006〕8号）实施以来，装备制造业发展迅猛，重大技术装备自主化水平显著提高，国际竞争力进一步提升，部分领域的技术水平与市场占有率跃居世界前列。随着绿色发展理念深入人心，工业绿色转型步伐进一步加快，对装备制造业绿色发展提出了更高的要求。从装备制造业产值规模看，我国位居世界第一。但是我国制造业大而不强，高端装备制造业发展滞后，创新能力不强，有产品缺品牌、有速度缺质量、有制造缺创造等问题依然突出。主要依靠资源要素投入、规模扩张的粗放型发展模式的装备制造业面临新挑战。

关于以何种途径来提高装备制造业全要素生产率，学者们贡献了许多想法，例如提高R&D投资[1]、扩大进口生产性服务[2]、提高装备制造业的集聚水平[3]、扩大对外开放[4]、引进高技术装备[5]、提高教育水平[6]。这些研究几乎囊括了产业发展与创新的所有因素，但是对于装备制造业全要素生产率中的绿色内涵解释不足，面临以下三个问题：（1）考虑了能源消耗与环境污染的装备制造业全要素生产率，其演化轨迹有何特征？（2）是什么因素推动或制约了装备制造业绿色全要素生产率的增长？（3）这些因素是通过何种途径影响了装备制造业绿色全要素生产率增长的？装备制造业绿色发展效率演化问题是国内外地方产业发展与演化研究的热点和难点问题，需要从演化经济学的基本理论、产业发展与演化的机制和知识在演化的核心作用等领域吸取有效成分进行深入研究。

1.1.2 研究意义

1. 理论意义

20世纪80年代起，演化经济学就受到了经济学家的重视，演化规模、速度和效率及其影响机制是演化经济学研究的重要领域，其中演化规模和速度已经获得了较为充分的关注，但是，相比之下，演化质量却是一个被忽视了的领域。产业演化是多个异质主体与环境相互作用的过程，如何分析异质性与演化之间的关系将为经济演化质量提供理论基础。本书运用系统论的分析框架构建多重异质性，研究多重异质性对产业演化的作用力和作用途径，力图建立异质性与演化效率之间的分析框架，并用我国装备制造业为案例实证研究产业系统演化效率及其影响因素的异质性之间的关系，为产业创新、制度变迁和生态经济发展理论提供新的视角。

2. 实际意义

全要素生产率（TFP）是演化经济效率分析的核心工具，绿色全要素生产率（GTFP）将环境效应纳入分析，是从可持续发展的角度测度产业演化的核心指标，也是产业演化内在功能的关键表征。本书基于异质性视角，深入研究多重异质性对产业演化效率的影响，探析我国装备制造业GTFP演化的影响机制、门槛效应和时空效应，挖掘其背后的主要原因，为推进我国环保装备制造业基地和重大环保技术装备战略基地建设、实施制造强国绿色发展战略提供理论指引和实践指南。

1.2 国内外文献研究

装备制造业关系着国家安全保障和综合国力的增强，是新时期我国工业供给侧结构性改革的重点。目前，世界其他国家包括国际组织并没有明确提出"装备制造业"这个概念。"装备制造业"可以说是我国独有。1998年，中央经济工作会议明确提出"要大力发展装备制造业"，"装备制造业"的概念首次正式出现[7]。按照国民经济行业分类，装备制造业包括金属制品业；通用设备制造业；专用设备制造业；交通运输设备制造业；电气机械及器材制造业；通信设备、计算机及其他电子设备制造业和仪器仪表及文化办公用品制造业七大类185个小类。装备制造业产业关联度高、吸纳就业能力强、技术资金密集，是工业的心脏和国民经济的生命线。目前，国内外关于产业演化、装备制造业效率等的研究成果较为丰富。

1.2.1 产业演化理论的发展

演化经济学作为现代西方经济学的一门新兴学科，主要借鉴生物进化的思想以及自然科学的最新研究成果，以动态的、演化的视角分析经济现象及规律[8]。金融

第一章 绪 论

危机以后，新古典经济学过分追求形式逻辑的均衡分析范式远离现实，受到了越来越多的质疑，而演化经济学发展迅速，相关研究主题也越来越多。一些经济学家认为，经济学正在从"均衡"范式走向"演化"范式，演化经济学在未来很有可能成为主流经济学[9, 10]。本书对 Wiley Online Library 数据库过去 90 年的统计发现，90% 有关演化的经济学文献是在 1994 年以后发表的，且研究文献的发表数量呈上升趋势，研究领域主要集中在产业演化、创新、制度变迁和生态经济演化；日本文献是演化经济学范式的早期来源之一，代表了演化经济学范式的一个发展方向，其最早出现于 20 世纪 80 年代初期，二十余年来取得重要进展。研究领域主要集中在产业政策，依托技术革新研究和企业史研究，讨论产业政策对企业内在能力的影响；而在我国，虽然在 20 世纪 90 年代学者们已经关注"演化"对经济学的重要性，但是截至 2018 年 3 月份，关于演化经济学 90% 的研究文献都是在 2004 年以后发表的，由此可见，国内外学者对演化经济学的研究还处于"青春期"。

演化经济学是建立在批判新古典经济学基础上的。与新古典经济学相比，演化经济学有其优越性，主要表现在：第一，演化经济学遵循的"满意假设"更有利于判断现实中经济个体的行为决策。与新古典经济学强调的"最优化行为"不同，在现实中，由于经济个体不可能准确地预见到"新奇"（创新）的创生，也不可能预先知道努力的特定结果，所以经济主体无法采取最优行为，因此"满意假设"更有利于经济学者研究经济个体的行为决策。第二，演化经济学的异质性假设，更有利于研究主观偏好的特异性和行为的异质性对新奇产生过程的重要影响。作为演化经济学的基本方法论，"种群思维"强调种群中个体的异质性，与新古典经济学把丰富多彩的个人和企业行为简化为"代表性行为者"来研究产业发展的方法不同，演化经济学认为种群内存在不同特征或特点的异质个体，正是由于异质个体的存在才使创新和演化得以发生，经济活动的质量才会有差异，国家之间才会产生贫富差距。演化经济学从个体异质性来分析创新的产生及经济活动的质量，更贴近现实情况。第三，演化经济学强调时间不可逆、不确定性和历史的重要性，更符合我们用"发展"的眼光看待事物规律的方法论。西方主流经济学认为，存在着适用于一切时间和地点的经济规律和经济政策，但是在现实情况中，这种静止的和封闭的世界观显然是不适用的。路径依赖、技术经济范式和新奇创造等这些演化经济学概念都隐含着时间不可逆的思想。第四，演化经济学采用有机层级结构的系统观分析经济发展规律，更符合"事物是普遍联系"的哲学思维。演化经济学认为，整个世界是一个层级结构，在层级结构中每一层的系统都具有双重特性，即他们自身既是整体又是其他整体的组成部分，每个子整体既有自主性又有依赖性，不同层级之间存在着反馈关系，这被称为"杰纳斯效应"（Janus effect）。基于有机层级的本体论，演化经济学构建了"微观—中观—宏观"的经济学体系。比西方主流经济学试图在微观经济学的基础上推导宏观经济理论的工作又更近了一步[11]。

正因为演化经济学在解释经济演化发展方面有其独特的优势,所以近年来,多数学者更喜欢从演化的视角探析产业发展的规律。国外学者倾向于从微观角度研究企业创新与产业演化的关系,90%的文献研究集中在1998年以后,而我国学者倾向于从中观或宏观的角度研究装备制造业、产业演化动力等问题,90%的文献研究集中在2002年以后。学者们研究产业演化主要集中以下四个领域:

一是产业演化的过程。孙华平[12]认为产业在其演化过程中呈现出开放性、非线性、远离平衡态、自组织、整体涌现性等特征。产业的演化是层层递进、相互嵌套的结构演进,在集群企业之间、产业种群之间以及产业与外部环境之间三个层面上都存在着协同演化[13]。集群主体间竞争又合作的协同机制推动集群演化,最终实现整个集群系统的稳定[14]。于斌斌[15]采用演化经济学的演化范式对产业集聚与城市化的共同演化进行了研究,发现产业集聚与城市化之间的互动是一种多层级、多阶段的动态演化过程。姚建华[16]基于企业家创新行为来探析产业演化的基本规律,认为产业演化和企业家创新演化是协同演化的。徐廷廷[17]认为产业演化是区域分工的表现,包括产业主体、产业要素等在时空的布局。张古、安虎森[18]认为产业的演化会带来空间区域上产业结构的调整,并得出我国产业格局是从北向南转移的结论。

二是演化动力。张敏[19]认为产业自主创新演化的动力包括人才支持、资金保障、技术推动。刘志攀等[20]将美国电子信息产业演化动因归于技术发明、市场需求、成果转化和政府行为等四个方面。王炜等[21]研究知识密集型产业的演化机理,发现知识基因是演化发展的内在动力。赵卓等[22]通过梳理产业演化动力机制的文献,认为产业演化就是企业间内在的能力和技术、社会、制度因素相互作用的结果,技术创新、市场需求和制度环境都是影响产业演化的动力。王军[23]研究了产业组织的演化,他认为产业组织演化是产业内部各要素相互作用的过程,产业组织演化的动力是企业进入、退出市场的行为和技术创新。日本学者更关注政策环境对企业技术发展的影响。小田切宏之[24]认为企业能力的动态发展过程以及企业家精神对产业发展非常重要,并通过产业层面的案例分析来讨论了技术政策如何影响企业的技术能力;桥本寿朗[24]指出成功的产业政策实际上是对政策环境的创造性适应,认为政府以改善企业外部环境的方式推动了企业能力的形成。张林等[25]构建了主体—环境互动的地方产业演化分析框架,认为知识创新是产业演化的主推力。兰飞[26]认为创新资源,比如人力资本、资金、设备等投入是产业自主能力演化的基础动力,创新环境是支撑。M Seker[27]认为企业和产业的动态演化过程的推动力主要包括技术、规模经济和需求,每个特定行业的知识条件和技术存在差异,这种异质性是创新的关键要素。DB Audretsch[28]认为知识经济对产业演化的推动作用越来越受到重视,生产者更欢迎新兴知识产业的产品。同时,DB Audretsch[29]还认为产业演化动力来源于规模经济、资本密集度、创新活动的程度,资本密集度过大或规模经济失败将会严重阻碍新企业进入市场和创业。综上,我们整理归纳得出,学者们普遍认为：人力资本、资金、技术发明、知识创新是产业演化的动力，而产业演化离不开外部环境（特别是技术创新的政策环境）的支持。

三是产业创新系统的演化。陈金丹等[30]研究结果表明，在产业发展过程中，产业创新网络的规模、创新收益与企业间差异不断增大，创新网络在地理空间上表现出"分散—集聚—分散"的态势。于焱等[31]认为学习能力和吸收能力是提高产业组织创新绩效的关键因素。盛昭瀚等[32]构建了"新熊彼特"式的产业创新系统演化模型，分析了产业内各个企业的投资决策、R&D策略、技术创新以及产业特征等对产业创新系统的影响。

四是产业与技术创新、制度环境的共同演化。吴艳文[33]认为技术和制度协同演化是产业组织演化的本质，技术创新是演化的基础，原动力是组织学习，制度变迁是外部环境。黄韦华等[34]分析了破坏性创新与本土产业升级的协同演化过程，认为破坏性创新与产业环境中诸多要素协同互动推动本土产业升级。眭纪刚等[35]分析我国电动汽车在不同发展阶段的技术—制度协同演化过程，发现在产业孕育期和萌芽期是制度创新带动技术创新，在成长期是技术创新推动了制度创新。特日昆等[36]基于"新熊彼特"理论构建了战略性新兴产业技术与制度共同演化模型，结果表明制度创新有利于扶持技术创新企业。巫景飞等[37]认为产业模块化是一个复杂的共同演化过程，企业间竞争而激发的创新行为是产业模块化的主要驱动力量。洪嵩等[38]构建我国高技术产业系统与区域经济系统的演化模型，实证发现不同地区两个系统的演化过程表现为持续提升和往复波动并存，总体演化水平较低且东西部差距明显。黄凯南[39]构建了企业和产业共同演化的模型，认为企业是经济演化的行为主体，企业的创新能力和模仿能力以及企业间的互动模式是影响企业和产业共同演化的重要因素。

国内外学者对产业演化的研究主要集中在产业演化过程、演化动力、产业创新系统演化、产业与技术、制度共同演化等方面，研究领域广，运用多种方法从不同角度分析了产业演化的动力、影响因素和作用路径，研究结论为本书奠定了理论的基础，也界定了研究的前沿方向。

1.2.2 装备制造业产业演化的研究

演化经济学注重从动态发展的、系统的角度出发研究产业发展的问题，更符合现实。装备制造业是实体经济的支柱，对装备制造业的演化，现有文献较少，且研究还处于初步发展阶段，90%的文献研究都集中在2008年以后，研究的领域主要包括以下三个方面。

一是装备制造业集群的演化问题。柴国荣等[40]分析了装备制造业集群企业纵向合作的演化轨迹，认为我国装备制造业集群内核心企业和外围企业僵化的合作关系导致了装备制造企业自主创新力不强，应鼓励装备制造企业之间横向、纵向的联合以及并购重组，增大核心企业和外围企业的数量。娄玉东[41]认为区域装备制造业集群演化机理是指在一定环境下，将区域装备制造业集群演化的各影响要素建立联系并组合，作用于区域装备制造业的集群演化的过程，其演化的动力包括大企业孵化、协同创新激励、知识溢出、企业间的竞争与合作。娄玉东[42]还认为区域装备制造业集群的演化过程可分为水平集聚阶段、纵向集聚阶段和网络集聚阶段。欧阳青燕[43]认为装备制造业集群演化过程主要受母体企业的聚化能力、产业链基础、市场环境和技术复杂性等影响，演化经历了产业集聚、装备制造业化、集群调整、集群衰退或变更等四个阶段。学者们从不同角度研究装备制造业集群的演化机理，但是集群的演化与生产效率关系问题并未得到重视。

二是装备制造业演化过程及动力问题。白洁[44]认为装备制造业的演化过程可以看作企业之间以及与周围环境（政治环境、经济环境、地理环境）的协同演化，装备制造业内部企业之间竞争与合作的最终状态取决于竞争强度、合作程度和市场容量，还与各自的初始规模、自然增长率等密切相关。王子龙[45]认为装备制造业系统的演化动力来自系统内部的竞争和协同作用，竞争是系统演化的首要条件。王跃伟[46]基于Logistic方程模拟我国装备制造业演化轨迹，结果表明我国装备制造业仍处于线性起步期。Francesca[47]通过对德国和意大利20个制造行业公司数据的分析，提出R&D投入、引起技术变革新设备的购进是机械制造业演化的重要动力。F Malerba[48]从消费者能力和创新用户的需求、产业知识基础、创新合作与研发网络的动力学方面研究了创新和机械行业演变的关系，认为产业的知识基础是产业向高级态势演化的基本条件。学者们普遍认为技术创新是装备制造业演化的内在动力，但是没有深入探究技术创新是如何影响装备制造业演化效率的。

三是装备制造业创新演化问题。吴雷[49]认为装备制造业突破性创新的系统演化过程是创新系统对外部环境刺激的感知传递到内部的动态反馈过程。赵爽[50]研究装备制造业产学研合作网络的时空演化，发现产学研研发水平与本地区的装备制造业规模不匹配。吕国庆等[51]研究发现，地理邻近作用是装备制造业创新网络演化的首要驱动因子，社会邻近是行为主体间的知识流动、寻求创新合作伙伴的重要方式。哈佛商学院的Abernathy[52]经过比较研究认为美国机械制造业在其国际化演进过程中已经成为非常成熟的产业。当一个产业达到其生命周期的饱和水平时，如果缺乏技术创新，那么该产业将会出现增长终止的现象，他把这种现象称为"技术僵局"。意大利学者Breschi等[53]对欧洲专利局1978—1999年六个发达国家（美国、英国、德国、法国、意大利、日本）的41万专利数据按照熊彼特组合进行了分析，结果表明机械行业创新以创造性破坏为主，电子机械行业以创造性积累为主，他们认为创新活动的集中度和创新行为的非对称性导致了这种差别的产生。大多学者们注重研究创新对装备制造业演化的影响，但是创新对装备制造业演化效率的作用力和作用路径问题，目前缺乏系统研究。

装备制造业的演化研究在不断深入，创新是演化研究的重点和前沿方向，演化动力和演化效率的判断是研究的难点。

1.2.3 异质性与产业演化关系的研究

学术界最开始对于异质性（heterogeneity）的研究多见于生态、遗传等学科，主要指样本或观测个体的差异性、多样性和混合性特征[54]。Jacbos[55]认为异质性是经济增长的重要机制，Nelson和Winter[56]将惯例看作是企业的异质性特征。Andersen[57]认为异质性是演化的前提。演化过程中的变异机制会增加异质性，而选择机制会减少异质性。由此可见，异质性是分析产业演化的基础。目前，学术界对异质性的定义尚未达成一致。大多数国外学者将异质性与多样性（diversity）混淆，Spilling[58]认为异质性是多样性的同义词，是演化的必要条件。本书认为，与多样性不同，异质性指的是同一种类个体质量的差异，比如同一产业内不同企业间的差异。而多样性指的是不同种类之间的差异，比如不同产业内企业间的差异。学者们关注的是异质性在产业演化过程中扮演何种角色，以及产业演化如何生产异质性。

不同于新古典经济学，演化经济学用西蒙的"有限理性"假设替代完全理性假设，用马奇的"满意"原则替代最大化行为原则[59]，将异质性作为起点，研究部门间结构变迁对经济增长的影响，主要集中在三个基本问题：个体行为研究，制度、技术与偏好的共同演化，分析工具和方法论的统一[60]。演化经济学采用"多样—选择—遗传"框架分析异质主体对外部环境变化的行为反应，由竞争决定行为主体是被保留、遗传，还是被淘汰。Marshall[61]认为"变异的倾向是进步的主要原因"，他在研究产业发展的时候，明确考虑到了企业的多样性和异质性，并尝试将它们纳入产业分析中[62]。Wesley Cohen和Franco Malerba[63]在引用Marshall的观点时强调，与Marshall对代表性企业的看法相反，演化模型刻画了不同的企业（或代理）群体在经济环境中共存。在这些模型中，异质性推动了技术变革和技术学习，反过来又推动了劳动分工。企业的异质性是演化的引擎，是产业经济、区域经济乃至宏观经济演化的基础[64]。

企业异质性特征、选择和传承机制构成了演化经济学的三个理论基石。Nelson和Winter[56]认为惯例是企业"异质性"的表现。每个企业的惯例可以被看成是企业知识和经验的载体，表现为企业的组织结构、管理制度等，这些惯例之间存在一定的差异性，它们构成企业之间相互区别的特征。变化多样的组织惯例是企业"异质性"的表现[10]。企业个体的独特性和异质性使得其对新技术和新惯例"搜寻"的过程不一样。这种"搜寻"过程主要分为两类：一类是本地"搜寻"，即自主创新，这意味着改变原有的惯例，在一个技术可能性集合中寻找新的技术，新技术越接近旧技术，它被"搜寻"到的可能性就越大[65]。新技术的产生会使得创新者比非创新者获得更大的优势，体现在获得更大的经济利益，但是这种优势是暂时的，因为非创新者会通过模仿、学习来获取新技术，创新者会逐渐丧失自己的优势[66]。另一类是模仿,就是模仿其他企业的技术[65],在已知的技术和惯例中寻找适合自己需要的[66]。弗朗哥·马雷尔巴等[67]对产业内创新异质性文献进行了梳理,认为企业创新上的异质性意味着吸收和应用技术能力的存在,也意味着企业即使做相同的事情,也知道该如何采用不同的方法来完成。同一产业内各企业间创新的异质性是影响创新模式的关键因素[68]。"惯例"是知识的集合,知识的异质性导致企业拥有不同的"惯例",进而影响其选择技术创新的路径。郭京京[69]探讨了装备制造业中技术异质性对企业创新绩效的影响机制,认为企业间技术学习惯例的多样性产生了知识异质性,而知识异质性是影响企业创新绩效的关键因子。知识异质性与产业结构有很大关联,MAR 外部性理论强调同一产业内专业化分工更能产生比较优势,Jacobs 外部性则强调不同产业之间知识溢出促进技术进步,从而有利于技术创新和经济增长。国内学者对专业化与多样化的外部性理论进行了实证研究,但学者的结论却因地区和产业而异。胡树光等[70]认为既不是区域多样化,也不是区域专业化能促进创新,而是考虑相关性的多样化才能推动企业间相互学习与创新。

从以上研究可看出,学者们深切关注异质性与经济演化的关系,但是,企业异质性具有多重性,既涉及要素投入、创新、效率等方面的内部因素,也牵涉到结构状况、所处经济环境等外部因素,这种多重异质性如何影响演化路径?这需要我们对异质性及其与产业演化的关系进行深入分析。

现代产业演化理论的一个显著特征是重视企业异质性对产业演化的影响,一个普遍的共识是,产业种群内的企业是具有异质性的,不存在代表性企业,产业演化必须明确考虑企业的异质性及其演化动态。演化经济学者们通过构建数理模型动态模拟了异质性如何作用于产业部门结构变迁,进而推动经济增长的过程。异质性作用于产业演化模型的发展脉络见表 1-1 所列。

早期的演化模型仅从企业和部门自身对异质技术的搜寻和选择出发,研究单一产业种群结构变迁引致的经济增长,没有重视外部环境变化对企业技术创新的影响。后来的学者注意到了这一点,开始将外部环境的技术多样性、需求弹性、国际贸易因子等引入模型,研究企业的技术搜寻、学习效率与生产成本如何引致经济增长,更全面地模拟多个产业部门互动引起的经济结构变迁。经过多年发展,演化经济学模型的研究方向从微观的单一产业部门结构变迁逐步向多个产业部门经济系统结构变迁转变。值得注意的是,Metcalfe[71]以前的演化经济学模型大多是两阶段模型,即给定多样化水平,在此基础上选择技术。但是选择机制会减少多样性,模型不具有可持续性,因此,Metcalfe 将模型拓展到三阶段模型,通过引入 logistic 方程,增加了行为多样性的产生和破坏阶段,使模型描述的演化过程得以持续。

表1-1 异质性作用于产业演化模型的发展脉络

模型	研究对象	作者	构建模型的思想和逻辑
经典模型（N-W模型）	单一部门的结构变迁引致经济增长	Nelson, Winter[56]（1982）	引入"搜寻"（本地搜寻和模仿）来描述企业的技术创新和行为选择。用企业的技术系数（惯例）差异来表现企业的异质性。异质性引致行为选择。企业若在现有状态下达到给定利润，则不搜寻，保持现有惯例。若利润低于目标水平，则搜寻。企业"搜寻"具有路径依赖
N-W模型的拓展		Conlisk[72]（1989）	依据N-W模型的积累性技术思想，在企业技术异质性基础上加入企业的技术进步，描绘经济增长的随机漂移轨迹。用储蓄参数的变动对企业技术平均水平增长的影响，说明技术变迁是经济增长的主推力
模仿者方程		Fisher[73]（1930）	数理表达达尔文"适者生存"思想。模型中，个体的适应度决定个体数量在群体中的比例。此模型仅描述生物演化过程，未涉及经济系统
将模仿者方程引入演化经济分析	单一部门的结构变迁引致经济增长	Silverberg等[74]（1993）	以熊彼特"创造性破坏"思想为基础，在技术多样性基础上构建技术选择模型。技术的选择过程引起经济的结构变迁
		Metcalfe[71]（2004）	拓展为三阶段模型，即在前期多样化和选择的两阶段模型的基础之上，加入了行为多样性的产生和破坏。创造性地引入了logistic方程表示再生成本的多样性
	多部门经济系统结构变迁引致经济增长	Montobbio[75]（2002）	在企业和产业部门异质性基础上引入制度和需求分析，得出在没有技术进步的情况下，异质性导致企业和行业优胜劣汰、结构变迁的结论。经济异质性表现为：需求增长率和需求收入弹性的差异、企业和行业间的替代性以及成本的差异
		Marsili等[76]（2002）	把消费、需求以及国际贸易因素引入投入产出模型，描述了以异质性为基础的多部门间技术选择、总量增长及结构变迁的动态机制
		Saviotti等[77]（2008）	构建了新部门创生模型，描述新部门创生引起结构变迁进而导致经济增长的作用机制，弥补了传统演化增长理论无法度量质变的缺陷。比较不同的技术机会、学习率、部门效率和基本搜寻活动效率对经济系统的影响

资料来源：笔者根据相关文献整理

从异质性视角出发研究装备制造业的文献寥寥无几,赵建华等[78]研究辽宁装备制造业技术能力的异质性,分析发现轨道交通设备制造业、仪器仪表、电工电器行业、汽车、船舶工业的技术能力异质性高,适合采取自主创新与技术共享战略,机床和航空制造技术能力异质性低,可采取引进、模仿,消化再创新战略。

异质性是解释产业演化的关键钥匙,正因为经济系统中存在多重异质性,才能推动经济系统向前演化。现阶段对异质性与产业演化的理论研究与实证分析丰富多样,但是仔细分析就会发现,仍有一些空白值得深入研究:一是现有文献多从单一要素的异质性来分析产业演化,比如所有制异质性[79]、消费者选择和企业投资决策的异质性[80]、规模异质性[81]、外资异质性[82]、空间异质性[83]、行业和时期异质性[84,85]、装备制造业的异质性[86]、进入壁垒的异质性[87]等。鲜少有学者从多重异质性研究产业演化,比如李军等[88]认为国际市场竞争力来源于企业区位、企业年龄、企业规模、企业性质、资本结构、人力资本等多重异质性。虽然他们将以往的单一要素异质性拓展为多重异质性,但这些异质性组合并没有形成统一的逻辑,即未按照一定的逻辑思路将多重异质性划分,所以在分析结果时可能失之偏颇。产业是多层嵌套、因果循环的复杂系统,其异质性表现在方方面面,应考虑微观企业、中观产业和宏观环境的多层嵌套关系,从系统角度构建多重异质性。二是既有文献研究对"异质性"的理解存在偏误,比如消费者选择偏好不同属于异质性[80]。本书认为,异质性是质的测度,指的是同一种类个体质量的差异,比如同一产业内不同企业间的差异。从投入要素的质量维度分析产业演化效率,分析结果可能更精准可靠。三是装备制造业是工业供给侧结构性改革的重中之重。但是研究异质性对装备制造业演化的文献较少,既有文献多从技术异质性、劳动异质性等单一异质性来研究装备制造业演化问题。因此,本书认为应从异质性这个演化分析的基本点出发,运用系统论框架构建多重异质性来研究产业的演化效应及其背后的演化动力,或许得出的结论更有普适性。

1.2.4　产业演化与TFP、GTFP关系的研究

国外的演化经济学者用生产率来刻画产业演化,比如Winter等[89]建立了一个描述产业演化的基本模型(即WKD模型),该产业演化模型用资本量的差异来描述企业的异质性,用资本产出效率来刻画企业的竞争力,从企业的竞合行为探析产业演化轨迹。C Carreira 和 P Teixeira[90]研究了技术变革和生产效率如何影响产业的竞争力,认为高于或低于平均生产率是企业判断该进入还是退出市场的重要标准。

企业个体进入或退出市场可以被看作物种进化过程中某一物种被环境选择或淘汰的过程。企业的生产效率决定了企业进入、在位或退出市场。平均生产效率高的企业,在竞争中处于优势,会选择留在市场继续生产,平均生产效率最低的企业在竞争中处于劣势,会选择退出市场,而介于两者平均生产效率之间的企业则选择进

入市场[91]。同理于产业，产业系统由多个企业构成，某一子产业高于整体产业的平均生产效率，则保留，否则会被淘汰，因此生产效率是产业演化成功与否的重要判断标准。

演化经济学理论认为，知识异质性是推动产业演化的重要动力，正因为企业间存在异质知识，才有利于知识的溢出和学习，增加"新奇"（创新）机会，创新是产业演化的内生动力。因此在判断演化是否成功的时候，不能简单地将其标准定为某一生产效率（比如劳动效率、资本效率），应充分考虑知识和技术在产出增长中的贡献度。全要素生产率（TFP）是指全部有形的生产要素（劳动、资本、土地等）投入量不变时，生产量仍能增加的部分，增加的这部分生产量主要是由技术进步和知识创新导致的。对于TFP的分解，有学者认为TFP可分解为技术进步和技术效率两部分[92]，也有学者认为TFP应包括纯技术效率变化（MC）、纯技术变化（PTC）和规模变化因子（SCH）[93]，目前比较常用的是Ray SC和Desli分解方法，本书也借鉴此方法进一步分析我国装备制造业效率的演化。

关于装备制造业TFP演化的文献较多，但是由于研究时间段、研究对象、研究方法、样本数据的不同，得出的结果千差万别。

关于装备制造业TFP的推动力和抑制力，有的学者认为技术进步是推动装备制造业TFP增长的主要动力[94-96]，配置效率低下是抑制装备制造业TFP增长的主要障碍[97, 98]；有学者认为技术退步阻碍了装备制造业TFP的增长[99]；也有学者发现是规模效率恶化制约了TFP提升[6, 95]。

关于装备制造业TFP的影响因子，异质性人力资本、扩大R&D投资、进口生产性服务、提高产业专业化集聚度、扩大对外开放、合理的产业规模、优化生产要素配置、引进高技术装备、高度发展的教育水平、金融支持、竞争性补贴等都会显著地推动装备制造业TFP的增长[2-6, 100-102]。

关于装备制造业TFP的空间分异情况，冯正强、白利利[103]研究发现东部地区装备制造业TFP的各项指数都明显低于全国平均水平；中部和西部地区的TFP和技术效率均高于全国平均水平，但技术进步指数均低于全国平均水平和东部地区。也有学者认为东部地区的TFP要远远领先中、西部地区，但是中西部地区TFP增长速度快于东部地区[95, 104, 105]，牛泽东等[95]实证研究发现中部地区的TFP增长率最高，东部次之，西部最低，这主要是由于西部地区装备制造业要素配置效率恶化，东部地区规模效率下降导致的。

关于装备制造业子行业的TFP演化，有的学者认为，金属制品业的TFP指数大于其余6个行业[99]；而有的学者发现TFP增长最快的是通信设备、计算机及其他电子设备制造业[106]。

20世纪90年代，重工业对生态环境污染的恶性影响越来越凸显，已经严重制约了我国工业的发展，经济效益增长速度放缓，国家提出生态效益与经济效益并重的理念，在"九五""十五"期间大力推行装备制造业节能环保技术改造，对工业企业采取"抓大放小""节能减排和减员增效"等相关工作，生态环境得到了有效保护。但是从2002年开始，随着我国工业化和城镇化进程加快，大量基础设施建设对装备制造业刚性需求增大，多项环境污染指标（SO_2、CO_2、工业废水排放量）上升，能源消耗强度增大，环境恶化不容小觑。我国学者也逐渐意识到这个问题，开始尝试将能源消耗和环境污染指标放入TFP，从绿色可持续的角度研究产业演化，即采用绿色全要素生产率（GTFP）研究产业演化的效率。但是在现阶段，相比起TFP，研究装备制造业GTFP演化的文献很少。目前通过我国知网，只找到一篇关于装备制造业绿色全要素生产率的文章：户慧、刘财[107]考虑劳动、资本、能源消耗等投入要素对全要素生产率的影响，发现全要素生产率的增长主要得益于技术进步；从分行业的角度看，全要素生产率增长最快的是电子及通信制造业。研究工业GTFP主要从以下两个方面展开：一是环境制度约束对工业TFP的影响。韩晶等[108]基于行业异质性的环境效率视角研究制度软约束对制造业绿色转型的影响，研究发现地方政府的制度软约束抑制了中度、轻度污染行业的绿色转型，但是对重度污染行业有正向影响。段文斌等[109]基于工业异质性技术选择路径，提出政府应根据每种产业"擅长"完成节能目标或减排目标的能力，高效率地控制某一种污染物排放量或能耗强度。二是推动工业GTFP增长的影响因素。贺胜兵等[110]研究发现各地区环境约束下的工业TFP增长具有明确的异质性，地区经济开放度、能源强度、工业结构等会显著影响工业GTFP增长。朱学红等[111]引入"环境技术"框架测算TFP发现，结构无效率、技术无效率和管理无效率是工业TFP下降的主要原因。尽管现阶段研究工业GTFP的文献较少，但是其研究思路和研究角度为本书分析装备制造业GTFP演化开阔了视野，提供了理论和实证支撑。

1.2.5 研究述评

以上学者的研究为产业演化理论发展、装备制造业演化、异质性与产业演化、产业演化与TFP、GTFP关系的解释提供了基础理论指导和工具支持。但是，针对装备制造业GTFP演化问题，既有文献在研究对象、研究内容和研究方法难以满足实践需要：

（1）从研究对象看，既有文献多采用"单一生产率"（比如劳动效率、资本效率）来衡量产业演化效率，知识在演化中的地位并没有得到充分体现，此外，环境消耗也未能充分考虑。演化经济学认为创新是产业演化的内生动力，创新来源于知识，因此我们在测度演化效率的时候，不能简单地使用"单一生产率"来衡量，应充分考虑知识和技术在产出增长中的贡献度，即全要素生产率（TFP）。装备制造业子行业中不乏高能耗高污染的产业，对生态环境的破坏性影响不容忽视。因此在考虑智力投入的全要素生产率的同时，还应将生态污染和能源消耗等环境指标加入进去，采用绿色全要素生产率（GTFP）来测度产业演化效率，从产业可发展持续角度对我国装备制造业演化进行系统、前沿的实证研究，有助于我国装备制造业摆脱亦步亦趋的投资驱动型工业化道路，为内生发展战略转型提供理论基础。

（2）从研究内容看，虽然学者们在装备制造业演化的理论和实证研究方面进行了大量的，甚至开创性的研究工作，但是在装备制造业演化效率的研究中，影响因素却缺乏质的考虑，而且影响因素缺乏空间因素的考虑。产业演化结果往往外在表现于演化的规模和速度，而内在表现为演化的质量，其中，演化效率是质量的重要标志。因此，应从质量维度去度量装备制造产业演化效率的影响因子，比如劳动力质量、资本质量、生态环境质量等，而不是数量层面。这样，可解决投入质量与产出质量之间的关系问题，实现逻辑的一致性，使分析更加精准。此外，产业演化涉及多个区域之间对生产资源的争夺，不仅要考虑本地异质要素对装备制造业演化效率的直接效应，还应充分考虑邻近地区异质要素和环境对本地装备制造业演化效率的间接效应，因此考虑产业演化效率的空间效应十分必要。

（3）从研究方法看，线性回归是演化经济学者常用的实证分析工具，但是产业演化是系统内多个异质经济主体与外部环境相互作用的过程，演化效率是产业演化的内在表现，多重异质性作用于装备制造业产业演化效率的表现如何、运行机制如何是一个值得深入研究的课题，而这往往被学者们忽略。经济主体的演化轨迹与环境作用过程是复杂的、非线性的、未来演化轨迹不确定，且在不同外部环境作用下演化轨迹不唯一，应考虑产业演化效率的非线性轨迹，可以纳入门槛效应、空间面板等分析工具来进行解释。

1.3 研究思路、框架与技术路线

1.3.1 研究思路

本书旨在系统梳理多重异质性对产业演化的影响，并对其进行层层递进的实证检验，研究思路是：第一，从系统视角对多重异质性在产业演化中的作用机理进行重新梳理，判断研究的前沿领域，并提出五个理论假设；第二，基于理论假设，以1990—2015年我国省级面板数据为观测样本，借助经典的面板计量模型对影响装备制造业绿色全要生产率的多重异质性进行检验；第三，利用经典面板模型的回归结果，进一步对多重异质性影响装备制造业绿色全要素生产率的门槛效应进行检验。第四，考虑不同地区间的空间依赖关系，利用空间计量模型对多重异质性影响装备制造业绿色全要素生产率的空间效应进行实证分析；第五，以广西提升装备制造业GTFP作为案例进行分析；第六，在总结上述理论和实证结论的基础上，提出相关发展建议。

1.3.2 研究框架

根据上述研究思路，本书共由八章构成，其基本框架及内容安排如下：

第一章，绪论。主要对本书的研究背景与意义，国内外文献研究，研究思路、框架与技术路线，研究方法等问题进行简要分析。

第二章，多重异质性与产业演化关系的理论分析。从系统视角重新梳理多重异质性与微观个体（企业）、种群结构（产品、产业、区域）演化的内在逻辑，提出多重异质性影响产业演化的五个理论假设。

第三章，我国装备制造业绿色全要素生产率的时空演化分析。主要从时间维度和空间维度探析我国装备制造业绿色全要素生产率的时空演化特征。

第四章，异质性视角下装备制造业绿色全要素生产率演化的影响因素分析。以1990—2015年我国省级面板数据为观测样本，利用经典面板数据模型，借助系统GMM回归分析工具，从全样本、分地区、分行业等不同视角对影响装备制造业绿色全要素生产率的多重异质性进行实证分析。

第五章，异质性视角下装备制造业绿色全要素生产率的门槛效应分析。以装备制造业专业化集聚度为门槛变量，考查多重异质性影响绿色全要素生产率的作用路径及其深层次原因。

第六章，装备制造业绿色全要素生产率演化的空间异质性分析。借助空间计量分析，从全样本、分时段、分地区等不同视角对多重异质性影响装备制造业绿色全要素生产率演化的空间效应进行实证检验。

第七章，案例研究。以广西装备制造业为案例，分析在"一带一路"背景下，广西装备制造业发展面临的困境，并提出提升GTFP的思路与途径。

第八章，主要结论、政策建议、不足与展望。在总结第二章至第七章主要结论的基础上，提出推动我国装备制造业绿色全要素生产率增长的对策建议，并提出本书研究的不足，以及未来可进一步研究的方向。

1.3.3 技术路线

根据上述研究思路和研究框架，本书遵循如图1-1所示的技术路线。

```
┌────────┐      ┌──────────────┐    ┌──────────────┐
│提出问题│─────▶│现实依据:      │    │理论依据:      │
└────┬───┘      │研究背景       │    │国内外研究综述 │
     │          └──────┬───────┘    └──────┬───────┘
     │                 │                   │
     │                 ▼                   ▼
     │          ┌─────────────────────────────────────┐
     │          │多重异质性如何作用于装备制造业绿色    │
     │          │全要素生产率演化                      │
     │          └─────────────────────────────────────┘
     ▼
┌────────┐      ┌──────┐    ┌──────────────────────────────┐
│分析问题│─────▶│理论  │───▶│多重异质性在产业演化中的作用机理│
│        │      │分析  │    └──────────────────────────────┘
│        │      └──────┘    ┌──────────────────────────────┐
│        │      ┌──────┐───▶│多重异质性影响装备制造业绿色    │
│        │      │实证  │    │全要素生产率的实证检验1:经典面板回归│
│        │      │分析  │───▶┌──────────────────────────────┐
│        │      │      │    │多重异质性影响装备制造业绿色    │
│        │      └──────┘    │全要素生产率的实证检验2:门槛效应回归│
│        │                  ├──────────────────────────────┤
│        │                  │多重异质性影响装备制造业绿色    │
│        │                  │全要素生产率的实证检验3:空间计量回归│
│        │      ┌──────┐    └──────────────────────────────┘
│        │      │案例  │───▶┌──────────────────────────────┐
│        │      │分析  │    │广西提升装备制造业绿色全要素生产率的困境与解决思路│
└────┬───┘      └──────┘    └──────────────────────────────┘
     ▼
┌────────┐      ┌──────────────────────────────────────────┐
│解决问题│─────▶│多重异质性视角下提高我国装备制造业绿色全要素生产率的路径探索│
└────────┘      └──────────────────────────────────────────┘
```

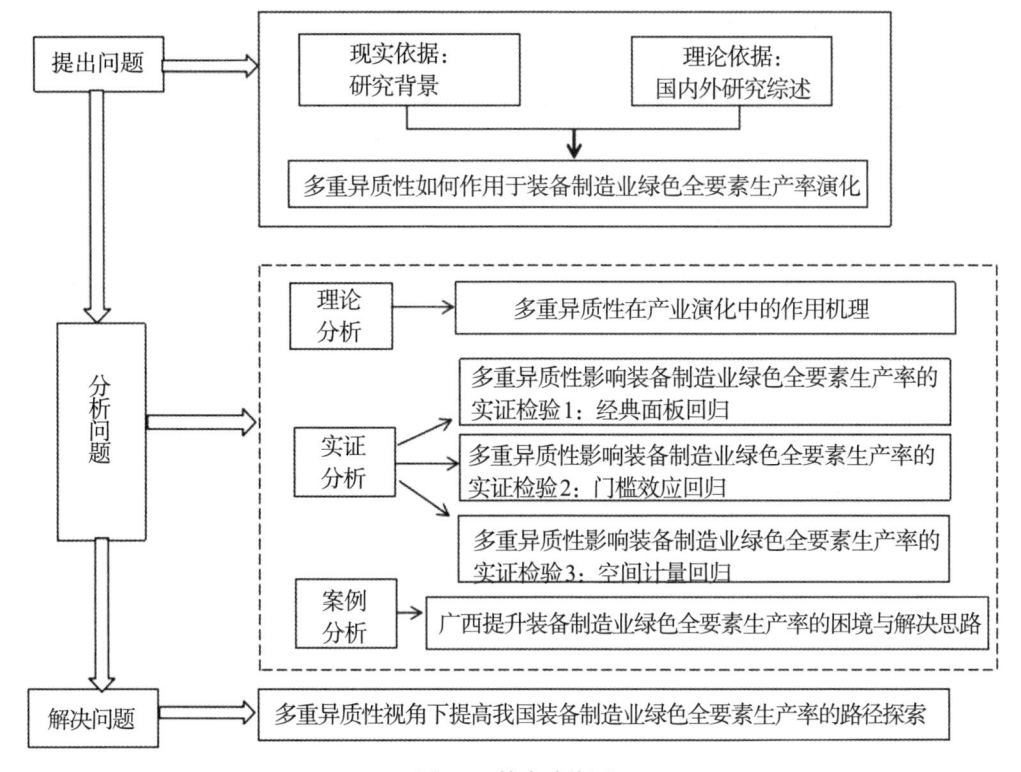

图1-1 技术路线图

1.4 研究方法

根据研究内容及各章所需达到的研究目的，本书主要采取两种研究方法。

1. 文献分析法

通过对已有研究著作、学术论文、历史资料、法规文件和统计年鉴等资料的分析，从异质性视角对产业演化问题进行理论探讨，分析既有文献研究的不足，找出既有文献分析尚不够到位的空白点，以便从文献中挖掘出有价值的研究议题。

2. 定量分析与定性分析相结合

本书基于演化经济学理论，从异质性视角出发研究产业演化问题，分析多重异质性作用于微观经济体、种群演化的动力机制，从微观、中观、宏观层面探析多重异质性影响产业演化的作用机理，并基于现有文献研究的薄弱点，提出研究的前沿领域，进而提出本书的五个理论假设。基于理论假设，本书采用层层递进的实证思路展开定量分析。首先，采用面板模型分析法。以1990—2015年我国省级面板数据为观测样本，在构建经典面板模型的基础上，考虑模型可能存在的内生性问题，采用系统GMM方法对第二章的第1个和第2个理论假设进行实证检验。其次，采用门槛模型分析法。通过运用NLS回归找到各门槛变量的门槛值，然后采用系统GMM方法探析在不同门槛值下，多重异质性对装备制造业绿色全要素生产率的影响，对第二章提出的第3个理论假设进行实证检验。再次，采用空间计量分析法。在构建空间面板模型和选取空间邻接权重矩阵的基础上，对第二章提出的第4个理论假设进行实证检验。最后，在三个定量分析中，探究异质环境对装备制造业绿色全要素生产率演化的作用力，对第二章的第5个理论假设进行验证。

第二章 多重异质性与区域产业演化关系的研究

区域产业演化是多个异质主体与环境相互作用的过程。异质性是演化理论研究的逻辑起点，但是对于区域产业演化中涉及的多重异质性及其地位和作用，目前缺乏系统研究。为了深化多重异质性与产业演化关系的认知，本章通过筛选出与异质性、产业演化关系相关的演化文献，从系统视角重新梳理多重异质性与微观个体（企业）、种群结构（产品、产业、区域）演化的内在逻辑。研究有助于分析地方产业演化的基础、动力和路径，为经济提质增效提供理论支持。

2.1 异质性与区域产业演化关系的研究需要系统视角

区域产业演化正在朝系统化方向发展。"没有哪一个层级的问题可以孤立地被分析"是演化方法的精髓[112]，这种强调普遍联系和从互动中解释变化的倾向无疑是系统论的。产业系统是一个包含了要素—结构—功能—环境的投入产出系统（如图2-1所示）。因此，从系统视角出发，产业演化包含要素、结构、功能、环境的异质性，呈现多重性质。依据系统运行的组成因子和影响因素划分，包含要素异质性、结构异质性和环境异质性。要素的异质性主要表现在投入质量的不同。要素之间相对稳定的连接方式、组织秩序及其时空关系表现的差异性就是结构异质性。环境，包含制度环境、市场环境和自然环境等，是经济系统存在和演化的必要条件，环境的异质性表现为环境差异。功能异质性是经济系统在与要素、结构、外部环境相互联系和作用中表现出来的能力与功效的差异，是衡量经济主体异质性的核心。从系统论的视角梳理多重异质性与产业演化的关系更有助于我们在时间维度和空间维度上了解经济动态过程的微观演化动力、经济结构变迁和地理化表现。

图2-1 区域产业系统的多重异质性示意图
资料来源：根据张林[68]第34页修改而成

异质性是一个质的维度，区域产业演化过程需要重视多重异质性的相互关系，这是逻辑起点，可从以下四个方面来理解：①产业演化结果往往外在表现于演化的规模和速度，例如，生产规模、创新程度和对环境的反应速度等，而内在表现为演化的质量，其中，演化效率是质量的重要标志；②演化受到诸多因素的影响，演化的质量状况与要素、结构和环境的质量状况有关，因此，产业演化的异质性受到要素异质性、结构异质性和环境异质性等多重异质性共同作用；③产业系统具有多维（微观、中观、宏观）异质嵌套的结构特征，每一个尺度上都涉及要素、结构、环境的异质性与系统功能的异质性，异质性的逻辑建模将适用于不同的尺度分析；④经济主体的演化轨迹与环境作用过程是复杂的、非线性的、未来演化轨迹不确定，且在不同外部环境作用下演化轨迹不唯一，揭示动态的质的演化轨迹是重要的科学问题。

2.2 多重异质性的表现

作为一个投入产出系统，产业系统是一个开放的系统，通过不断地要素投入、结构调整，在环境影响下，系统的产出功能在不断改变。因为要素存在质量的差异，结构有高低之分，运行环境有优劣之别，产业系统产出的功能有强弱差别。因此，产业异质性需要系统认知。

2.2.1 要素异质性

要素既包括自然资源、劳动力、资本等传统生产要素，也包含知识、信息和先进技术等创新型生产要素。要素禀赋的异质性是企业获得长期利润或持久竞争力的来源之一，不同质量要素的投入与配置结构影响投入产出效率，进而影响个体演化的路径。要素的异质性主要表现在要素的丰度、品位等方面。

1. 劳动异质性

在劳动力方面，就是要提升高技能人才数量的比例。人力资本具有"马太效应"，人才集聚对经济具有溢出效果。高技能劳动力的供给数量为有效提升产业生产效率提供了基础。与企业发展匹配的高技能劳动力更有议价能力，生产能力更高。而低技能劳动力议价能力低，会轻易被机器化大生产所取代。提高技能人才质量可通过设置培训课程、建立研发团队、增强学习能力、丰富知识储备等途径实现。

2. 资本异质性

资本要素的异质性主要表现在投资方式、用途等方面的差异，以不同方式影响着企业功能，比如社会资本和政治资本。企业家精神是一种社会资本，能够通过搜寻和优化配置异质资本来提高企业利润[113]。政治资本可以看作是企业异质性的潜在来源，在制度环境不完善的经济体中，拥有政治资本的新员工会比其他员工获得更多的报酬[114]。不少学者用实证方法研究异质资本对企业功能的影响。杨振和李陈华[115]通过分析我国制造企业微观数据，得出外资能够有效提升国有企业生产率，而港澳台资本对民营企业和国有企业生产率的提高都有促进作用的结论。王明益[116]考察了外资异质性对全要素生产率的影响，结果表明对外直接投资是当前我国纺织行业发展的最好选择。Liu等[117]研究表明在异质劳动力与企业需求不匹配的情况下，大规模资本能够有效弥补这种不足。

3. 知识异质性

知识积累是微观经济个体演化的动力。知识异质性是知识积累的先决条件，也是企业异质性的重要来源。企业知识的异质性意味着即使企业做相同的事情，它们也知道如何用不同的方法来完成。知识异质性主要表现为知识质量的高低。若企业知识质量高，则说明企业的知识积累速度快，知识创新能力强，更容易产生新技术和新惯例。创新被认为是知识异质性最强的行为特征，是影响生产效率的关键因素。熊彼特的五种创新模式被简化为技术和制度两个方面，前者创新围绕着知识的专业性展开，后者则围绕着知识生产本身展开。知识异质性与企业集聚模式有关。由众多中小型创新企业集聚而成的熊彼特Ⅰ型，知识向大多数企业开放，容易被获取，异质水平高，毁灭式创新是其主要的创新模式，而以"一大带多小"为特征的熊彼特Ⅱ型，知识产权保护机制强，知识外溢少，异质水平低，创新更多是由知识累积而导致的。知识异质性会影响知识潜在组合的数量，更高的知识异质性会有更多的潜在新组合[58]。

知识的异质性也是企业技术创新能力强弱的表现。企业是最重要的知识生产基地，通过知识创新与相互学习不断积累企业知识。创新行为的异质性和技术的多样化对企业生存与演化十分重要[118]。一种技术产生的利润可以投资于另一种技术，高于平均利润率的技术再投资份额会上升，并会掠取较低劣技术的利润[74]。知识异质性是由技术、市场力量的相对优势决定的：技术复制和市场垄断会减少异质性，技术进步和市场竞争会增加异质性[119]。在不确定性、多种技术并存的情况下，企业会挑选最好的技术/产品/市场来发展自己。因此，企业的技术创新与扩散路径不同。

企业是由众多异质知识模块组成的，企业惯例不仅影响着企业的知识生产，也影响着知识整合。Nelson和Winter[56]将惯例看作是企业发展的基因，惯例由企业知识构成，表现为经营管理决策、企业文化、组织结构等方面。后来的学者拓展了Nelson和Winter的观点。Hodgson[9]认为企业是惯例的携带者/载体/互动者，惯例的生成和复制包含着组织学习和信息传递，它存在于行为者的知识能力中，可通过组织间人员的流动和交流、战略模仿、第三方施加的法律或规则等方式在集团之间、组织之间进行复制（扩散）。弗罗门[120]认为，惯例只是决定企业盈利能力的因素之一，市场对企业盈利能力的测试不是测试企业某种单一特征，而是测试特征组合。多普弗[121]将惯例看作"经济基因"，认为惯例是一种认识规则，可以分为认知惯例和行为惯例，企业搜寻惯例提高了搜寻的能力，反过来又提高了采用新惯例的能力。

2.2.2 结构异质性

种群思维（population thinking）是演化分析的核心特征，它认为个体选择是在多样化的群体中进行的。无论个体选择是创新、模仿还是保守的，都会影响到群体中全部行为的相对频率，即魏特的"频率依赖效应"[122]。区域经济体是跨专业性的大群体，由多个不同的、专业性强的产业（种群）组成，每个产业包含了诸多资源相似、技术相近的企业。每个企业个体或产业的选择都会对企业种群或产业种群产生影响。演化经济学关注种群结构变迁引致经济增长的过程。结构可直观地表现为比例关系，它是动态的，因为要素流动贯穿产业（种群）演化的每一个过程。这种结构的变化及其差异可以从企业的产品结构和产业结构等方面进行研究。

1. 产品种群

产品是企业市场竞争力最直观的表现。异质产品之间的比例关系构成了产品种群结构。高质量产品与低质量产品之间不同的比例关系塑造了产品种群结构的异质性。产品的异质性是产品种群演化的基础。具体来说，企业塑造产品异质性有三种途径：一是通过产品创新及工艺创新，扩大产品差异化并缩减生产成本，优化产品结构，获得竞争优势；二是通过提升产品质量、延伸产品线，扩大市场占有率，提高销售利润；三是缺乏自主创新的企业利用产品"链接"，跟随主导企业技术创新，改进生产技术，提升产品种群的生产效率和创新效益。出于利润最大化目的，出口企业会通过变换异质产品的组合和比例来满足多样化的市场需求。

结构变迁是种群演进的关键。结构变迁是因为原有结构不能满足经济增长的需求，需要优化升级。优化产品种群结构，意味着生产效率高于均值的这一类产品在种群中占的比例要越来越大，才能推动产品种群功能的提升，实现产品种群整体生产效率的提高。产品种群结构的优化需要异质知识的分工与协同。哈耶克[123]"知识分工"的思想暗含着异质性。企业是知识的载体，知识的异质性对专业化分工要求高。专业化分工生产形成知识的规模经济，即该项知识被利用得越多，则该项知识生产的平均成本就会不断下降。企业间知识的协同，促进不同专业的异质知识之间的交融和整合，有利于生产更多满足多样化市场需求的新产品，形成知识的范围经济。随着专业化程度的加深，创新复杂度增大，为了抢占市场份额，在知识规模经济和范围经济的作用下，企业往往会选择某一类别的专业知识进行创新，集中生产某一种专业产品，形成核心能力，并利用专业分工的优势在产业链环节与其他企业进行协同，降低新产品的生产成本，赢得更多市场份额。因此，产品种群的演进就是通过高质量知识的分工与协同，推动产品结构更优化，进而实现种群生产效率整体提升的过程。

2. 产业种群

群体演化是建立在多样性和各有区别的适应性企业基础上的，无论是专业化知识领域还是综合化知识领域，同一领域的不同知识种群是存在差异的。分析产业内不同种群的生存和适应环境的能力及其在产业演化中的作用和地位，是异质性分析的另外一个重要领域，即产业内部结构的演化问题。

产业内部结构的演化往往表现为不同类型的企业之间知识和技术的互相关联、组织秩序、时空关系的数量对比等相对稳定的关系。产业群落演进的动力是知识的分工与协同，其内在表现为知识模块的精细化，外在表现为企业与其他知识主体（其他企业、研究机构、高校）之间购买、委托、学习、创新、输出等的知识关系，以获得协同动力[124]。企业由知识模块组成。知识模块的精细化是企业分工的基础，表现为企业模块内同一类型的知识主体认知领域的新拓展、新知识的出现以及认知能力的提高。知识模块的多样化是协同的充分条件，指的是随着企业规模的扩大，企业内知识类型越来越多，知识系统越来越全面，职能部门更加完善。

知识的分工与协同状况造成企业之间生产效率的差异，影响产业种群的演进。产业种群演进是在外部环境中进行的。市场竞争导致了企业间要素流动和价值分配向创新型企业集聚。集聚主要有两种途径：①生产者和消费者的耗时扩散；②市场需求驱动[125]。由于市场价格机制的作用，企业不可避免地要承担搜寻信息、议价、决策等交易成本。交易成本降低，意味着企业搜寻信息、议价成本减少，企业更愿意选择合作来发展自身，"抱团取暖"，为分工演进提供了基础。交易成本上升，企业则倾向于自主生产，竞争可能性变大而合作可能性减少，不利于分工演进。因此，产业演化过程中这种内部结构的异质性，主要通过交易成本影响分工与协同，进而影响群体及其结构的演进。

2.2.3 环境异质性

"适者生存"是企业（个体）与特定环境互动过程的术语再现[118]。演化经济学关于环境与个体行为演化关系的论述主要有两条线。

一是市场环境与个体演化的关系，主要表现在市场对企业的选择，以及企业对市场的塑造。市场选择过程是与企业的学习过程交织在一起的，企业的知识积累速度受到知识基础和外部环境不确定性的共同作用。企业认知能力在特定的条件下能够具有比市场环境更高的学习能力[9]。这种能力可以改变和塑造新的市场环境，比如企业可以通过免费体验等营销手段改变消费者的偏好，或者通过游说促使政府放松产业管制等。因此，市场环境中的企业既能有效利用现有知识存量，又能搜索新知识。如何协调这两种行为机制，是企业家的重要难题，又会决定企业的组织类型[62]。

二是制度与个体演化的关系。个体与制度是协同演化的。企业会通过创新和模仿等行为影响制度的演化，而在制度变迁的过程中，个体的认知和学习能力也会发生变化。制度以一种积累性的方式演化，积累性的制度变革可能会出现结构性的突变，当制度发生变迁的时候，企业也有可能发生结构性的转变。因此，制度的变迁会引致企业个体出现断续平衡的演化轨迹。

不少学者研究环境与企业（个体）行为的互动关系并得出了有意思的结论。比如市场环境对企业行为的影响。开放的、竞争有序的贸易环境有助于企业优化配置不同行业和国家的异质资源，扩大比较优势，从贸易中创造额外的福利收益[126]。小国最有生产效率的企业更愿意移徙到经济实力雄厚的大国，这不仅使大国得到了更多的"额外帮助"，小国企业也得以拓宽了产品市场和要素市场，可能会创造出更多新的生产力[127]。不单是市场环境，制度也对企业生产效率、技术选择具有深刻影响。Fabio Montobbio[75]将制度分析和市场需求分析引入演化模型，认为制度对企业的影响主要表现在金融方面和部门之间的关系，影响企业和行业间的替代，导致了经济结构变迁。Mariussen[128]以北欧国家为例，认为政府给企业的制度红利（福利待遇）对企业发展具有显著影响。在经济运行过程中，市场环境与制度往往会与企业、产业协同演化，但关于这一方面的研究较少。

2.2.4 功能异质性

产业功能是产业系统演化的表征。系统功能表现为系统向环境释放能量以及系统发挥的有利作用[129]，也可表现为系统与外部环境相互作用时表现出的性质、特征[130]。就产业系统而言，功能是产业发展升级的核心，是产业竞争力的外在表现。张林[68]认为区域经济系统功能可从三个层面来衡量：一是系统规模，规模是系统要素数量的衡量维度，规模大则系统功能增强；二是系统运动程度，速度是衡量系统运动快慢程度的主要指标，运动速度快的系统具有更高的功能；三是系统效率，它是要素变化和结构调整对于系统目标功能的达成状态的程度，用单位要素投入的作用程度来衡量，是从质的维度衡量系统功能。

本书认为，系统功能不仅表现为系统内部各要素之间相互作用产生的效用，还表现在系统内部各要素联系、结构与外部环境物质、能量和信息交换所显示出的能力和功效。演化的规模是从量的维度去衡量产业功能的大小，而演化效率是从质的维度去衡量产业演化的结果，更能揭示产业动态的质的演化轨迹。因此，功能的异质性就是经济系统效率的差异。功能的异质性是异质要素、异质结构与异质环境共同作用所导致的产业系统效率的差异，它决定了产业演化的方向与速度。效率功能强劲，意味着产业的生产效率提高，发展动能大，能够吸引更高级化要素投入与环境优化；反之亦然。

演化经济学认为创新是产业演化的内在动力，而创新最主要表现为知识和技术的创新，因此用测度知识和技术贡献率的全要素生产率来衡量产业系统的效率功能可以比较科学地评价产业演化效率。装备制造业的部分子行业对环境污染大、能源消耗度强，在判断其演化是否成功时应将能源消耗和环境污染考虑进去，采用绿色全要素生产率（GTFP）来测度产业演化效率，从产业可持续发展角度对我国装备制造业演化进行系统、前沿的实证研究，有助于为我国装备制造业的内生发展提供理论基础。

2.3 异质性与区域产业演化动力的关系

2.3.1 微观经济演化的动力机制

企业是微观经济行为主体，其异质性特征、选择和传承机制构成了演化经济学的三个理论基石[131]。企业演化成功与否取决于其对环境的适应性，即生产效率是否高于群体均值。生产效率的差异是企业功能异质性的主要表现，决定企业演化的方向和速度。许昌平[91]通过实证研究表明，高于平均生产效率的企业会选择留在市场，低于平均生产效率的企业则选择退出市场，而介于两者之间的企业会选择进入市场。新企业进入市场所需要的各种资源（资本、劳动、网络、知识等）倾向于分布在城市群或产业聚集区，所以企业的功能异质性受到区域条件的影响[132]。Hopenhayn[133]将企业生产效率看作是外生冲击，企业只能被动地接收有关自身效率的信息，而演化经济学者Eticson等[134]将企业的生产率变化看作内生变量，即企业能够通过投资来提高自身效率。演化经济学中生产效率的提高主要涉及三个方面：一是判断在不同现实情况下，企业的生产方式和数量；二是企业的投资决策；三是新技术的搜寻与学习，即要素配置、经济决策和技术进步是影响生产效率异质性的重要因素。

作为微观经济的主体，企业演化的内在动力是知识积累，它受到多重异质性的影响。企业演化的动力是在企业与环境的互动中产生的，这种互动行为主要表现为学习过程和选择过程的交互。学习过程可以分为两个方面：一是企业自主学习，二是企业与外部环境互动来整合、交融知识，多样化知识种类。比如，通过与其他企业合作、联盟等方式协同企业内外部知识。企业学习的目的是增加专业化知识和储备多样知识种类，提高知识积累速度，推动知识创新。选择过程包括企业在外部环境中搜寻、选择惯例和新技术，以及环境对企业的选择。企业的学习过程受到环境的制约，而知识的创新又会改变环境的选择标准。学习过程和选择过程的交互，归根结底是知识的积累与创新。知识创新是知识积累由量变到质变的结果。正因为异质知识的存在，才使得每个微观经济主体知识积累与创新的速度和效率不一样，高质量知识更容易产生知识创新。异质初级要素（劳动力、资本）的投入会促使企业生产效率分化。企业在综合使用要素的时候，会形成专业化产品、专业化服务、技术等产品知识和组织结构、企业规章制度、管理惯例等管理知识，前者可以直接在市场中进行交换，后者则以非经济联系的方式积累管理知识。两种异质知识相互作用，使得每个企业的全要素生产率都不同。

产业发展的实践证明,产业发展中存在着大量的"资源诅咒"现象,自然环境持续不断地为产业演化提供物质要素和存在根基,支持产业向高级演化,倘若产业向自然环境无度索求资源就会导致严重的环境污染,环境系统质量下降;只有增加知识质量投入,改进环保技术,提高资源使用率和降低能源消耗,才能提高绿色全要素生产率,有力地推进经济效益与生态效益协同发展。

因此,绿色全要素生产率决定了企业演化的方向和速度,绿色全要素生产率高、对环境变化反应速度快的企业将在产业演化中占据有利的地位,获得更高的演化绩效(如图2-2所示)。

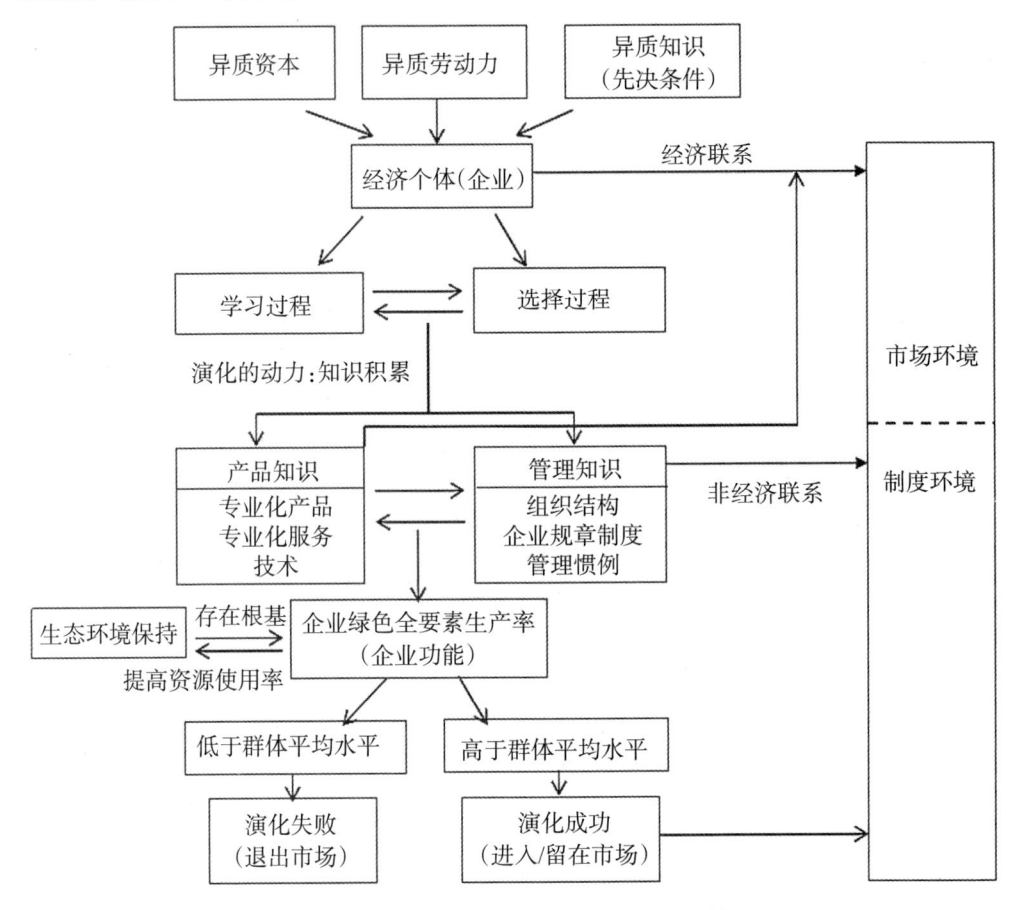

图2-2 异质性与微观经济演化的动力机制

2.3.2 种群演化的动力机制

劳动、资本、知识作为产业投入的主要生产要素,其质量与配比比例不同导致产业种群的绿色全要素生产率(GTFP)有差异。知识的分工与协同是种群演化的内在动力（如图2-3所示）。当分工效率高于协同成本时，才会获得协同效益。没有获得协同的效益，群体演进是难以进行的。分工精细化、专业化度高的产业种群GTFP高，GTFP高于均值的产业种群会在市场竞争中处于优势地位，且逐步占领市场高位，引领整个产业的发展与演进，产业结构变迁。产业种群GTFP的演进还会受到自然资源环境、市场竞争环境、政策制度设置等外部环境的影响。

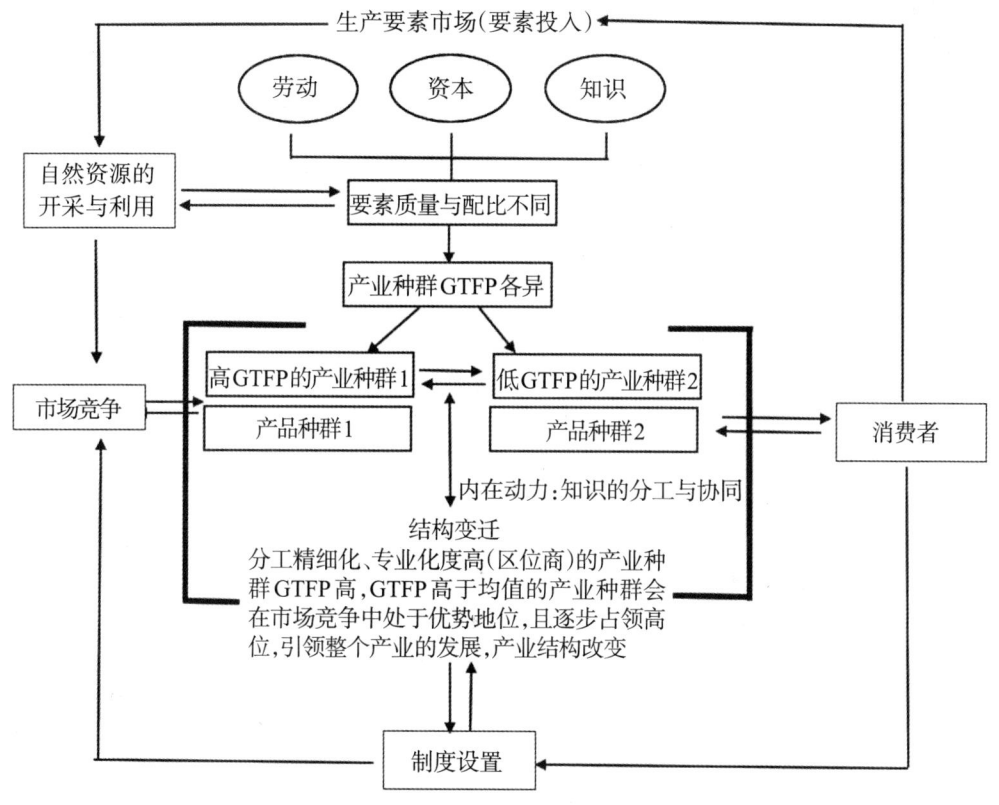

图2-3 异质性与种群演化的动力机制

2.4 异质性测度指标的构建

异质性是生态系统的普遍特征，学者对异质性的测度，从经济系统的功能异质性到经济要素、结构和环境的异质性，越来越系统化。对多重异质性的定量分析，有助于演化经济学形成更为成熟的研究范式，为我们探寻经济增长规律提供理论支撑。

通过梳理演化文献，我们发现要素异质性的测度得到较多关注，测度指标更加具体化。比如根据要素的特征，劳动异质性的测度关注高技能人力资本和低技能劳动力。资本的异质性可从社会资本和物质资本等方面来测度。对知识异质性的测度，除了专利、商标申请数和授权数等可获取的具体指标数据以外，还注重采用问卷调查、访谈等方式测算企业的知识存量和知识转移难易程度。结构异质性主要从生产专业化程度去测度。功能异质性主要从个体适应度、企业技术系数等方面测算经济结构变迁的主要原因。有不少演化文献研究环境对经济行为的影响，但是对环境异质性的测度却是薄弱环节，这可能与测度的复杂性有关（见表2-1所列）。

表2-1 异质性的测度方法及文献来源

异质性种类		测度方法	文献来源
要素异质性	劳动异质性	合同类型、培训和雇用时间测算劳动力质量	Huneeus等[135]
		低水平劳动价值：未来工资报酬折现反映的补偿价值×剩余价值调整系数。中等水平劳动价值：以收益为基础的群体价值计量方法即经济价值法计量。高水平劳动力价值：项目组或运营时段最终总收入—企业物质资源投入所获得的相对固定的补偿—贡献可观测高、中的人员的人力资源价值—税收—其他	李月等[136]
		工资	Tano[137]
		工人学习技术所需的知识量、操作机器设备情况等区分高技能、低技能劳动者，数据来源是美国劳工部网站	Belo等[138]
	资本异质性（社会资本、物质资本）	物质资本用途：投资设备、中间品、生产原料等的经济效益	Cummins等[139]
		社会资本：提名法、职位生成法和资源生成法	刘金菊等[140]
		物质资本投资方式：合资、独资	Giovannetti等[141]
	知识异质性	专利、商标申请数和授权数	Iversen[142]
		知识密集型服务业的专业化和集聚度	Aslesen[143]
		产权保护力度、知识基础、技术创新机会、知识积累能力	Spilling[58]
		专业化指数、创新区位熵、专业人员技术等级等	张林[68]
结构异质性	产业结构	工业各部门的专业化程度	Kaloudis[144]
功能异质性		构建模仿者方程表达达尔文"适者生存"思想。个体的适应度表示功能异质性	Fisher[73]
		用企业的技术系数（惯例）差异来表现企业的功能异质性	Nelson，Winter[56]
		新产品销售收入/销售收入	孙晓华[145]
环境异质性	制度环境	政府给企业制度红利（福利待遇）的强度	Mariussen[128]
	市场环境	进入、退出、留在市场的企业数量变化	Nas等[146]

资料来源：笔者根据相关文献整理

目前测度异质性经济演化的指标各不相同，主要存在几个问题：①学者们对异质性概念的认识不一致。异质性指的是同种类质量的差异，而有些学者将异质性与多样性混淆，把种类或数量的差异当作质量的差异。②测度经济异质性的指标大相径庭，测量指标之间没有明确的相关性与连续性，缺乏实用与普遍意义，指标体系较为混乱，区分异质性表现维度及其影响因素的理论支撑非常薄弱。③环境的异质性对系统的演化方向和演化质量的影响不可忽视，但现有文献测度环境异质性的很少。对多维空间下要素、结构、功能、环境等变量异质性的科学测度是分析经济系统相互作用的力度、方向和路径的关键。

因此，从系统角度构建"要素—结构—功能—环境"的异质性经济系统演化的测度指标，更能科学地反映经济发展的真实情况，为我们深入研究事物演化的本质提供现实依据。构建异质性经济系统演化的测度指标需要重点把握以下几点。①异质性测度体系要将多样性与异质性区分开来，测度指标不仅要考虑数量维度，还要考虑质量维度。②异质性测度指标要形成完整体系，并标准化。要在生产效率异质性与其影响因素的测量指标之间做出区分，使之具有普遍性和实用性。③系统演化的内部、外部环境异质性测度将成为重点，例如，可从政府廉洁指数、私营企业占比来表现制度异质性，用市场化指数、需求弹性与需求增长率表示异质的市场环境，用港口货运量、通勤成本等测量区位优势，用自然资源（煤炭、矿石）储存量与消耗量来衡量自然环境的异质性。

基于以上分析，我们构建如下异质性测度指标体系（见表2-2所列）。本书将根据此指标体系对我国装备制造业绿色全要素生产率的时空演化特征及其背后的影响因素进行实证分析。

表2-2　异质性指标测度体系

异质性种类		测度方法
要素异质性	劳动异质性	劳动力的平均受教育年限
		高技能从业人员数/从业人员总数
		研发人员数量/从业人员数
	资本异质性	R&D投入经费/资本投入
		资本密度：资本存量/地区人数
	知识异质性	发明专利申请数量/专利申请数量
		知识密集型服务业的专业化和集聚度
		知识基础、知识积累能力
结构异质性	产业结构	工业各部门的生产专业化程度

续表

异质性种类		测度方法
功能异质性	产业竞争力	考虑了技术进步、能源消耗与环境污染的绿色全要素生产率
		全要素生产率
环境异质性	制度环境	国有资本占比。占比大说明拥有更多的资源（特别是社会资源），能够获取更多制度红利。
		政府廉洁指数
		政府给企业制度红利（福利待遇）的强度
	市场结构	进入、退出、留在市场的企业数量变化
		市场化指数
		需求弹性与需求增长率
	生态环境	"三废"综合利用产品利润/"三废"总产值
		自然资源（煤炭、矿石）消耗量/储存量
		固体废物、工业废水的利用量/产生量

注：学者们一般采用"欧氏距离"来测度异质性[145]，因此这些指标计算出来后要做"欧氏距离"计算才能测度质量的差异。

2.5 系统视角下异质性区域产业演化的前沿领域

本章基于系统视角重新梳理了多重异质性在个体演化、群体演化中的作用机理。在梳理的过程中，我们发现既有文献对一些重要问题尚未有定论，比如GTFP是产业演化效率的关键测度指标，那么要素异质性与产业GTFP演化的关系是什么？不同产业集聚水平下，异质性对产业GTFP演化的作用力有何不同？考虑了空间依赖的多重异质性，是否会对产业GTFP演化有不同的影响？对于这些问题，本章认为可以从以下几个方面展开进一步的研究。

2.5.1 要素异质性与区域产业GTFP演化关系的研究

作为一个投入产出系统，要素投入是经济系统运行的必要前提，要素投入水平影响着产业演化的效率，本论文认为要素的质量状况影响着产业GTFP演化，基于此，提出本书的第一个假设。

假设1：要素异质性对产业GTFP演化具有正向推动作用，可以分解为：

1a 劳动异质性对产业GTFP演化具有正向推动作用；

1b 资本异质性对产业GTFP演化具有正向推动作用；

1c 知识异质性对产业GTFP演化具有正向推动作用；

2.5.2 结构异质性与区域产业GTFP演化关系的研究

协同学强调系统内部各部分之间,以及系统内部与外部能量、物质和信息的传递。许多单个系统的协同作用会产生有序的结构或反应[147]。经济结构表现为各经济主体之间的关系,比如产业间关系、产业内企业间关系。关系网络上的各节点是能量、物质和信息的集聚点,物质、能量和信息的流动会产生外部性,正外部性是经济主体协同演化的主要渠道,负外部性会降低交流效率,不利于协同演进。因此,有必要对经济系统内部各异质因素,以及内部与外部因素相互作用的机理进行深入研究。

根据结构异质性及其与系统内部各因子的协同的前沿领域研究,我们发现多重异质性作用于绿色全要素生产效率的路径是非线性的,即异质产业结构下的要素投入效率不同,因此我们提出本书的第二个理论假设。

假设2:当产业专业化集聚度高时,要素异质性与产业GTFP成正比;当产业专业化集聚度低时,要素异质性与产业GTFP不一定成正比。

我们认为异质性作用于产业生产效率可能存在一个结构问题,即门槛值。在这个门槛值之前,产业系统稳定,同质性占主导,异质性的扩大可能不利于生产效率的提升,但是在这个门槛值之后,系统内各主体同质化现象就会被打破,异质性程度提升,异质主体逐渐增多,取代原有系统结构,形成新的市场规则和系统结构,此时异质性的扩大更有利于生产效率的提升。由此,我们提出本书的第三个假设。

假设3:多重异质性影响产业GTFP演化具有门槛效应。我们以产业专业化集聚度作为门槛,认为在异质环境下,要素投入对产业GTFP的作用力不同。即在产业专业化集聚度取值中存在一个门槛值,门槛值前的要素异质性与产业GTFP成反比,门槛值后的要素异质性与产业GTFP成正比。

2.5.3 异质性视角下区域产业GTFP的空间演化效应

产业的空间演化是演化经济地理学的一个研究热点,从本质上看,产业空间演化是企业与环境的"共生演化"(co-evolution),同时也是本地企业、外来企业与经济系统和地理环境的共同空间演化过程,它类似于生物群落的演替,既有本地生物群落的自然演化,还可能受外来物种侵入而造成新的基因突变。不同发展阶段的产业,其空间演化特征也不同。

产业的空间演化是企业在特定地域空间进入和退出的结果,企业在市场环境中的表现取决于经济要素在空间上的集聚与再配置。由于区域条件和资源在空间上都是非均衡的,这意味着经济要素在空间上也是非均衡的。随着企业进入、退出市场,要素资源在空间地理上进行重新配置。经济要素会向更有效率的地方集聚,企业倾向于进入各种资源（资本、劳动、网络、知识等）优越的地区。进入这些区域的企业更容易搜寻和学习其他企业的惯例、技能、知识，建立生产联系，实现投资的积累。而经济要素匮乏的地区企业的生产效率低下，经济增长缺乏动力。这种经济要素在空间上的非均衡分布会影响产业集聚的效率，造成区域之间产业群落演化速度的不一致，进而使得区域之间经济体的生产效率有差异。由于因果积累效应的存在，区域之间的这种差异可能会越来越大，而这种差异又会影响产业群落向更高阶段演化。以竞争、创新和选择机制为基础的企业动态演化过程被看作是地理临近性（有利于创新和模仿）和不同空间选择模式共同作用的结果。中心往往集聚更高级的要素。向外扩散标准化的知识是中心集聚—外围扩散行为动态演化的推动力，影响着经济空间分布的异质性及结构演化。因此，空间区域在推进产业群体演化的过程中扮演着重要角色。但是当今对产业空间演化效应的研究还处于创立和探索阶段[10]，需要进一步探索。基于此，本书试图在这一领域做出贡献，根据本书的研究对象，提出第四个假设。

假设4：多重异质性影响产业GTFP存在不同的空间效应，在考虑了要素异质性的空间效应之后，其更有利于本地产业GTFP的增长。

2.5.4　异质环境对区域产业GTFP演化效应的影响力

产业系统演化效应会受到不同质量环境因素的影响。各产业在不同区域的空间收益分布、效率演化存在差异。Blanca等[148]认为装备制造业的演化和集群的生命周期与地区经济发展水平有关，利于创新的制度环境可提高集群的生产力。Renna等[149]用仿真软件模拟动态集群中多个供应商环境的订单分配行为，结果表明区域内供应商容量和参与度会显著影响生产率的波动，与市场环境有关的生产成本、消费者需求、竞争强度等因素也会使得产业的生产效率存在差异。演化经济学对外部环境的研究集中在技术环境与制度环境，对生态环境鲜少研究。随着能源消耗与环境污染日益严重，通过高投资、高能耗和高污染排放的粗放型发展模式已经不适合工业的发展了[150]，迫切需要推动工业发展向资源节约型、环境友好型转变，不少学者开始研究低碳技术对工业全要素生产率的影响[151, 152]。

因此，提出本书的第五个假设。

假设5：不同质量的外部环境对本地产业GTFP演化的作用力不同，可分解为如下三点。

5a：市场环境内亏损企业数量越多，越不利于本地产业GTFP的增长；

5b：制度环境质量越高，越有利于本地产业GTFP的增长；

5c：生态环境质量越高，越有利于本地产业GTFP的增长。

第三章 我国装备制造业GTFP的演化特征分析

基于理论分析，本书以我国装备制造业为例，研究多重异质性如何作用于产业GTFP演化。回答这个问题之前，首先要对我国装备制造业GTFP的时空演化特征进行分析。

3.1 GTFP是装备制造业生产方式转型判断的核心指标

先进装备制造业直接影响经济增长的速度和质量。以前我国强调产业规模、经济总量的扩大，并以此作为衡量产业竞争力的重要指标。1990年我国装备制造业总产值4446.322亿元，2015年为612 705.528亿元（1990年不变价格），增长率为136.80%，经济总量不断扩大，但是在产业规模扩大的同时也带来了种种环境问题，《2016年全球环境绩效指数（EPI）评估报告》显示我国在178个国家中名列第118位，环境情况显然不容乐观。HidemichiFujii等[153]（2013）分析了1998—2009年我国工业部门空气污染物质情况，结果发现工业部门SO_2排放量的增加抬升了新一轮生产规模扩张的成本。王飞成等[154]研究发现工业发展对环境污染的影响符合环境库兹涅茨曲线假设，目前已处于倒U型曲线的下降部分，环境恶化形势严峻。

图3-1描绘的是1990—2015年我国装备制造业能源消耗总量、CO_2排放量、SO_2排放量、工业废水排放量、工业烟尘排放量、工业固体废物排放量的变化趋势。1990—2001年，能源消耗量和环境污染量都处在一个较低水平，这是因为在"九五""十五"期间国家大力推行装备制造业节能环保技术改造，对工业企业采取"抓大放小""节能减排和减员增效"等相关工作，有效地控制了能源消耗总量与SO_2排放等污染排放物的增长。自2001年以后，工业废水排放量和能源消耗量出现大幅飙升，原因是工业化和城镇化进程中大量基础设施建设对装备制造业刚性需求过大，这与张军等[155]、汪锋等[156]的研究结果相近。工业固体废物排放量有上升势头，CO_2排放量和SO_2排放量下降有限，环境恶化不容小觑。如果企业一味地以资本、劳动投入来扩大生产规模，不仅会面临边际收益递减的瓶颈、生产效率恶化，更会加剧环境污染和资源消耗，形成恶性循环。技术创新才能打破这一困境，因此在能源消耗与环境污染双重压力下，准确测算制造业技术进步程度、探析技术创新的制约因素十分必要。

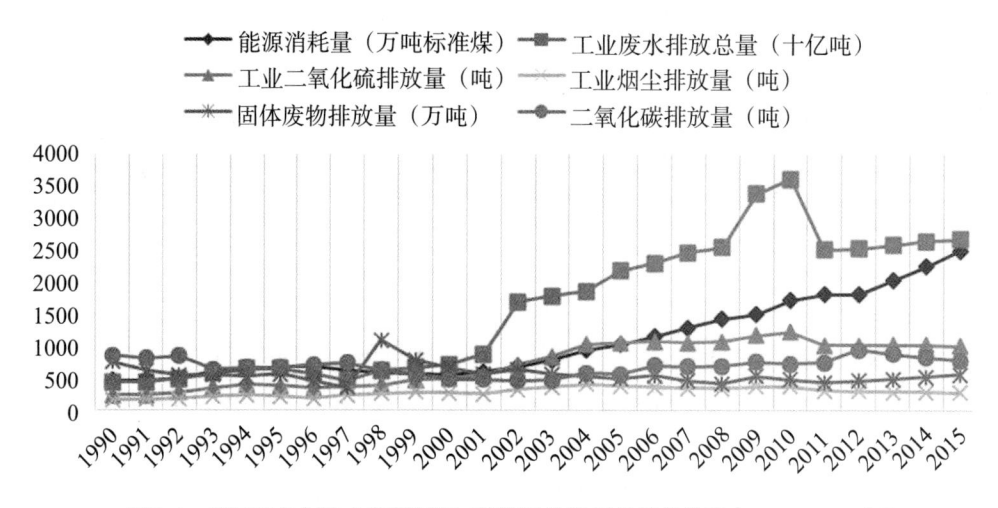

图 3-1　我国装备制造业能源消耗、环境污染指标的演化轨迹(1990—2015年)

导致这一问题出现的主要原因是现阶段我国装备制造业主要依靠资源要素投入、规模扩张的粗放型发展模式难以推动经济持续健康发展。因此，近年来我国不断强调产业发展要由"高速增长"向"高质发展"转变，注重生态环境保护在产业发展过程中的重要性。对产业竞争力的评价指标也逐步由以规模、总量扩大为主，转变为以可持续、效率提升为主，《中国制造2025》和"十三五"规划明确提出要"推进先进装备制造业基地和重大技术装备战略基地建设"。其内涵就是充分利用知识和技术来推动装备制造业的可持续发展。要将粗放型增长方式转变为依靠知识、技术为核心的全要素生产率提高来推动的技术密集型增长模式，实现生态环境发展的可持续性，就需要运用知识和技术提高自然资源的利用效率，开拓新能源，即通过提高绿色全要素生产率（GTFP）来提升装备制造业的发展质量，将GTFP作为装备制造业生产方式转型判断的核心指标。

本章主要考察资源与环境约束对我国装备制造业全要素生产率的时空演化效应，也就是装备制造业绿色全要素生产效率的时空演化效应，为后面章节分析影响其演化效应背后的序参量做铺垫。首先，放松规模报酬不变的假定，采用规模收益可变的SBM超效率模型和全局Malmquist指数对比1990年与2015年制约装备制造业各子行业技术进步的主要因素及规模报酬情况；其次，动态研究1990—2015年绿色全要素生产率（GTFP）演化轨迹与动力。采用规模收益可变的SBM超效率模型和全局Malmquist指数这种混合方法既弥补了传统DEA只能对规模收益不变的技术投入资源进行效率分析的缺陷，又能够有效克服传统SFA分解中的非"费雪理想指数"问题，使得到的结果更加可靠。本书把样本期延长至1990—2015年，拓宽时间跨度，考察改革开放之后我国装备制造各子行业的绿色全要素生产率的演化轨迹、动力及制约因素。构造动态面板数据，以期能更真实全面地反映我国装备制造业技术的投入产出效率。

3.2 GTFP模型构造与数据说明

3.2.1 模型构造

1. SBM超效率模型

在一个产业系统中，共有29个决策单元（29个省份）和725个样本单元。其中，每个单元的特征都可由3种投入指标（能源、资本、劳动力）、1种期望产出指标（工业总产值）和5种非期望产出指标（CO_2排放量、SO_2排放量、工业固体废物排放量、工业烟尘排放量、工业废水排放量）来刻画。包含非期望产出的SBM超效率模型为

$$\min \rho = \frac{1 + \frac{1}{m}\sum_{i=1}^{m} s_i^-/x_{ik}}{1 - \frac{1}{q_1+q_1}(\sum_{r=1}^{q_1}\frac{s_r^+}{y_{rk}} + \sum_{t=1}^{q_2}\frac{s_t^-}{b_{rk}})}$$

$$s.t. \sum_{j=1, j\neq k}^{n} x_{ij}\lambda_j - s_i^- \leqslant x_{ik}$$

$$\sum_{j=1, j\neq k}^{n} y_{rj}\lambda_j + s_r^+ \geqslant y_{rk}$$

$$\sum_{j=1, j\neq k}^{n} b_{tj}\lambda_j - s_t^{b-} \leqslant b_{tk}$$

$$1 - \frac{1}{q_1+q_1}(\sum_{r=1}^{q_1}\frac{s_r^+}{y_{rk}} + \sum_{t=1}^{q_2}\frac{s_t^-}{b_{rk}}) > 0$$

$$\lambda, s^-, s^+ \geqslant 0$$

$$i=1, 2, \cdots, m; \; r=1, 2, \cdots, q; \; j=1, 2, \cdots, n \; (j \neq k) \quad (3.1)$$

其中，增加的约束$1 - \frac{1}{q_1+q_1}(\sum_{r=1}^{q_1}\frac{s_r^+}{y_{rk}} + \sum_{t=1}^{q_2}\frac{s_t^-}{b_{rk}}) > 0$可以在线性转换时去除。$m$是投入指标的数量，$q$是产出指标的数量，$s^+$是产出的松弛变量，$s^-$是投入的剩余变量，$x$代表投入，$y$代表期望产出，$b$代表非期望产出，$\lambda$是被参考决策单元的系数[157]。

2. 全局Malmquist指数

全局Malmquist指数可增加DUM数量，提高前沿精细度，从而提高结果的可靠性和稳定性。全局Malmquist指数模型是由Pastor和Lovell[158]提出的一种Malmquist指数计算方法。它是以所有各期的综合作为参考集，即各期共同的参考集为

$$S^g = S^1 \cup S^2 \cup \cdots \cup S^p = \{(x_j^1, y_j^1)\} \cup \{(x_j^2, y_j^2)\} \cup \cdots \cup \{(x_j^p, y_j^p)\} \quad (3.2)$$

由于各期参考的是同一前沿，因此计算得出的也是单一的Malmquist指数。

$$M_g = (x^{t+1}, y^{t+1}, x^t, y^t) = \frac{E^g(x^{t+1}, y^{t+1})}{E^g(x^t, y^t)} \quad (3.3)$$

虽然相邻的两期在计算Malmquist指数时参考的是同一全局前沿，但是效率变化的计算仍然采用各自的前沿。

$$EC = \frac{E^{t+1}(x^{t+1}, y^{t+1})}{E^t(x^t, y^t)} \quad (3.4)$$

前沿$t+1$与全局前沿接近的程度可以由$\dfrac{E^g(x^{t+1}, y^{t+1})}{E^{t+1}(x^{t+1}, y^{t+1})}$来表示，比值越大说明前沿$t+1$与全局前沿越接近；前沿$t$与全局前沿接近的程度可以由$\dfrac{E^g(x^t, y^t)}{E^t(x^t, y^t)}$来表示，比值越大说明前沿$t$与全局前沿越接近；前沿$t+1$与前沿$t$相比，其变动情况可以由两个比值的比值来表示：

$$TC_g = \frac{E^g(x^{t+1}, y^{t+1})/E^{t+1}(x^{t+1}, y^{t+1})}{E^g(x^t, y^t)/E^t(x^t, y^t)} = \frac{E^g(x^{t+1}, y^{t+1})}{E^{t+1}(x^{t+1}, y^{t+1})} \times \frac{E^t(x^t, y^t)}{E^g(x^t, y^t)} \quad (3.5)$$

本章采用Ray和Desli[93]提出的Malmquist指数分解模型，将Malmquist指数分解为技术进步指数（TC）和技术效率变化指数（TEC），其中技术效率变化指数可进一步分解为纯技术效率变化指数（TE）和规模效率变化指数（SE），即

$$MI(\text{CRS}) = TC(\text{VRS}) \times TEC(\text{VRS}) \times SE \quad (3.6)$$

若Malmquist指数>1，则表明该行业全要素生产率提高；若Malmquist指数<1，则表明该行业全要素生产率下降；若Malmquist指数=1，则说明该行业全要素生产率不变。

3.2.2 样本数据说明

根据我国国民经济行业分类与代码（GB/T 4754—2002），装备制造业包括7

个二位码行业。本章选取的期望产出指标是装备制造各子行业的工业总产值，非期望产出指标包括CO_2排放量、SO_2排放量、工业固体废物排放量、工业烟尘排放量、工业废水排放量。工业总产值用GDP缩减指数平减为1990年为基期的实际工业总产值，资本投入采用永续盘存方法来计算我国装备制造业的物质资本存量。劳动投入使用从业人员年平均人数。我们借鉴陈诗一[150]、张军等[159]的方法补缺数据、调整统计口径、价格平减之后得到以1990年为基期的1990—2015年装备制造业的工业总产值、资本存量和从业人员数据。能源消耗、CO_2排放总量、SO_2排放量、工业固体废物排放量、工业烟尘排放量、工业废水排放量来自各年的《中国统计年鉴》《中国能源统计年鉴》，由于能源消耗、CO_2排放总量、SO_2排放量、工业固体废物排放量、工业烟尘排放量、工业废水排放量是工业的统计数据，没有装备制造业7个子行业的数据，因此本章假设工业总产值与能源消耗和污染物排放量成正比，即工业总产值越大，其消耗的能源、对环境的污染更严重，所以我们用各子行业的工业总产值占工业的比重来计算每个行业的能源消耗和环境污染量。关于年鉴资料中个别数据缺失的情况，我们采用线性插值法补缺。对于数据中出现的异常点，本章采用郭亚军[160]的改进"极值法"进行处理。本章将资本、劳动、能源消耗作为投入要素，把CO_2排放量、SO_2排放量、工业固体废物排放量、工业烟尘排放量、工业废水排放量作为非期望产出引入SBM超效率生产函数，以此来分析我国装备制造各行业和各地区的绿色全要素生产率。我国装备制造的CO_2排放数据不能直接从统计资料上获取，所以必须进行估算。

根据联合国政府间气候变化专门委员会（IPCC）提出的计算CO_2排放量的方法，CO_2排放总量可以用各种能源消耗导致的CO_2排放量估算加总得到。根据世界银行报告，煤炭、原油、天然气是最主要的CO_2排放源，所以本章以这三种一次能源来核算我国装备制造各行业的CO_2排放量。具体公式如下：

$$C_t = \sum_{i=1}^{3} C_{i,t} = \sum_{i=1}^{3} E_{i,t} \times NCV_i \times CEF_i \times COF_i \times (44/12) \tag{3.7}$$

式中，C_t代表每年的CO_2排放量；$i=1,2,3$分别代表煤炭、原油、天然气三种一次能源；E为它们的能源消耗量；NVC为煤炭、原油、天然气的平均低位发热量；CEF为碳排放系数，由于没有直接提供我国煤炭的排放系数，因此本章根据IPCC（2006）提供的烟煤和无烟煤碳排放系数的加权平均值（80%和20%）来计算煤炭的碳排放系数；COF是碳氧化因子（煤炭设定为0.99，原油和天然气为1），44和12分别为二氧化碳和碳的分子量。数据来自《中国能源统计年鉴》《中国统计年鉴》和IPCC官方网站。

本章的数据主要来源于历年的《中国统计年鉴》《中国工业统计年鉴》《中国能源统计年鉴》《新中国六十年统计资料汇编》，以及我国三次经济普查数据。

3.3 我国装备制造业的演化特征分析

3.3.1 我国装备制造业及其子行业GTFP的时间演化分析

1. 时间断面分析

本章采用MaxDEA软件，将环境因素纳入规模报酬可变的SBM超效率模型，测算1990年、2015年我国装备制造业的综合技术效率（见表3-1所列）。综合技术效率反映企业技术资源配置效率，可分解为纯技术效率和规模效率。纯技术效率代表企业管理、制度创新以及生产经验的积累所引发的效率提高，规模效率主要指企业规模扩大所带来的规模经济而引发的效率提升。测算结果发现，我国装备制造业综合技术效率低（1990年、2015年值都小于1），且随着时间的推移，效率低下问题日益严重。在纯技术效率有效（值为1）情况下，规模效率值较低，规模报酬递减，是综合技术无效的核心原因，表明工业扩张并没有带来效益的提升，尚未实现规模经济。从子行业看，交通运输设备制造业综合技术效率显著提高，无论纯技术效率还是规模效率都有明显提升，表明我国重视基础设施建设背景下，交通运输设备制造业不仅实现了规模发展，而且实现了技术发展，两者的效率都达到了充分状态，是其他装备制造行业发展的龙头和典范。纯技术效率恶化与规模无效导致了专用设备制造业综合技术效率恶化，应注重提升资源配置效率和技术效率。仪器仪表制造业综合技术效率值不变（均为1），规模报酬不变。其余行业综合技术效率值小于1，综合技术无效，技术效率持续恶化问题严重。

表3-1 我国装备制造子行业综合技术效率的测算结果

行业	综合技术效率		纯技术效率		规模效率		规模报酬	
年份	1990年	2015年	1990年	2015年	1990年	2015年	1990年	2015年
装备制造业	0.408	0.306	1.000	1.000	0.408	0.306	drs	drs
金属制品	0.337	0.065	0.608	0.288	0.554	0.226	irs	irs
通用设备制造	0.480	0.110	0.473	0.212	1.015	0.519	irs	irs
专用设备制造	0..990	0.189	1.000	0.397	0.990	0.476	—	irs
交通运输设备制造	0.172	1.000	0.352	1.000	0.489	1.000	irs	—
电气机械制造	0.648	0.166	0.880	0.29	0.736	0.572	irs	irs
计算机及通信设备	0.290	0.178	0.655	0.231	0.443	0.771	irs	irs
仪器仪表制造	0.980	0.990	1.000	1.000	0.980	0.990	—	—

注："irs"表示规模报酬递增，"drs"表示规模报酬递减，"—"表示规模报酬不变。

2. 动态分析

（1）我国装备制造业绿色全要素生产率增长的演化轨迹。本章使用MaxDEA软件测算。绿色全要素生产率增长的变动与环境污染和能源消耗有着密切关系，GTFP增长率越大于传统TFP增长，则说明绿色经济增长的绩效越明显。从图3-2可知，我国装备制造业的TFP与GTFP的演化轨迹基本相同，GTFP在大部分年份普遍低于TFP，这是因为现阶段我国装备制造业还处在转型升级期，其发展模式仍是依赖传统资本要素投入的野蛮型经济增长，环境污染与能源消耗拉低了生产效率，节能减排任务艰巨。

进一步地，我们将绿色全要素生产率（GTFP）增长的演化轨迹分解（如图3-3所示）。结果表明，1990—2015年我国装备制造业的技术进步演化轨迹与GTFP演化轨迹基本一致，而规模效率演化轨迹在大部分时期与它们相反。1997—1998年技术退步导致GTFP大幅下降，而规模效率提升有效地阻止了GTFP的进一步恶化。1991—1992年、2003—2004年GTFP均为增长峰值，但规模效率持续恶化制约了GTFP的进一步提高。因此可得出结论：1990—2015年我国装备制造业GTFP的增长动力是技术进步，制约因素为规模效率恶化导致GTFP低下。

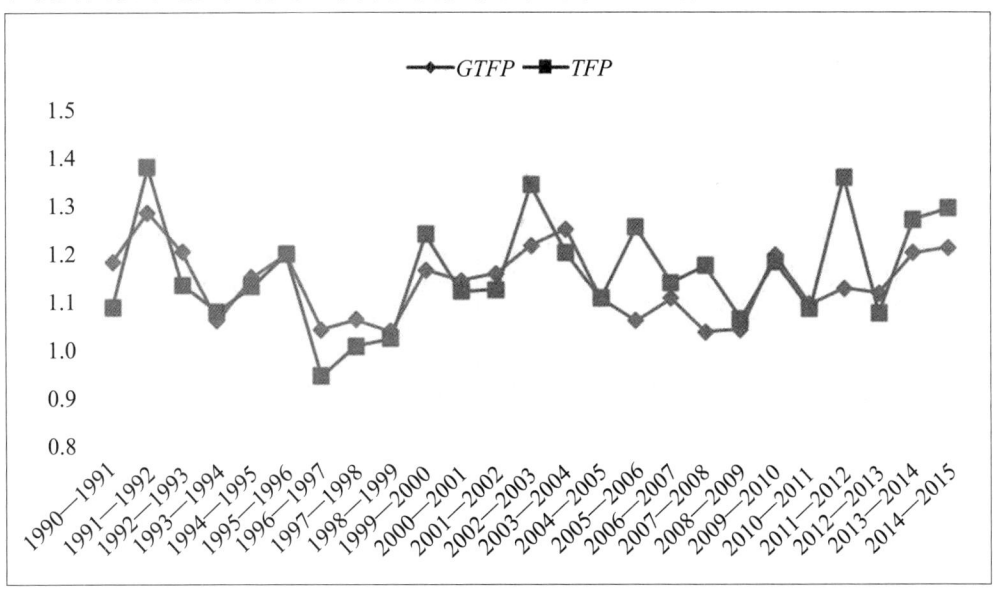

图3-2　我国装备制造业 *TFP* 与 *GTFP* 的演化轨迹比较（1990—2015年）

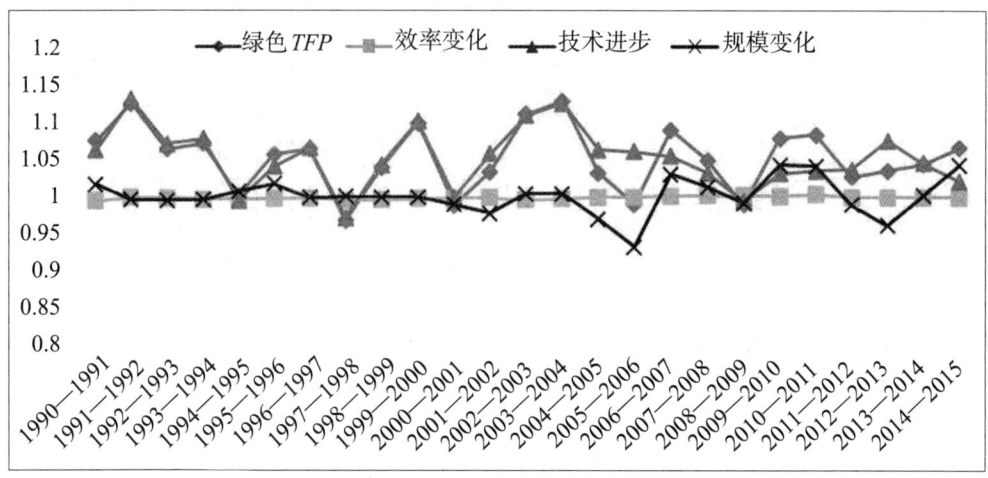

图 3-3 我国装备制造业的绿色全要素生产率增长的分解(1990—2015年)

（2）各子行业绿色全要素生产率增长的演化轨迹。我们考察绿色经济增长效率的产业异质性。从图3-4可看出，1990—2015年我国装备制造各子行业GTFP的演化轨迹基本在0.8～1.2区间上下波动，电气设备制造业的GTFP指数从2008年开始波动幅度大，特别在金融危机之后，波动最大，在2015年有小幅向下递减的趋势，其余子行业的GTFP指数均有向上增长的势头。

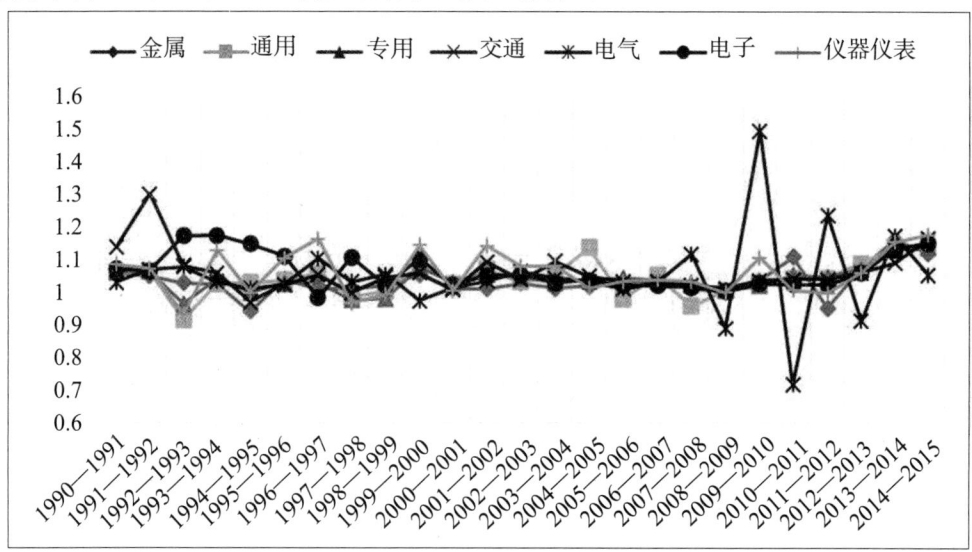

图 3-4 我国装备制造各子行业GTFP的演化轨迹(1990—2015年)

（3）我国装备制造业的要素投入产出及贡献度。以上研究表明规模效率是制约绿色全要素生产率增长的主要因素，其根源是要素资源配置效率低。因此，我们进一步考察要素投入、产出的平均发展速度及其对经济产出增长的贡献度（见表3-2

所列)。1990—2015年我国装备制造业取得了高速增长,产出的年均增长速度达到了17.8%。其中传统要素贡献了84.8%(资本占36.7%、劳动力占19.3%、能源消耗占28.8%),GTFP增长贡献了33%,仅次于资本要素。近年来我国装备制造业的绿色全要素生产率对经济产出增长的贡献率逐步提升,但其仍低于传统要素投入对经济增长的贡献(84.8%),表明现阶段我国装备制造业仍处于粗放型增长阶段,依然要靠传统要素投入(主要是资本)来推动产出的高增长。

分行业来看,产出增长速度最快的是交通设备制造业(25.1%),主要依靠技术驱动(74.1%)。产出增长速度最慢的是计算机及通信设备制造业,原因是前沿技术倒退。就要素投入增长速度来看,资本投入、劳动投入、能源消耗增速最快的分别是计算机及通信设备制造业(11.1%、7.1%)、金属制品业(6.2%)。就GTFP的增长速度来看,交通设备制造业是GTFP增长速度最快的行业,而其余各子行业的GTFP增长速度均出现了不同程度的下降。就GTFP对经济产出的贡献度而言,各子行业存在较大的异质性,GTFP对经济产出贡献度最高的是计算机及通信设备制造业(0.973),说明技术进步和自主创新是有效提高计算机及通信设备制造业生产效率的关键因素。金属制品业的技术进步对产出增长的贡献度最小,仅为2%,表明金属制品业仍是以资本、能源要素驱动经济增长,技术创新弱。通用设备制造业、金属制品业、电气机械制造业、仪器仪表制造业主要依靠资本与能源提高经济产出,计算机及通信设备制造业、交通设备制造业、专用设备制造业主要依靠资本与技术进步推动经济增长。

表3-2 装备制造子行业投入产出要素的平均发展速度与贡献度(1990—2015年)

行业	产出	资本	劳动力	能源消耗	GTFP增长
装备制造业	1.178	1.077	1.034	1.054	1.026
		(0.367)	(0.193)	(0.288)	(0.330)
金属制品	1.202	1.094	1.012	1.062	0.995
		(0.468)	(0.068)	(0.301)	(0.020)
通用设备制造	1.169	1.056	1.021	1.036	0.997
		(0.323)	(0.132)	(0.223)	(0.071)
专用设备制造	1.138	1.059	1.005	1.030	0.997
		(0.300)	(0.042)	(0.160)	(0.573)
交通运输设备制造	1.251	1.062	1.034	1.052	1.064
		(0.257)	(0.117)	(0.188)	(0.741)
电气机械制造	1.216	1.096	1.053	1.059	0.998
		(0.417)	(0.221)	(0.252)	(0.015)

续表

行业	产出	资本	劳动力	能源消耗	*GTFP* 增长
计算机及通信设备制造	1.116	1.111	1.071	1.050	0.961
		(0.655)	(0.419)	(0.412)	(0.973)
仪器仪表制造	1.215	1.065	1.027	1.052	0.998
		(0.307)	(0.101)	(0.291)	(0.116)

注：括号内是各投入要素和全要素生产率对产出增长的贡献份额，其余数据为按几何平均数计算得出的子行业平均发展速度。这里的计算方法不是传统索罗残差法，所以资本、劳动、能源和GTFP增长对产出贡献份额的加总不等于产出增长。

3.3.2 我国装备制造业及其子行业GTFP的空间演化分析

小节从时间维度考察了我国区域装备制造业及其子行业GTFP的演化轨迹，发现了一些较具代表性的增长规律，但是，这些增长规律所呈现出的各方面的差异，也可能是由于空间地域因素造成的。为此，本小节从空间维度出发，按照国家统计局对我国东、中、西部地区的划分，东部地区省市13个（北京、河北、天津、上海、江苏、浙江、广东、海南、山东、福建、辽宁、黑龙江、吉林），中部地区省份6个（安徽、山西、湖南、湖北、河南、江西），西部地区省份10个（内蒙古、广西、青海、甘肃、宁夏、四川、新疆、云南、贵州、陕西），分析我国装备制造业及其子行业GTFP的空间演化。

1. 我国装备制造业GTFP的空间演化分析

本小节列出了1990—2015年各个年份的东、中、西部地区装备制造业的绿色全要素生产率演化情况。

从图3-5中我们可以看到，东、中、西部地区的装备制造业GTFP在2012年以后逐渐趋同，差距缩小。1997—1998年各区域的GTFP大幅下降，一方面是由于亚洲金融危机的影响，经济萧条冲击国内装备制造业的产品销售，进而阻碍了生产的扩大和再投入；另一方面，结合图3-1，我们可知，1997—1998年的固体废物排放量有小幅上涨，不利于GTFP的提升。2005年以后，东部地区的GTFP指数持续走低，中部和西部地区的GTFP指数超过了东部地区。2007—2008年西部地区的GTFP指数跃升全国第一，2012年后东部地区的GTFP指数逐渐回升，东、中、西部地区的GTFP指数差距缩小。

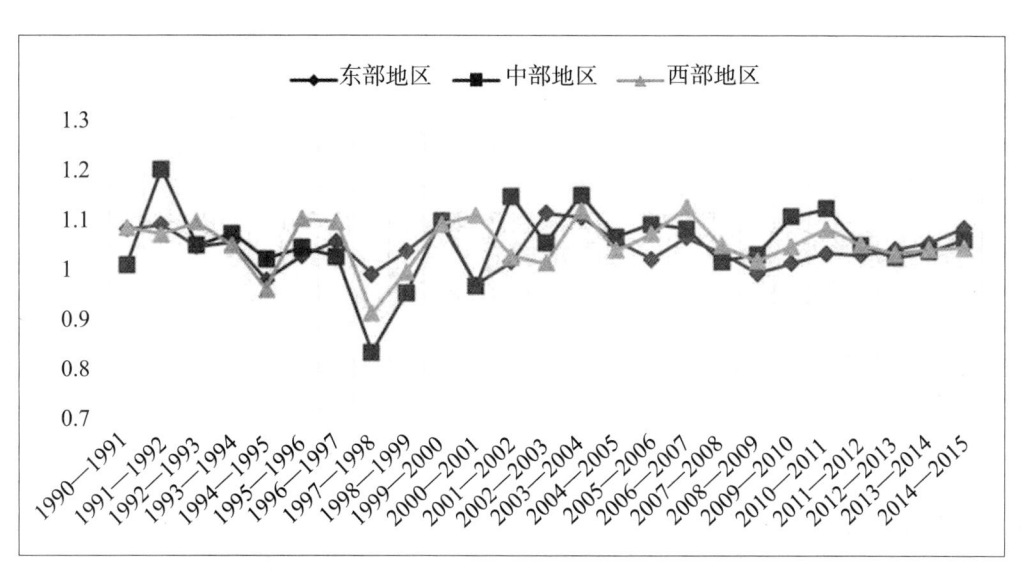

图 3-5　1990—2015年东、中、西部地区装备制造业 *GTFP* 的演化轨迹

我们从另一个角度，即对比1991年和2015年的各区域绿色全要素生产率的增长情况来进一步说明我国各个省份的演化轨迹。从图3-6和图3-7可知，相比1991年，2015年东部地区的浙江和福建、中部地区的湖南、西部地区的内蒙古、青海和新疆，他们的绿色全要素生产率下降速度快。而东部地区的黑龙江和辽宁、中部地区的湖北、西部地区的甘肃的装备制造业绿色全要素生产率提升速度快，进入GTFP第一阵营，西部的云南和贵州、东部的江苏的装备制造业 GTFP 均有不同程度的增长，一直保持在GTFP第一阵营的是山东、河北、天津和陕西。

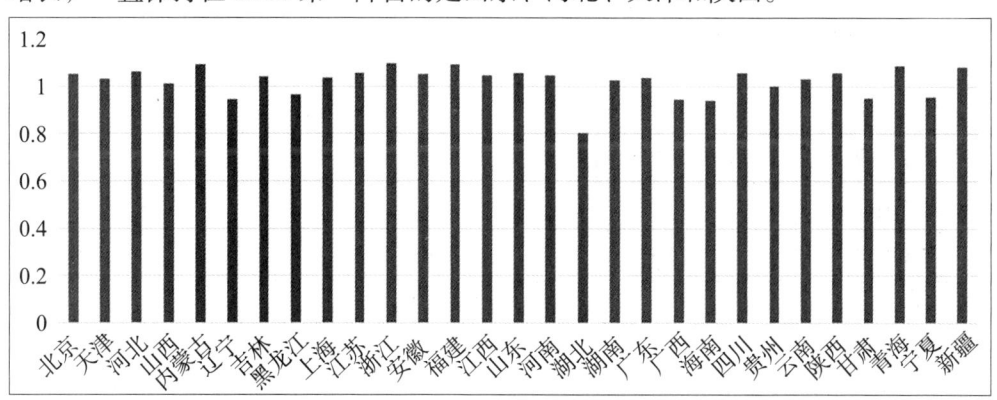

图3-6　1990—1991年我国区域装备制造业的 *GTFP* 指数

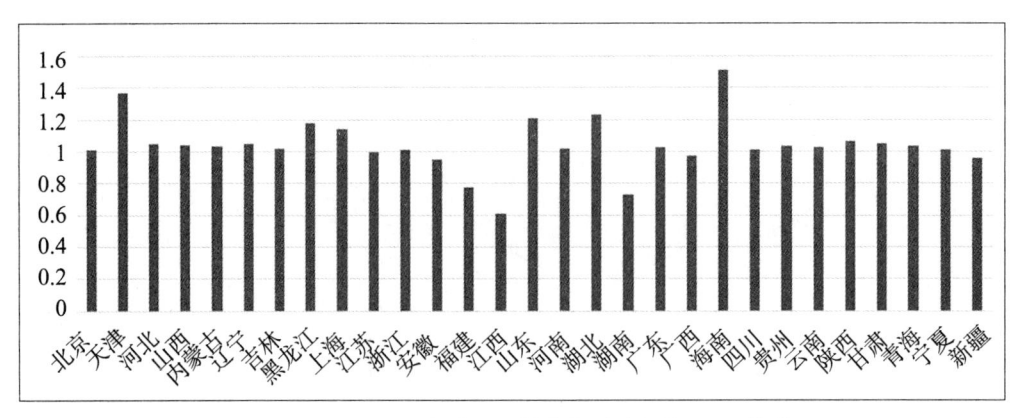

图3-7　2014—2015年我国区域装备制造业的 *GTFP* 指数

2. 我国装备制造业子行业GTFP的空间演化分析

以上分析了装备制造业整体GTFP的时空演化特征，为了剖析影响装备制造业生产率的原因，我们进一步分析装备制造业7个子行业的时空演化情况。

表3-3　1991年我国区域金属制品业的 *GTFP* 指数情况

梯队	GTFP	省区市
第一梯队	≥1.069 3	青海、天津、河北、山东、江苏、浙江、福建、云南
第二梯队	1.059 5～1.069 3	陕西、贵州、山西、甘肃、宁夏、新疆、湖南
第三梯队	1.049 3～1.059 5	内蒙古、海南、广东、天津、四川、吉林、江西
第四梯队	<1.049 3	河南、安徽、辽宁、北京、上海、黑龙江、广西

表3-4　2015年我国区域金属制品业的 *GTFP* 指数情况

梯队	GTFP	省区市
第一梯队	≥1.252 1	广西、陕西、内蒙古、吉林、河北、湖北、黑龙江
第二梯队	1.051 6～1.252 1	辽宁、安徽、海南、甘肃、山东、福建、广东、江西
第三梯队	1.027 3～1.051 6	山西、贵州、云南、宁夏、上海、青海、北京
第四梯队	<1.027 3	江苏、新疆、浙江、海南、天津、湖南、四川

从表3-3、表3-4所列的金属制品业来看，相比1991年，2015年东北地区的GTFP增长迅猛，一跃跃升至全国GTFP的第一阵营，沿海地区表现较差，GTFP下降速度快，部分中部地区增长势头猛。具体来说，东北地区的辽宁、吉林、黑龙江，西部地区的内蒙古、陕西、广西的金属制品业GTFP增长速度最快，而沿海地区的福建、浙江、江苏、上海、山东被挤出了GTFP第一阵营，西部地区的云南、青海、新疆，中部地区的湖南均有小幅下跌。

表3-5 1991年我国区域通用设备制造业的GTFP指数情况

梯队	GTFP	省区市
第一梯队	≥1.074 2	河南、云南、江苏、浙江、吉林、河北、湖南、河北
第二梯队	1.070 8～1.074 2	江西、内蒙古、山西、黑龙江、陕西、四川、新疆
第三梯队	1.062 3～1.070 8	山东、宁夏、广西、贵州、青海、甘肃、海南
第四梯队	<1.062 3	福建、辽宁、安徽、北京、天津、广东、上海

表3-6 2015年我国区域通用设备制造业的GTFP指数情况

梯队	GTFP	省区市
第一梯队	≥1.276 4	吉林、内蒙古、辽宁、海南、天津、湖北、湖南、江西
第二梯队	1.064 2～1.276 4	黑龙江、上海、北京、江苏、云南、陕西、广东
第三梯队	1.029 5～1.064 2	甘肃、山西、河北、宁夏、青海、新疆、广西
第四梯队	<1.029 5	浙江、河南、山东、福建、四川、安徽、贵州

从表3-5、表3-6所列的通用设备制造业来看，相比1991年，2015年各区域的GTFP有增有减，增减的省份差不多。具体来看，东部地区的辽宁、中部地区的江西、西部地区的内蒙古为全国GTFP第一列队，东部地区的河北、中部地区的河南、西部地区的广西、四川的通用设备制造业GTFP均有较大的降幅。

表3-7 1991年我国区域专用设备制造业的GTFP指数情况

梯队	GTFP	省区市
第一梯队	≥1.077 4	云南、浙江、江苏、新疆、内蒙古、四川、陕西、山西
第二梯队	1.072 4～1.077 4	河南、宁夏、青海、黑龙江、甘肃、江西、贵州
第三梯队	1.057 6～1.072 4	吉林、河北、湖北、福建、山东、湖南、安徽
第四梯队	<1.057 6	辽宁、海南、北京、广东、上海、天津、广西

表3-8 2015年我国区域专用设备制造业的GTFP指数情况

梯队	GTFP	省区市
第一梯队	≥1.163 3	辽宁、内蒙古、海南、黑龙江、山东、上海、江苏、吉林
第二梯队	1.059 2～1.163 3	天津、安徽、湖北、山西、广东、陕西、河北
第三梯队	1.034 9～1.059 2	甘肃、贵州、云南、江西、宁夏、青海、新疆
第四梯队	<1.034 9	四川、北京、广西、河南、湖南、浙江、福建

从表3-7、表3-8所列的专用设备制造业来看，相比1991年，2015年西部地区的GTFP下降速度最快，虽然中部和东部地区均有不同程度的增长，但是全国GT-

FP的整体水平是下降的。具体来说，西部地区的新疆、四川、云南，中部地区的山西，东部地区的浙江跌出了全国GTFP第一梯队，但是黑龙江、山东、海南的GTFP增长幅度大，均排在了全国GTFP第一阵营里。

表3-9　1991年我国区域交通设备制造业的 *GTFP* 指数情况

梯队	GTFP	省区市
第一梯队	≥1.162 7	江苏、浙江、吉林、天津、湖南、河南、河北、江西
第二梯队	1.154 1～1.162 7	陕西、广西、四川、甘肃、宁夏、山西、贵州
第三梯队	1.109 2～1.154 1	内蒙古、青海、安徽、山东、新疆、云南、福建
第四梯队	<1.109 2	广东、上海、北京、辽宁、黑龙江、海南、湖北

表3-10　2015年我国区域交通设备制造业的 *GTFP* 指数情况

梯队	GTFP	省区市
第一梯队	≥1.213 4	青海、安徽、天津、内蒙古、海南、陕西、河南、湖北
第二梯队	1.119 7～1.213 4	山东、上海、吉林、福建、江苏、江西、辽宁
第三梯队	1.033 9～1.119 7	宁夏、湖南、河北、广东、黑龙江、甘肃、贵州
第四梯队	<1.033 9	山西、四川、云南、新疆、浙江、北京、广西

从表3-9、表3-10所列的交通设备制造业整体看，相比1991年，2015年东部地区的GTFP下降速度快，取而代之的是中部和西部地区GTFP的增长。具体来看，东部地区的浙江、江苏、河北，中部地区的江西和湖南跌出了全国GTFP第一梯队，西部地区的内蒙古、青海、陕西，中部地区的湖北、安徽的GTFP增长迅速，上升到了全国GTFP第一梯队。西部地区的广西、云南、贵州、四川的GTFP小幅下降。

表3-11　1991年我国区域电气设备制造业的GTFP指数情况

梯队	GTFP	省区市
第一梯队	≥1.104 1	北京、内蒙古、河北、浙江、山西、陕西、江西、湖南
第二梯队	1.065 5～1.104 1	河南、湖北、四川、黑龙江、山东、福建、新疆
第三梯队	0.960 9～1.065 5	吉林、安徽、上海、江苏、广东、天津、海南
第四梯队	<0.960 9	贵州、云南、辽宁、广西、甘肃、青海、宁夏

表3-12　2015年我国区域电气设备制造业的 *GTFP* 指数情况

梯队	GTFP	省区市
第一梯队	≥1.185 2	辽宁、甘肃、湖南、海南、天津、内蒙古、山东、北京
第二梯队	1.039 3～1.185 2	湖北、河北、广西、山西、陕西、四川、吉林
第三梯队	1.024 4～1.039 3	广东、云南、江苏、上海、河南、宁夏、黑龙江
第四梯队	<1.024 4	青海、贵州、新疆、浙江、江西、福建、安徽

从表3-11、表3-12所列的电气设备制造业整体看，相比起1991年，2015年东部和中部的大部分地区的GTFP均有不同程度的下降。具体来看，2015年东部地区的浙江和中部地区的江西的电气设备制造业绿色全要素生产率下降幅度大，被挤出了全国GTFP的第一行列，东部地区的河北、福建、黑龙江，中部地区的山西、安徽、河南，西部地区的陕西、新疆GTFP也有不同程度的下跌。东部地区的北京、中部地区的湖南、西部地区的内蒙古的电气设备制造业GTFP指数基本没有变化，依然处于全国电气设备制造行业GTFP指数高的行列。东部地区的天津、山东、辽宁、海南，西部地区的甘肃增长速度快，东部地区的辽宁，西部地区的云南、广西的电气设备制造业GTFP有小幅上升。

表3-13 1991年我国区域计算机及电子设备制造业的GTFP指数情况

梯队	GTFP	省区市
第一梯队	≥1.251 2	云南、江西、宁夏、四川、贵州、山西、广西
第二梯队	1.082 5～1.251 2	湖南、青海、陕西、山东、北京、福建、浙江、安徽
第三梯队	1.015 6～1.082 5	江苏、天津、湖北、河北、吉林、甘肃、内蒙古
第四梯队	<1.015 6	上海、河南、广东、黑龙江、辽宁、新疆、海南

表3-14 2015年我国区域计算机及电子设备制造业的GTFP指数情况

梯队	GTFP	省区市
第一梯队	≥1.252 9	四川、宁夏、辽宁、海南、湖北、黑龙江、天津、北京
第二梯队	1.076 9～1.252 9	江苏、湖南、广东、河北、陕西、贵州、安徽
第三梯队	1.050 5～1.076 9	吉林、云南、甘肃、江西、山西、内蒙古、青海
第四梯队	<1.050 5	河南、广西、上海、山东、浙江、新疆、福建

从表3-13、表3-14所列的计算机及电子设备制造业整体来看，相比1991年，2015年西部地区的GTFP下降速度快。具体来看，除了四川，西部地区的云南、贵州、广西、青海均跌出了全国GTFP第一梯队；东部地区的黑龙江、辽宁、广东、海南，中部地区的江西、湖北均有不同程度的上升，其中，东部地区的黑龙江、辽宁、海南上升幅度最大。

表3-15 1991年我国区域仪器仪表设备制造业的GTFP指数情况

梯队	GTFP	省区市
第一梯队	≥1.168 1	山东、内蒙古、吉林、河南、云南、江西、湖南、广西
第二梯队	1.145 1～1.168 1	河北、四川、江苏、贵州、宁夏、辽宁、陕西
第三梯队	1.09～1.145 1	青海、甘肃、湖北、山西、福建、浙江
第四梯队	<1.09	天津、安徽、北京、黑龙江、新疆、上海、广东、海南

表3-16　2015年我国区域仪器仪表设备制造业的 GTFP 指数情况

梯队	GTFP	省区市
第一梯队	≥1.275 1	天津、辽宁、海南、湖南、河北、河南、浙江、江苏
第二梯队	1.075 6～1.275 1	上海、北京、山东、贵州、吉林、福建、湖北
第三梯队	1.043 5～1.075 6	山西、陕西、四川、安徽、江西、云南、甘肃
第四梯队	<1.043 5	新疆、广西、宁夏、内蒙古、青海、黑龙江、广东

从表3-15、表3-16所列的仪器仪表设备制造业整体来看，相比1991年，2015年西部地区下降快，而东部地区增长快，中部地区无明显变化。具体来说，西部地区的内蒙古、广西、云南均被挤出了全国GTFP第一梯队，其中广西的下降幅度最大；而东部的浙江、江苏、山东、辽宁、河北、海南，还有中部地区的河南、湖南，它们的GTFP均有不同程度的增长，排在全国的前列。

3.4　本章小结

我们通过对比和分析我国区域装备制造业及其子行业绿色全要素生产率的时空演化轨迹，找寻其演化的特征与规律，得出了一些结论。

（1）从时间维度的演化轨迹看，1990—2015年的大多数年份里我国装备制造业的GTFP普遍低于TFP，表明考虑了生态资源约束后，技术对经济产出增长的贡献有限，依赖于大量投资驱动的装备制造业节能减排任务依然艰巨。1990—2015年装备制造业的绿色全要素生产率呈现先下降后上升的演化轨迹，演化动力为技术进步，制约因素为规模效率恶化。我国装备制造业绿色全要素生产率对经济产出增长的贡献率逐步提升，但整体仍处于粗放型增长阶段，依然要靠传统要素投入（主要是资本）来推动装备制造业产出的高增长。分行业看，1990—2015年GTFP增长速度慢的行业有：仪器仪表制造业、电气机械制造业、计算机及通信设备制造业、金属制品业，主要制约因素为企业管理水平低下导致的纯技术效率恶化和资源配置无效导致的规模效率降低。GTFP增长速度快的行业有：交通运输设备制造业、通用设备制造业、专用设备制造业，动力为技术进步。交通运输设备制造业发展势头好，产出增长速度、GTFP增长速度均为全行业最快，规模有效，技术进步明显。

（2）从空间维度的演化轨迹看，相比1991年，2015年东部地区的辽宁、中部地区的湖南、西部地区的内蒙古和甘肃的装备制造业绿色全要素生产率下降速度快。而东部地区的黑龙江、河北和天津，中部地区的湖北，西部地区的陕西的装备制造业绿色全要素生产率提升速度快，进入GTFP第一梯队。分行业看，东北地区的金属制品业和通用设备制造业的GTFP增长迅猛，西部地区专用设备制造业、计算机及电子设备制造业、仪器仪表设备制造业的GTFP下降幅度快，被挤出全国GTFP的第一阵营，交通设备制造业发展势头良好。中部地区的专用设备制造业、交通设备制造业的GTFP均有不同幅度增长。

第四章 我国装备制造业GTFP演化效应的影响因素分析

从第三章我国装备制造业绿色全要素生产率（GTFP）的时空演化效应可知，依靠投资驱动的装备制造业GTFP整体水平偏低，演化动力为技术进步，制约因素为规模效率恶化。从分行业看，仪器仪表制造业等行业因企业管理水平低下、资源配置无效导致GTFP增长速度慢；交通运输设备制造业等因技术进步推动了GTFP增长。从区域演化看，东部地区的黑龙江、河北和天津，中部地区的湖北，西部地区的陕西的装备制造业GTFP提升速度快。不同时间段、不同空间区域，我国装备制造业GTFP演化的外在表现不同。那么，是什么因素导致了我国装备制造业GTFP出现时间演化分异与空间演化分异？谁是主导因素？谁是辅助因素？他们又是通过何种途径影响装备制造业GTFP演化的？这些是本章需要研究的问题。

基于此，本章采用经典的面板计量模型探析多重异质性与装备制造业绿色全要素生产率演化的关系，检验假设1和假设2。

4.1 研究方法与模型构建

4.1.1 研究方法

本章实证分析方法和思路相对简单，主要是为第五章和第六章的实证研究奠定基础。借助经典的面板数据模型及工具变量，采用从全国到地区、从整体到行业的分析思路进行层层检验，旨在得出一些基础性结论。主要的研究方法有：

1. OLS混合回归

最小二乘法（ordinary least square，简记OLS）是单一方程线性回归最基本、最常见的估计方法。OLS混合回归将所有数据看作是截面数据进行OLS回归，本章借助此方法，对影响装备制造业绿色全要素生产率演化的异质性因子进行初步检验，为后面的计量分析做参照。

2. 面板数据模型

由于OLS混合回归忽视了个体效应的存在，所以本章需要进一步做面板数据回归模型。面板数据模型因其能有效提高动态分析的可靠性、较好反映经济体的结构性特征等优势而被学者广泛使用。面板数据可分为短面板和长面板。短面板指的是横截面大而时间短（大N小T）的面板，长面板指的是时间长而横截面小（大T小N）的面板。本章研究的样本数据由我国的29个省份（西藏除外、重庆包含在四川里）、26个年度（1990—2015年）构成，因此属于短面板。对于短面板，一般采用固定效应模型或随机效应模型，需要借助豪斯曼（Hausman）检验来判断选择哪个模型更优，即如果P值显著则选择固定效应模型，否则选择随机效应模型。

3. IV-GMM分析

经典面板回归模型通常假设解释变量与扰动项不相关，但是在实际情况中，解释变量与扰动项相关的例子比比皆是，即存在内生性问题。如果该问题没有得到妥善处理，极有可能会导致回归结论存在较大偏误。对此，本章在上述基本面板回归模型的基础上，首先，对模型的每个解释变量进行异方差稳健的Durbin-Wu-Hausman（DWH）内生性检验，如果P值显著则认为该解释变量是内生解释变量，需要选用工具变量来替换；其次，对含有内生解释变量的模型，本章采用工具变量法（IV-GMM）进行分析，即寻找内生解释变量的工具变量（IV）作为代理变量来进行GMM回归。之所以选择GMM而放弃2SLS方法，是因为IV-2SLS方法的前提假设是扰动项同方差，但异方差经常存在于现实情况中，当存在异方差的时候，更有效的做法是进行"广义距估计"（generalized method of moments，GMM）。所以本章在检验出存在内生解释变量的情况下，一律采用IV-GMM方法进行估计。

4.1.2 模型构建

从本章的研究对象来看，被解释变量既包括全国、东中西部装备制造业的绿色全要素生产率（GTFP），也包括装备制造业子行业的绿色全要素生产率（GTFP）及其三个分解指标（技术效率改善PEC、技术进步PTC、生产规模变化SCH）；主要解释变量不仅包括要素（知识、劳动、资本）的异质性，还包括产业结构的异质性、外部环境（市场环境、生态环境、制度环境）的异质性，因为要素流动形成产业结构，并影响结构变迁，因此有必要考虑加入产业结构虚拟变量与要素异质性的交互项。本章构建如下四个待检验模型：

$$\ln GTFP_{it} = C + \beta_1 \ln laberH_{it} + \beta_2 \ln captialH_{it} + \beta_3 \ln knowledgeH_{it} + \beta_4 \ln eco_{it} + \\ \beta_5 \ln market_{it} + \beta_6 \ln institution_{it} + \eta_1 D \ln laberH_{it} + \eta_2 D \ln captialH_{it} + \quad (4.1) \\ \eta_3 D \ln knowledgeH_{it} + \gamma \ln Control_{it} + \lambda_t + v_t + \mu_{it}$$

$$\ln PEC_{it} = C + \beta_1 \ln laberH_{it} + \beta_2 \ln captialH_{it} + \beta_3 \ln knowledgeH_{it} + \beta_4 \ln eco_{it} + \\ \beta_5 \ln market_{it} + \beta_6 \ln institution_{it} + \eta_1 D \ln laberH_{it} + \eta_2 D \ln captialH_{it} + \quad (4.2) \\ \eta_3 D \ln knowledgeH_{it} + \gamma \ln Control_{it} + \lambda_t + v_t + \mu_{it}$$

$$\ln PTC_{it} = C + \beta_1 \ln laberH_{it} + \beta_2 \ln captialH_{it} + \beta_3 \ln knowledgeH_{it} + \beta_4 \ln eco_{it} +$$
$$\beta_5 \ln market_{it} + \beta_6 \ln institution_{it} + \eta_1 D \ln laberH_{it} + \eta_2 D \ln captialH_{it} + \quad (4.3)$$
$$\eta_3 D \ln knowledgeH_{it} + \gamma \ln Contr ol_{it} + \lambda_t + v_t + \mu_{it}$$

$$\ln SCH_{it} = C + \beta_1 \ln laberH_{it} + \beta_2 \ln captialH_{it} + \beta_3 \ln knowledgeH_{it} + \beta_4 \ln eco_{it} +$$
$$\beta_5 \ln market_{it} + \beta_6 \ln institution_{it} + \eta_1 D \ln laberH_{it} + \eta_2 D \ln captialH_{it} + \quad (4.4)$$
$$\eta_3 D \ln knowledgeH_{it} + \gamma \ln Contr ol_{it} + \lambda_t + v_t + \mu_{it}$$

式（4.1）至式（4.4）中，GTFP及其三个分解指标（PEC、PTC、SCH）为本书的被解释变量，分别代表绿色全要素生产率、技术效率改进、技术进步、规模变化。要素异质性、结构异质性和环境异质性是本书的主要解释变量，在具体检验中，要素异质性包括 $laberH$、$capitalH$、$knowledgeH$；结构异质性用装备制造业专业化集聚度（区位商指数）的虚拟变量 D 来表示。$DlnlaberH$、$DlncaptialH$、$DlnknowledgeH$ 分别代表装备制造业专业化集聚度与劳动异质性、资本异质性、知识异质性对数的交互项；环境异质性主要有市场环境（$market$）、制度环境（$institution$）、生态环境（eco）的质量差异；$Contro$ 为控制变量，因为考虑到研究的样本数量和时间长度，为了保证计量结果的良好性，控制变量不宜设置太多，一般认为，地区经济发展水平对产业的生产效率具有重要影响。经济水平较高的地区会为产业发展提供有力支撑。因此，本章将地区的经济发展水平作为控制变量。λ_t 是第 t 期的截距项，被称为"时间固定效应"；v_t 是选择固定效应模型时各个城市不随时间变化而变化的量，如果是随机效应，则没有 v_t；μ_{it} 是i.id的扰动项，β_1、β_2、β_3、β_4、β_5、β_6、η_1、η_2、η_3、γ 是待估参数。下标 i 和 t 分别代表第 i 个省份和第 t 年。

4.2 变量选取与数据说明

4.2.1 变量选取

本章根据表2-2构造的异质性测度指标体系来实证研究我国装备制造业绿色全要素生产率的时空演化特征及其背后的影响因素与作用途径。本章实证研究的变量主要包括被解释变量、主要解释变量和控制变量三类。

1. 被解释变量

本书的被解释变量为绿色全要素生产率（GTFP），变量采用Malmquist-Luenberger全局超效率指数模型，用MaxDEA软件计算得出。具体算法参照第三章。

2. 主要解释变量

本章的主要解释变量有两种：一种是影响产业演化效率的异质性，包括要素异质性、结构异质性和环境异质性；另一种是装备制造业专业化集聚度（区位商指数）虚拟变量与要素异质性相乘的交互项。选取依据如下：

(1)影响产业演化效率的异质性。主要包括要素异质性（laberH、capitalH、knowledgeH）、结构异质性（LQ，作为虚拟变量是D）、环境异质性（市场环境market、制度环境institution、生态环境eco）。关于劳动质量的测度指标，有的学者采用研发人员数量或全时当量[161]，有的学者则采用从业人数的受教育年限[162]，根据数据的可获得性，本章采用从业人数的受教育年限来表示劳动质量，数据来源于《中国教育统计年鉴》《中国城市统计年鉴》。关于资本质量的测度指标，有的学者采用研发资本投入[163]，有的学者采用资本密度（资本存量/从业人数）[164]，同样，基于数据可获得性，本章采用资本密度来衡量资本质量，一般来说，资本密度高的地区，其创新活动越活跃，数据来源于《中国工业统计年鉴》。关于知识质量的测度指标，普遍选用的是发明专利申请数量与专利申请数量的比值，本章也采用这个指标，数据来源于国家知识产权局主办的"专利之星检索系统"和"重点产业专利信息服务平台"。质量的差异是本书研究的重点，多数学者测度异质性选用"欧式距离"[145]，本章也采用这个指标测度要素的异质性。多数学者采用区位商衡量产业结构，一般认为区位商指数高则专业化程度高，分工更精细，更有利于生产效率的提高。本章也采用这个指标来衡量结构质量。进退市场的企业数量是市场环境质量高与低的直接表现，市场环境质量好，则企业自由竞争，资源有效配置，退出市场企业占比少，反之，则亏损企业多，不利于优化市场资源配置；在我国，国有资本占比大说明拥有更多的资源（特别是社会资源），能够获取更多制度红利，更有利于产业发展；生态环境与"三废"的处理能力有关，"三废"处理能力强，则说明生态环境质量高。因此，本章分别用亏损企业占比、国有资本占比、"三废"综合利用产品利润占比来表示市场环境质量、制度环境质量和生态环境质量。

(2)产业区位商虚拟变量及其交互项。区位商是产业专业化度的测度指标之一。本书用区位商来表示产业结构。区位商大，说明产业分工精细，产业专业化程度高，具有较强的比较优势。在这样的产业结构中，高质量的要素投入往往会更能推动GTFP增长。理论分析表明，要素流动形成产业结构，不同产业结构内的要素异质性对产业演化的作用力和作用方向不同，所以在考察产业结构对GTFP影响的时候，应充分考虑到要素的投入质量，所以本章将代表产业结构质量的区位商指数设为虚拟变量，与要素异质性相乘为交互项加入模型中，探析不同产业专业化度下，要素异质性对我国装备制造业GTFP演化的影响。为了避免与其他变量产生多重共线性，本章采用工业销售产值来衡量装备制造业的区位商，具体公式如下：

$$LQ_{ij} = \left(\frac{s_{ij}}{s_j}\right) / \left(\frac{s_i}{S}\right) \quad (4.5)$$

其中，S_{ij}表示地区i装备制造业j的工业销售产值，S_j表示全国装备制造业j的工业销售产值，S_i表示地区i所有工业的工业销售产值，S表示全国所有工业的工业销售产值。

本章用区位商指数来衡量产业结构质量。如果区位商指数高,则说明产业分工精细,产业结构质量好。为了表现出产业结构质量的差异,本章首先将装备制造业区位商指数从低到高进行排序,然后将其均匀地分为两个等份,再根据高、低的分组来确定虚拟变量。可生成如下虚拟变量:

$$D = \begin{cases} 1, & \text{装备制造业区位商指数高} \\ 0, & \text{其他} \end{cases} \quad (4.6)$$

当 $D=1$ 时,说明装备制造业区位商高于平均水平;当 $D=0$ 时,说明装备制造业区位商低于平均水平。

我们将式(4.6)中的虚拟变量与要素异质性依次相乘,可生成劳动异质性与装备制造业区位商虚拟变量的乘积($DlnlaberH$)、资本异质性与装备制造业区位商虚拟变量的乘积($DlncaptialH$)、知识异质性与装备制造业区位商虚拟变量的乘积($DlnknowledgeH$),将它们依次放入模型进行回归。

(3) 控制变量:地区经济发展水平($pgdp$)

绿色全要素生产率的提升与地区经济发展水平存在着比较密切的关联,一般来说,地区经济发展水平高,会为装备制造业的绿色发展带来经济支撑,比如健全的基础设施、大量的消费需求等,而且更有能力去引进或研发先进生态环保技术,进行较大规模的产品和服务创新,这些都有利于推动绿色全要素生产率较快增长。而经济发展水平相对滞后的地区,装备制造业的要素投入规模、资源配置效率较低,绿色全要素生产率的增长速度会相对缓慢。基于上述考虑,本章将地区经济发展水平作为控制变量加入模型,在测度指标的选择上,参照贺胜兵等[110]、伍先福[165]的处理思路,采用人均地区生产总值($pgdp$)作为控制变量。

4.2.2 数据来源与处理

1. 数据来源与样本遴选

本章样本数据均来自1991—2016年的《中国工业统计年鉴》《中国统计年鉴》《中国科技统计年鉴》《中国教育统计年鉴》《中国城市统计年鉴》、国家知识产权局主办的"专利之星检索系统"和"重点产业专利信息服务平台"。在观测期的选择上,为了能够长期考察我国装备制造业生产效率的变动情况,并保证数据的可得性和一致性,我们以1990年作为研究的起点,因为重庆是1997年开始被中央划拨为直辖市的,1990—1996年其数据一直被统计在四川省内,为了保持数据的连续性和一致性,我们沿用之前的统计口径,继续将1997年以后的重庆数据加入四川省内。由于西藏的数据缺失值较多,容易导致结果失真,所以将西藏剔除。本章选取1990—2015年作为观测期,计算GTFP指数的时间跨度为1990—2015年,其中,

1990—1991年GTFP指数的含义是相对于1990年、1991年GTFP的变动幅度，它对应其他解释变量1991年的数据。综上所述，本章实证研究的观测期是1990—2015年，研究对象是我国29个省份（西藏除外，重庆包含在四川里）的装备制造业绿色全要素生产率。

2. 数据处理

主要采用以下处理方法：第一，所有用来测算GTFP指数及其分解指标的投入产出数据均与第三章的处理方法相同；第二，考虑到数据的连贯性，将个别变量的缺失数据采用插值法、平滑指数法进行补充；第三，人均地区生产总值（$pgdp$）已用相应省份1990年不变价的GDP平减指数做了处理。同时，考虑到本章研究样本的时间跨度较长（1990—2015年），各变量带有一定时间趋势可能引发异方差，进而造成回归偏误，我们对所有变量进行对数化处理。由于本章数据是短面板（N大T小），一般不需要对其平稳性进行专门处理，所以本章没有对数据做平稳性检验。

4.2.3 变量的描述性统计

本章实证研究主要变量的描述性统计分析见表4-1所列。

表4-1 主要变量的描述性统计

变量	变量含义	计算方法	均值	标准差	最小值	最大值	样本数
$GTFP$	绿色全要素生产率	Malmquist-Luenberger全局超效率指数模型	1.041	0.078	0.610	1.722	725
PEC	技术效率改善	Malmquist-Luenberger全局超效率指数模型	1.046	0.561	0.141	10.882	725
PTC	技术进步	Malmquist-Luenberger全局超效率指数模型	1.051	0.304	0.097	7.023	725
SCH	生产规模变化	Malmquist-Luenberger全局超效率指数模型	1.006	0.086	0.474	2.029	725
$LabourH$	劳动异质性	（平均受教育年限×装备制造业从业人数）的欧氏距离	214.72	210.62	74.81	1675.42	725
$CapitalH$	资本异质性	（资本存量/地区装备制造业从业人数）的欧氏距离	57.564	53.719	10.99	457.138	725
$KnowlegeH$	知识异质性	（装备制造业发明专利数/申请专利数）的欧氏距离	566.30	854.40	20.78	5822.64	725

续表

变量	变量含义	计算方法	均值	标准差	最小值	最大值	样本数
LQ	产业结构（区位商）	工业销售产值区位商	2.162	10.101	0.031	112.793	725
$Institution$	制度环境	国家资本/实收资本	0.345	0.247	0.011	0.934	725
$Market$	市场环境	亏损企业数/总企业数	0.218	0.108	0.024	0.656	725
Eco	生态环境	"三废"综合利用产品利润/"三废"综合利用产品产值	0.219	0.148	0.001	0.850	725
$Pgdp$	地区经济发展水平	人均地区生产总值	0.379	0.418	0.081	9.752	725

4.3 实证分析

4.3.1 异质性影响我国装备制造业GTFP的演化效应分析

1. 一般面板回归

首先，采用OLS混合回归，并对模型进行多重共线性检验，发现VIF最大值为8.930，未超过10，说明不存在明显的多重共线性；其次，采用一般面板回归，主要是随机效应模型和固定效应模型，并将这三种回归结果一同呈现出来，具体见表4-2所列。在面板模型选取上，加入时间和个体效应进行检验，且所有豪斯曼（Hausman）检验结果均通过了1%显著性水平检验，因此选择双向固定效应模型。

表4-2 1990—2015年我国装备制造业GTFP演化的OLS回归与一般面板估计

变量	因变量是 $\ln GTFP$		
	OLS	FE	RE
$\ln labourH$	−0.0551***	−0.0712***	−0.0551***
	(−3.42)	(−3.55)	(−3.31)
$\ln capitalH$	0.0248***	0.0281***	0.0248***
	(5.71)	(3.25)	(3.86)
$\ln knowledgeH$	0.0122**	0.0241***	0.0122**
	(2.37)	(3.00)	(2.12)

续表

变量	因变量是ln*GTFP*		
	OLS	FE	RE
ln*labourH*D*	0.0653***	0.0752***	0.0653***
	(3.94)	(3.56)	(3.68)
ln*capitalH*D*	−0.00573**	−0.00657**	−0.00573**
	(−2.42)	(−2.16)	(−2.34)
ln*knowledgeH*D*	−0.00908	−0.0130**	−0.00908*
	(−1.59)	(−2.11)	(−1.72)
ln*institution*	0.0131**	0.0163**	0.0131**
	(2.57)	(2.05)	(2.16)
ln*eco*	0.00299	0.00364	0.00299
	(1.03)	(0.90)	(1.06)
ln*market*	−0.0151**	−0.0185**	−0.0151***
	(−2.73)	(−2.28)	(−2.61)
ln*pgdp*	−0.00587	−0.0471**	−0.00587
	(−0.86)	(−2.44)	(−0.87)
时间固定	Y	Y	Y
个体固定	Y	Y	Y
Adj-R2	0.151	0.181	0.161

注：（1）*D*=1代表装备制造业区位商指数高；（2）*、**、***是指分别通过0.1、0.05、0.01的显著性水平检验，圆括号内为标准误；（3）Hansen检验为*P*值，其原假设为"所有工具变量都是外生的"。

根据表4-2所列，我们得出一些基础性结论：第一，关于要素异质性。劳动异质性在整体上倾向于抑制我国装备制造业GTFP的增长，但这种抑制作用在不同产业集聚度下呈现出较大差异。在区位商指数高的装备制造业中（*D*=1），劳动异质性能显著推动GTFP的增长。在区位商指数低的装备制造业中（*D*=0），资本异质性和知识异质性的提升有利于推动地区装备制造业GTFP的增长，但随着区位商指数的提高，资本异质性和知识异质性对装备制造业GTFP的推动力都在减小。第二，关于环境异质性，扩大国家投资规模有助于推动装备制造业GTFP增长；生态环境质量越高、处理"三废"的能力越强，对装备制造业GTFP增长的推动力越大；市场内亏损企业占比越大，越不利于生产效率的提升。第三，控制变量人均地区生

第四章 我国装备制造业GTFP演化效应的影响因素分析

总值在每个模型中均显著为负,说明人均地区生产总值的增长并未能够很好地推动装备制造业GTFP增长。

2. 内生性问题与IV-GMM面板估计

内生性问题是普遍存在问题,主要是由于因变量Y与自变量X互为因果引起的。本章处理思路是:首先利用Durbin-Wu-Hausman(DWH)检验来检测模型是否存在内生性,并找到解释变量中的内生变量,然后再利用内生变量的工具变量进行IV-GMM面板回归。DWH检验发现,模型确实存在内生性问题,且劳动异质性($lnlabourH$)和资本异质性($lncapitalH$)为内生解释变量,可能因为与被解释变量GTFP之间存在互为因果关系所导致的,这与我们的理论判断相符。本章用各地区装备制造业从业人员的平均受教育年限代表劳动质量,同时也说明这个地区装备制造业对知识的吸收能力。一方面,从业人员对知识的吸收能力会影响GTFP增长,但GTFP增长也会反过来影响劳动者的技能水平,一个地区装备制造业的GTFP增速越快,就越能激发当地企业人才培养、技术研发、业务赶超等热情,激励企业不断地进行劳动人员技能等各项素质的培训,培养"工匠精神";另一方面,装备制造业的GTFP增速越快,越能促使企业加大资本投入,更注重资本质量的提升,提高资本产出率。

由于内生性问题的存在,表4-2的回归结果就可能存在一定的偏误,因而有必要对模型进行重新估计。针对内生解释变量,多数文献的处理方法是找到一个工具变量Z,用它来替代内生解释变量。一个有效的工具变量Z应具备两个条件:一是相关性,即工具变量Z只能通过自变量X影响因变量Y,而不能通过其他渠道影响Y;二是外生性,即工具变量与扰动项不相关。一般采用Hansen方法进行检验。因为符合这两个条件的工具变量比较难找,所以大多数学者将内生解释变量的滞后一至两阶作为工具变量[165,166]。本章参照这种做法:以劳动异质性和资本异质性滞后一至两阶变量作为其工具变量,首先,对工具变量进行有效性检验。即Hansen检验,检验结果P值均大于5%,接受原假设"所有工具变量都是外生的",即本章选取的工具变量有效。其次,本章用IV-GMM对模型重新进行面板数据回归,其结果见表4-3所列。在模型选择上,由于GMM并不支持随机效应模型(RE),因此,本章首先对加入工具变量后的模型进行了豪斯曼检验,发现检验结果均支持固定效应模型(FE)。然后,再使用GMM进行FE回归。综上所述,表4-3全部采用固定效应模型。GMM回归方法可分为差分GMM和系统GMM。由于差分GMM估计方法容易受到弱工具变量的影响而得到有偏的估计结果,所以Manuel Areliano和Olympia Bover[167]提出了另外一种更加有效的方法,即系统GMM估计方法,其具体做法是将水平回归方程和差分回归方程结合起来进行估计,在这种估计方法中,滞后水平作为一阶差分的工具变量,而一阶差分又作为水平变量的工具变量,估计结果更有效可靠。因此本章主要采用系统GMM的估计结果来解释后文的分析。差分

GMM 回归结果作为本章的稳健性检验。

表4-3　1990—2015年我国装备制造业GTFP演化的IV-GMM面板估计

变量	因变量 lnGTFP 差分 GMM	因变量 lnGTFP 系统 GMM
ln*labourH*	−0.0543**	−0.0693**
	(−2.45)	(−2.33)
ln*capitalH*	0.0129	0.0533*
	(0.41)	(1.81)
ln*knowledgeH*	0.0108	0.0114
	(0.83)	(0.89)
ln*labourH*D*	0.0878**	0.0891**
	(2.04)	(2.08)
ln*capitalH*D*	−0.0129	−0.0713
	(−1.02)	(−1.54)
ln*knowledgeH*D*	−0.019*	−0.014*
	(−1.77)	(−1.88)
ln*institution*	0.0128	0.0219*
	(0.04)	(1.82)
ln*eco*	0.0343	0.00973*
	(0.91)	(1.74)
ln*market*	−0.0793**	−0.0533*
	(−2.19)	(−1.87)
ln*pgdp*	−0.0928	−0.0321
	(−1.12)	(−1.31)
个体固定	Y	Y
时间固定	Y	Y
样本数	638	667
Hausman	34.89**	37.92**
Hansen	0.877	0.973

注：(1) *D*=1代表装备制造业区位商指数高；(2) *、**、***是指分别通过0.1、0.05、0.01的显著性水平检验，圆括号内为标准误；(3) Hansen检验为*P*值，其原假设为"所有工具变量都是外生的"。

第四章 我国装备制造业GTFP演化效应的影响因素分析

经过Hansen等计量检验可知，相比其他模型，表4-2固定效应模型和表4-3系统GMM回归模型的变量显著性提高了，结果拟合回归更好，从计量方法上看，系统GMM解决了内生性问题，其结果更科学一些。所以我们主要以系统GMM结果来进行分析。在系统GMM回归模型中，我们的三个主要解释变量：劳动异质性、资本异质性、知识异质性对装备制造业GTFP都有显著的影响。在专业化程度低的装备制造业中，资本异质性对装备制造业GTFP有正向影响，知识异质性的作用力不明显，劳动异质性对GTFP有抑制作用，这是因为在专业化程度低的装备制造业中，专业化分工不精细，产业的比较优势较小，只能依靠投入大量的资本，提高产业的资本密度，来推动产业效率的提升，比如传统工业，这也与第三章的结论一致，即现阶段我国装备制造业的技术进步仍然要依靠大量的资本投入来推动。在这种产业结构下，不同技能水平、受教育程度各异的劳动力分工协同能力较差，难以满足产业GTFP增长的要求，所以会在一定程度上抑制GTFP增长。在专业化程度高的装备制造业中，劳动的异质性越高，越有利于推动GTFP的增长，因为在专业化高的装备制造业中，产业结构比较优势明显，在这样的产业结构中，不同技能、不同理解能力的劳动者更能碰撞出思想的火花，更有利于知识分工和技术创新。知识异质性对GTFP的增长有抑制作用，这是因为我国的专利结构落后，与发达国家相比，我国装备制造业的发明专利占比严重偏小，不利于知识创新。据我国工业和信息化部装备工业司和科技司联合发布的《装备制造领域专利态势报告2012》指出，2011年我国装备制造业专利申请量已占全球专利申请总量的46.23%，但在专利质量比较高的PCT（专利合作条约）专利申请上，我国仅占4.18%。以机床为例，虽然2005—2011年我国机床专利申请量高度攀升，但是专利质量不高，发明专利在专利申请总量的占比比重逐年下降。2006年，我国发明专利数量占专利总量的53.71%，到2015年，发明专利数量占专利总量的比重下降到27.62%，而在船舶领域，2012年国内的14 820件专利申请中，发明专利仅占总量的35%，而在1889件国外来华申请中，发明专利占比却高达98%[168]。由此可见，虽然我国装备制造业专利申请量年增速大，但是质量却不高，发明专利占比小，自主创新能力弱仍是制约我国装备制造业GTFP增长的重要因素。在专业化度高的装备制造业中，以资本密集度为衡量指标的资本异质性不利于GTFP的增长，这是因为专业化程度高的产业，也就是区位商高的产业，大部分都是当地的主导产业，对于装备制造业来说，能够成为主导产业的，都是发展超过10年以上的产业，结合我国对工业发展的政策历史判断，这些产业具有一些特点。在20世纪90年代初，我国经济中出现资本密度加速上升的现象，经济增长过分依赖固定资产投资的拉动，资本更加集中在钢铁、建材、化工等资本密集型行业，随着资本密度的提高，过度的资本投资使得资本的边际生产率递减。经济向效率缺失的方向发展，资本增长率或资本存量的增长率明显快于劳动力增长速度。2003年以来我国掀起了一轮投资热，投资主要集中在重化工业上，而这些部门都是高投入、高污染、高耗能的产业，这种以高能源消耗为代价的投资不利于经济持续健康发展[169, 170]，从近两年的煤、电、油运的紧张程度就可以看出这种经济增长的代价。所以现在处于主导地位的这些装备制造业产业大多数都是那个时代的产物，即在萌芽和发展期大量依靠资本投入发展壮大起来，但是上一轮资本投资产生的资本沉淀还难以消化，如果不改变现有的投资结构，把资本更多地投入技术研究与开发中，那么将会严重阻碍GTFP的增长。本章实证研究表明现阶段我国装备制造业还未能通过有效利用资本投入来实现创新环保技术，提高资源利用率，推动绿色全要素生产率增长的目的。关于环境变量，市场中的亏损企业占比越多，越不利于GTFP的增长；"三废"处理能力越高，生态环境越好，越有利于装备制造业GTFP的提升；国有资本占比越高，越有利于GTFP增长，因为目前从我国的国情来看，国有资本在企业中的占股越多，说明其所拥有的资源（特别是社会资本）越多，越有利于产业的发展。作为控制变量的地区人均GDP对GTFP的影响不显著。

最后，我们重点对要素异质性及其区位商虚拟变量进行阐释。根据表4-3，为方便理解，本章将要素异质性对GTFP影响的分段函数方程撰写出来，用$Control$代表控制变量，用A代表控制变量的回归系数。

不同的专业化指数分组下，劳动异质性对GTFP的影响：

$\ln GTFP=-0.069\ln laberH+0.089\ln laberH+A\times Control$ 专业化指数高

$\ln GTFP=-0.69\ln laberH+A\times Control$ 专业化指数低 (4.7)

根据式（4.7），我们发现，在装备制造业专业化指数高、低两个分组方程中，劳动异质性对被解释变量$\ln GTFP$的影响存在着质的不同。在装备制造业专业化指数高的分组方程中，将等号右边的前两项合并，得到劳动异质性的系数为0.020（-0.069+0.089）；在装备制造业专业化指数低的分组方程中，劳动异质性的系数为-0.069。在专业化指数高的装备制造业中，劳动异质性越高，越能显著地促进GTFP的增长，否则就会抑制GTFP增长。在专业化指数低的装备制造业中，劳动异质性越高，越会抑制GTFP的增长。综上所述，我们可知，随着装备制造业专业化指数的提升，劳动异质性对GTFP的作用力将由抑制转推动。

不同的专业化指数分组下，资本异质性对GTFP的影响：

$\ln GTFP=0.053\ln capitalH-0.071\ln capitalH+A\times Control$ 专业化指数高

$\ln GTFP=0.053\ln capitalH+A\times Control$ 专业化指数低 (4.8)

根据式（4.8）可知，在装备制造业专业化指数高的分组方程中，资本异质性的系数为-0.018（-0.071+0.053）；在装备制造业专业化指数低的分组方程中，资本异质性的系数为0.053。说明随着专业化指数的提升，资本异质性对GTFP的推动力逐渐减弱，可能会转变为抑制力。

不同的专业化指数分组下，知识异质性对TFP的影响：

第四章 我国装备制造业GTFP演化效应的影响因素分析

ln*GTFP*=0.011ln*knowledgeH*−0.014ln*knowledgeH*+*A*×*Control* 专业化指数高

ln*GTFP*=0.011ln*knowledgeH*+*A*×*Control* 专业化指数低 (4.9)

根据式（4.9）可知，在装备制造业专业化指数高的分组方程中，知识异质性的系数为−0.003（−0.014−0.011）；在装备制造业专业化指数低的分组方程中，知识异质性的系数为0.011，但不显著。说明随着装备制造业专业化指数的提升，知识异质性对GTFP的抑制力越来越大。

综上所述，在专业化指数高的装备制造业中，劳动异质性（0.020）对GTFP的推动力大于知识异质性（−0.003）和资本异质性（−0.018），在专业化指数低的装备制造业中，资本异质性（0.053）比知识异质性（0.011）、劳动异质性（−0.069）更能推动GTFP的增长，说明目前我国装备制造业的技术进步主要依靠劳动力和资本投入来驱动。

那么异质性究竟通过何种途径影响装备制造业GTFP演化的呢？我们进一步对异质性影响装备制造业GTFP分解指标演化效应做实证分析，见表4-4所列。

表4-4 1990—2015年我国装备制造业*GTFP*分解指标演化的IV-GMM面板估计

变量	ln*PEC*	ln*PTC*	ln*SCH*
ln*labourH*	−0.0347	−0.202*	0.0271*
	(−0.57)	(−1.81)	(2.47)
ln*capitalH*	−0.00862	−0.0530	0.0400***
	(−0.29)	(−0.94)	(6.72)
ln*knowledgeH*	0.0163	0.0588	−0.0191
	(0.56)	(1.21)	(−1.12)
ln*labourH**D	0.0446*	0.343***	−0.0350*
	(1.65)	(2.54)	(−2.27)
ln*capitalH**D	0.0815	0.166*	−0.0472***
	(0.94)	(1.76)	(−4.59)
ln*knowledgeH**D	−0.0721	−0.115**	0.0196*
	(−1.34)	(−2.23)	(2.34)
ln*market*	−0.00299	−0.0427	−0.0602*
	(−0.18)	(−1.05)	(−2.38)
ln*institution*	−0.0386	0.0388*	−0.00872**
	(−1.49)	(1.75)	(−2.63)
ln*eco*	0.0101*	−0.000308	−0.00687***

续表

变量	ln*PEC*	ln*PTC*	ln*SCH*
	(1.68)	(−0.03)	(−3.73)
ln*pgdp*	0.0430	0.234*	−0.119***
	(0.46)	(1.87)	(−3.70)
其他变量	控制	控制	控制
个体固定	Y	Y	Y
时间固定	Y	Y	Y
样本数	696	696	696
Hansen	0.5382	0.6721	0.7821

注：（1）$D=1$代表装备制造业区位商指数高；（2）*、**、***是指分别通过0.1、0.05、0.01的显著性水平检验，圆括号内为标准误；（3）Hansen检验为P值，其原假设为"所有工具变量都是外生的"。

由表4-4可知，在专业化度低的装备制造业中，劳动异质性导致的技术滞后抑制了GTFP增长，说明在分工不精细的产业中，高技能劳动力难以发挥其优势来推动技术进步。资本异质性有助于提高规模效率，表明高资本密度投入在扩大生产规模的同时还提升了生产效率。知识异质性对GTFP的作用力不明显是因为GTFP的三个分解指标都不显著，从符号来看，知识异质性对规模效率的作用力为负，这是因为知识投入规模的扩大并未带来生产效率的提升，说明虽然我国的装备制造业科技知识投入规模在不断扩大，但是知识投入质量不高，难以推动整个产业GTFP的增长。随着专业化度的提高，劳动异质性有效地促进了技术进步和效率改进，表明在专业化分工精细、具有较强比较优势的产业结构中，高技能劳动力更能推动GTFP增长。而资本投资的规模扩大并未带来显著的效率提高，高资本密度的"三高"企业在扩大生产规模的同时，也加剧了对生态环境的污染，GTFP难以提高。专利结构的滞后抑制了知识创新能力，不利于GTFP提升。

市场内亏损企业越多越不利于产业扩大规模、提高效率，国有资本占比越大越有利于技术进步，进而推动GTFP提升，生态环境质量高有助于改善技术效率。

4.3.2 异质性影响我国东中西部装备制造业GTFP的演化效应分析

由4.3.1节可知，要素异质性对GTFP的影响随着装备制造业区位商指数的提高而改变。由于劳动异质性与资本异质性是内生变量，所以将其滞后一至两阶变量作为工具变量带入模型进行系统GMM回归。

为了验证产业异质性影响GTFP演化的地区差异，我们考察东、中、西部地区的情况，看有何差别。被解释变量依次为绿色全要素生产率（GTFP）、效率改善（PEC）、技术进步（PTC）和规模变化（SCH）的对数。东、中、西部地区的回归结果见表4-5至表4-7所列。

表4-5 东部地区异质性影响装备制造业GTFP及其分解指标的系统GMM面板估计

变量	ln*GTFP*	ln*PEC*	ln*PTC*	ln*SCH*
ln*labourH*	−0.0172**	−0.0784*	0.0561***	0.0168**
	(−2.17)	(−1.84)	(2.78)	(2.16)
ln*capitalH*	−0.0200**	0.0162*	−0.0366*	0.0160**
	(−2.32)	(1.76)	(−1.69)	(1.99)
ln*knowledgeH*	0.0107*	0.0582*	0.0772*	0.0102*
	(1.82)	(1.88)	(1.94)	(1.79)
ln*labourH*D*	0.0205*	0.0753*	−0.0414**	−0.0138*
	(1.94)	(1.74)	(−2.21)	(−1.75)
ln*capitalH*D*	0.0329*	−0.0287**	0.0614*	−0.0304**
	(1.89)	(−2.28)	(1.74)	(−1.97)
ln*knowledgeH*D*	−0.0166*	0.0584*	−0.1990*	0.0100**
	(−1.73)	(1.91)	(1.79)	(1.96)
ln*market*	0.0142*	0.0788*	−0.0508*	−0.0112*
	(1.76)	(1.94)	(−1.73)	(−1.95)
ln*institution*	−0.00116	0.00386	−0.0173**	0.00157
	(−0.16)	(0.58)	(−1.94)	(0.44)
ln*eco*	0.0182	0.0117**	0.0121	−0.0156***
	(1.58)	(2.23)	(1.42)	(−4.43)
ln*pgdp*	−0.2121	0.1822	−0.1216	−0.3811
	(−0.64)	(0.44)	(−0.31)	(−0.76)
常数项	−0.0804***	−0.756*	−0.408**	−0.249**
	(−3.19)	(−1.83)	(−1.78)	(−2.04)
其他变量	控制	控制	控制	控制
个体固定	Y	Y	Y	Y
时间固定	Y	Y	Y	Y

续表

变量	ln*GTFP*	ln*PEC*	ln*PTC*	ln*SCH*
样本数	298	298	298	298
Hansen	0.6378	0.5172	0.7261	0.8792

注：(1) *D*=1代表东部地区装备制造业区位商指数高；(2) *、**、***是指分别通过0.1、0.05、0.01的显著性水平检验，圆括号内为标准误；(3) Hansen检验为*P*值，其原假设为"所有工具变量都是外生的"。

由于后文会对要素异质性做专门分析，因此针对表4-5至表4-7，我们先做环境异质性的地区分析，看看东、中、西部地区的环境异质性对装备制造业的GTFP及其分解指标的影响有何不同。

从表4-5可知，在东部地区，制度环境对GTFP的提升作用不明显，从系数符号来看，由于受到了技术倒退的限制也许会产生负向影响。"三废"的利用能力对GTFP的作用力也不明显，因为"三废"利用率越高，对技术效率的改进作用越大，但是却不利于生产规模的扩大，这两种相反的作用力力度几乎相等，因此无法判断其对GTFP的影响是显著推动，还是显著抑制。市场内亏损企业占比越大，越有利于东部地区装备制造业GTFP水平的提升，可能是东部地区的装备制造业市场正在积极地进行资源重组、企业改制，更有利于企业提高经营管理水平，完善企业制度，进而促进整个产业生产效率的提高，但是随着大量亏损企业退出市场，产业面临着生产规模缩小和技术倒退的风险。

表4-6 中部地区异质性影响装备制造业GTFP及其分解指标的系统GMM面板估计

变量	ln*GTFP*	ln*PEC*	ln*PTC*	ln*SCH*
ln*labourH*	−0.01096**	−0.0738**	−0.0180*	0.01062**
	(−2.28)	(−2.48)	(−1.84)	(2.21)
ln*capitalH*	0.0759***	−0.0857**	0.102*	0.00851***
	(3.09)	(−2.45)	(1.84)	(4.37)
ln*knowledgeH*	−0.0231*	0.0228**	−0.0370**	−0.00223*
	(−1.88)	(2.02)	(−2.39)	(−1.70)
ln*labourH*D*	−0.0214*	0.0571*	−0.0944*	−0.00126**
	(−1.93)	(1.95)	(−1.83)	(−2.38)
ln*capitalH*D*	−0.101**	−0.01037*	−0.0150**	−0.0106***
	(−2.35)	(−1.88)	(−2.20)	(−4.15)

续表

变量	ln*GTFP*	ln*PEC*	ln*PTC*	ln*SCH*
ln*knowledgeH*D*	−0.0473*	−0.0606*	0.0112*	0.00357**
	(−1.77)	(−1.93)	(1.83)	(2.50)
ln*market*	−0.0143*	−0.0212**	−0.0222	0.00309
	(−1.80)	(−2.07)	(−0.65)	(0.42)
ln*institution*	0.0593**	−0.0398**	0.119***	0.00661
	(2.45)	(−2.17)	(5.55)	(0.56)
ln*eco*	0.0111***	0.00233	0.00112	−0.00390
	(2.82)	(0.64)	(0.20)	(−0.85)
ln*pgdp*	0.1921	−0.9211	0.3211	−0.0211
	(0.32)	(−0.62)	(0.43)	(−0.11)
常数项	−0.210**	0.459***	−0.283	−0.0198**
	(−2.24)	(2.61)	(−0.85)	(−2.62)
其他变量	控制	控制	控制	控制
个体固定	Y	Y	Y	Y
时间固定	Y	Y	Y	Y
样本数	125	125	125	125
Hansen	0.5632	0.6832	0.6533	0.5251

注：（1）$D=1$代表中部地区装备制造业区位商指数高；（2）*、**、***是指分别通过0.1、0.05、0.01的显著性水平检验，圆括号内为标准误；（3）Hansen检验为P值，其原假设为"所有工具变量都是外生的"。

从表4-6可知，在中部地区，代表制度环境的国有资本占比越大，越不利于技术效率的改善，但是能够显著地推动中部地区的技术进步，说明在中部地区，拥有丰富资源的国有资本更能发挥其控制资源的作用，推动技术进步，进而促进装备制造业GTFP的提升，但是仍要注意由于企业经营管理不善而导致的效率低下问题。生态环境质量越高，越有利于GTFP的提高。随着市场中越来越多亏损企业的退出，生产技术效率改善受阻，不利于中部地区装备制造业GTFP的增长。

表4-7 西部地区异质性影响装备制造业GTFP及其分解指标的系统GMM面板估计

变量	ln*GTFP*	ln*PEC*	ln*PTC*	ln*SCH*
ln*labourH*	−0.0326**	−0.0234**	−0.154*	0.0403**
	(−2.37)	(−2.10)	(−1.75)	(2.17)
ln*capitalH*	0.0203*	0.00486*	0.0839**	0.01051*
	(1.76)	(1.74)	(1.96)	(1.79)
ln*knowledgeH*	−0.0146*	0.0294*	−0.0594*	−0.0566**
	(−1.79)	(1.83)	(−1.72)	(−2.33)
ln*labourH*D*	0.0362*	0.0162**	0.116*	−0.0369**
	(1.85)	(2.18)	(1.96)	(−2.10)
ln*capitalH*D*	−0.0217**	−0.0531*	−0.108*	0.0399*
	(−2.20)	(−1.70)	(−1.73)	(1.78)
ln*knowledgeH*D*	0.00803*	−0.0120*	0.0159**	0.0629*
	(1.86)	(−1.72)	(2.39)	(1.87)
ln*market*	−0.0146*	0.00513	−0.0834**	0.0195
	(−1.76)	(0.22)	(−2.32)	(1.34)
ln*institution*	−0.01099	0.0472	0.115**	−0.0522**
	(−0.07)	(1.39)	(2.57)	(−2.54)
ln*eco*	0.00149	0.00921	0.00107	−0.0108**
	(0.55)	(1.30)	(0.14)	(−2.29)
ln*pgdp*	0.2810	−0.1290	0.1011	−0.0122
	(0.43)	(−0.91)	(0.33)	(−0.21)
常数项	0.133*	−0.232	0.202	−1.820**
	(1.81)	(−0.27)	(0.26)	(−2.40)
其他变量	控制	控制	控制	控制
个体固定	Y	Y	Y	Y
时间固定	Y	Y	Y	Y
样本数	225	225	225	225
Hansen	0.7833	0.6722	0.6692	0.5323

注：(1) D=1代表西部地区装备制造业区位商指数高；(2) *、**、***是指分别通过0.1、0.05、0.01的显著性水平检验，圆括号内为标准误；(3) Hansen检验为P值，其原假设为"所有工具变量都是外生的"。

第四章 我国装备制造业GTFP演化效应的影响因素分析

从表4-7可看出,在西部地区,代表制度环境质量的国有资产占比越大,越不利于西部地区装备制造业生产规模的扩大,也不利于GTFP的提高,说明在西部地区,国有资本的投资可能是无效率的,即使投资扩大了生产规模,但是并没有提升装备制造业的生产效率,这样的规模扩张是无效率的,但是国有资本占比大,有效地推动了西部地区的技术进步。"三废"处理能力的提升会抑制生产规模的扩大。亏损企业退出市场的行为会通过抑制技术进步从而降低装备制造业的GTFP指数。

我们进一步分析在不同的装备制造业专业化集聚度中,不同区域(东、中、西部)的要素异质性对GTFP及其分解指标有何不同影响。

表4-8 劳动异质性对东、中、西部地区装备制造业GTFP及其分解指标的作用力

		东部地区	中部地区	西部地区
装备制造业区位商高	GTFP	0.0033	−0.0323	0.0036
	PEC	−0.0031	−0.0167	−0.0072
	PTC	0.0147	−0.1124	−0.0380
	SCH	0.0030	0.0093	0.0034
装备制造业区位商低	GTFP	−0.0172	−0.0109	−0.0326
	PEC	−0.0784	−0.0738	−0.0234
	PTC	0.0561	−0.0180	−0.1540
	SCH	0.0168	0.0106	0.0403

从表4-8可知,在高度专业化的装备制造业中,东部地区劳动异质性的提升有利于GTFP的增长,推动力为0.0033,主要来源是技术进步和生产规模扩大。但是在中部地区,劳动异质性的扩大并不利于GTFP的提高,抑制作用力为−0.0323,虽然西部地区的劳动异质性对GTFP有推动力,但是推动力很小,原因是中部、西部地区的效率改善受阻和技术落后,这可能与东、中、西部地区的教育水平有关,普遍来说,在教育资源相对丰富的东部地区来说,更容易培养出业务能力强、技术精湛的劳动工人,所以东部地区庞大的高质量劳动力规模推动了装备制造业GTFP的增长,但是在中部和西部地区,教育资源相对匮乏,尤其是西部地区,高质量的劳动工人数量相对较少,不利于地区技术进步。在专业化度较低的装备制造业中,东部地区劳动异质性的扩大导致了技术效率恶化,GTFP下降。在中部地区,劳动异质性阻碍了效率改善和技术进步,而在西部地区,劳动力质量低下导致的技术落后是阻碍西部装备制造业GTFP增长的主要原因。

表4-9 资本异质性对东中西部地区装备制造业GTFP及其分解指标的作用力

		东部地区	中部地区	西部地区
装备制造业区位商高	GTFP	0.0129	−0.0251	−0.0014
	PEC	−0.0125	−0.0961	−0.0482
	PTC	0.0248	0.0871	−0.0241
	SCH	−0.0144	−0.0021	0.0504
装备制造业区位商低	GTFP	−0.0200	0.0759	0.0203
	PEC	0.0162	−0.0857	0.0048
	PTC	−0.0366	0.1021	0.0839
	SCH	0.0160	0.0085	0.0105

从表4-9可看出，在高度专业化的装备制造业中，资本异质性的提高促进了东部地区的技术进步，进而有利地推动了东部地区GTFP的增长，但是不利于中、西部地区的效率改善。在专业化度低的装备制造业中，资本异质性对中部和西部地区的GTFP均有显著地推动作用，其中对中部地区的推动作用力最强，为0.0759，推动力为技术进步。但是在东部地区，资本异质性却抑制了技术进步，不利于GTFP增长。

表4-10 知识异质性对东中西部地区装备制造业GTFP及其分解指标的作用力

		东部地区	中部地区	西部地区
装备制造业区位商高	GTFP	−0.0059	−0.0704	−0.0065
	PEC	0.1166	−0.0378	0.0174
	PTC	−0.1218	−0.0258	−0.0435
	SCH	0.0202	0.00134	0.0063
装备制造业区位商低	GTFP	0.0107	−0.0231	−0.0146
	PEC	0.0582	0.0228	0.0294
	PTC	0.0772	−0.0370	−0.0594
	SCH	0.0102	−0.0022	−0.0566

从表4-10可看出，在高度专业化的装备制造业中，知识异质性阻碍了东部地区GTFP的增长，抑制力为技术进步，说明在东部地区，发明专利结构滞后严重制约了当地的技术进步，不利于技术创新。在中部和西部地区，知识异质性同样也不利于GTFP增长，抑制力为技术落后。在专业化度较低的装备制造业中，知识异质性提高引发的技术进步和效率改善推动了东部地区装备制造业GTFP增长。但是在中部和西部地区，由于专利结构落后（相比东部地区，发明专利申请数占比较小）

第四章 我国装备制造业GTFP演化效应的影响因素分析

抑制了装备制造业的技术进步和生产规模扩大，使得GTFP难以实现良性增长。

4.3.3 异质性影响我国装备制造业各子行业GTFP的演化效应分析

1. 异质性对金属制品业GTFP演化的影响

由表4-11可知，在区位商较高的金属制品业中，劳动异质性的扩大不利于金属制品业GTFP的增长，对GTFP、效率改进、技术进步和规模变化来说，抑制力分别为–0.449（–0.146–0.303）、–0.544（–0.167–0.377）、–0.439（–0.124–0.315）、–0.0133（0.0754–0.0887），可见技术效率恶化是GTFP指数下降的主要原因。资本异质性的提高有助于技术进步和生产规模扩大，推动力分别为0.160（0.097+0.0638）、0.018（–0.0148+0.0331），但是不利于效率改善，抑制力系数为–0.022（–0.029+0.007），由于前两者的作用力之和明显大于后者的抑制力，所以整体上利于GTFP的增长，作用系数为0.332（0.204+0.128）；知识异质性的系数都不显著，可能是因为金属制品业专利结构不合理导致的。在区位商较低的金属制品业中，劳动异质性仅对生产规模的扩大有显著的正向推动作用，推动力为0.0754，对效率改善有抑制作用，为–0.167。资本异质性对GTFP有明显的正向推动作用，促进系数为0.204，主要推动力为技术进步。知识异质性对GTFP及其分解指标的作用力和作用方向并不明确，因为变量都不显著，但从符号上初步判断可知，金属制品业的知识异质性可能会推动GTFP增长、技术进步和效率改善，但是不利于生产规模的扩大。从环境变量来看，国有资本占比越大越有利于生产规模的扩大，促进系数为0.0118，生态环境质量越高越有利于GTFP的提升和效率改善，但是不利于技术进步，说明在金属制品业中，促进环境质量改善的环境规制并没有能够有力地推动技术进步，即没有出现"波特假设"现象。同时，越来越多的企业亏损倒闭、退出市场，会显著阻碍GTFP的增长，阻碍力为–0.209。

表4-11 异质性影响金属制品业GTFP演化的系统GMM估计

变量	ln$GTFP$	lnPEC	lnPTC	lnSCH
ln$labourH$	–0.146	–0.167**	–0.124	0.0754*
	(–1.11)	(–2.05)	(–1.52)	(1.70)
ln$capitalH$	0.204*	–0.029	0.097*	–0.0148
	(2.23)	(–1.08)	(1.92)	(–1.31)
ln$knowledgeH$	0.0386	0.0186	0.0696	–0.0124
	(0.28)	(0.04)	(0.90)	(–0.61)
ln$labourH*D$	–0.303*	–0.377	–0.315	–0.0887
	(–1.99)	(–1.88)	(–1.12)	(–1.44)
ln$capitalH*D$	0.128*	0.00736	0.0638*	0.0331*
	(1.85)	(0.05)	(1.69)	(1.88)

续表

变量	ln*GTFP*	ln*PEC*	ln*PTC*	ln*SCH*
ln*knowledgeH*D*	−0.229	−0.218	−0.0638	−0.191
	(−0.80)	(−1.24)	(−0.45)	(−1.23)
ln*market*	−0.209*	−0.0780	−0.0704	−0.0265
	(−2.33)	(−0.71)	(−0.94)	(−1.27)
ln*institution*	−0.0282	−0.00659	−0.0278	0.0118*
	(−1.52)	(−0.03)	(−0.78)	(1.56)
ln*eco*	0.103*	0.193**	−0.172**	0.00496
	(2.18)	(2.13)	(−2.55)	(0.48)
ln*pgdp*	−0.277*	0.177	−0.155**	−0.0370*
	(−2.15)	(1.69)	(−2.25)	(−1.77)
常数项	−0.0793	−0.714	−0.686	−0.495**
	(−0.09)	(−0.89)	(−0.48)	(−2.14)
个体固定	Y	Y	Y	Y
时间固定	Y	Y	Y	Y
样本数	637	637	637	637
Hansen	0.774	0.882	0.612	0.510

注：(1) *D*=1代表金属制品业区位商指数高；(2) *、**、***是指分别通过0.1、0.05、0.01的显著性水平检验，圆括号内为标准误；(3) Hansen检验为*P*值，其原假设为"所有工具变量都是外生的"。

2. 异质性对通用设备制造业GTFP演化的影响

由表4-12可知，在区位商较高的通用设备制造业结构中，劳动异质性的扩大会抑制技术进步的提升，资本异质性的提高会显著地推动技术效率改善和技术进步，推动作用力分别为0.077（0.202-0.125）、0.105（0.116-0.0101）。知识异质性对技术进步也有显著的正向影响，推动力为0.152（0.241-0.089）。在区位商较低的通用设备制造业结构中，劳动异质性的扩大会显著地抑制技术进步，抑制作用力为-0.216。资本异质性扩大会阻碍效率改善，但是会促进技术进步，促进系数为0.116。知识异质性对生产率的提升无显著影响。从环境变量来看，制度环境质量对技术效率改善有明显的抑制作用，抑制力为-0.037，生态环境质量的提高并未带来技术进步；相反，会阻碍技术进步，阻碍作用力为-0.120，说明在通用设备制造业中，也没有出现"波特假设"现象。同时，越来越多的企业亏损倒闭、退出市场，会通过显著地抑制技术效率改进而降低GTFP，对技术效率改进和GTFP的阻碍力分别为-0.0308、-0.0519。

表4-12　异质性影响通用设备制造业GTFP演化的系统GMM估计

变量	ln*GTFP*	ln*PEC*	ln*PTC*	ln*SCH*
ln*labourH*	0.0141	−0.0379	−0.216***	0.00701
	(0.20)	(−1.26)	(−3.32)	(1.06)
ln*capitalH*	0.0226*	−0.125**	0.116***	−0.00401
	(1.86)	(−2.14)	(4.37)	(−0.92)
ln*knowledgeH*	0.0269	0.0735	−0.0890	0.00443
	(0.57)	(1.07)	(−1.30)	(0.66)
ln*labourH*D	−0.112	−0.00757	0.181*	−0.0188
	(−1.17)	(−0.11)	(1.92)	(−1.24)
ln*capitalH*D	−0.00551	0.202*	−0.0101	0.00542
	(−0.06)	(1.72)	(−0.20)	(0.72)
ln*knowledgeH*D	0.0179	−0.0693	0.241*	−0.00909
	(0.19)	(−0.52)	(1.82)	(−0.90)
ln*market*	−0.0519*	−0.0308*	0.0133	−0.000570
	(−1.99)	(−1.81)	(0.56)	(−0.35)
ln*institution*	0.0119	−0.0373*	−0.0248	0.000881
	(0.73)	(−1.90)	(−0.93)	(0.41)
ln*eco*	−0.00846	−0.0239	−0.120*	−0.000612
	(−0.18)	(−0.55)	(−1.83)	(−0.14)
ln*pgdp*	−0.0433*	−0.0115	−0.0313	0.00339
	(−0.81)	(−0.39)	(−0.69)	(0.62)
常数项	−0.309	0.424	1.172***	−0.0454
	(−0.61)	(1.26)	(2.78)	(−1.05)
个体固定	Y	Y	Y	Y
时间固定	Y	Y	Y	Y
样本数	666	666	666	666
Hansen	0.884	0.812	0.511	0.521

注：(1) *D*=1代表通用设备制造业区位商指数高；(2) *、**、***是指分别通过0.1、0.05、0.01的显著性水平检验，圆括号内为标准误；(3) Hansen检验为*P*值，其原假设为"所有工具变量都是外生的"。

3. 异质性对专用设备制造业GTFP演化的影响

由表4-13可知，在区位商较高的专用设备制造业中，劳动异质性对GTFP及其三个分解指标均没有明显的作用力。资本异质性的扩大会抑制生产规模的扩大，但是抑制力非常小，仅为−0.0009（0.0096−0.0105）。知识异质性不利于技术效率改善，抑制力为−0.0357（−0.0642+0.0285），但对技术进步和生产规模的扩大均有明显的推动作用，推动力分别为0.013（0.088−0.075）、0.0056（0.0202−0.0146），后两者的推动力明显大于抑制力，所以知识异质性对专用设备制造业GTFP是正向的推动作用，推动力为0.059（0.0582+0.0008）。在区位商较低的专用设备制造业中，劳动异质性对GTFP有明显的推动力。资本异质性通过规模有效推动GTFP增长。知识异质性对效率改善和生产规模扩大有明显地阻碍作用，作用力分别为−0.0642、−0.0146，但是对技术进步有较强的推动力，作用力为0.0888，高于资本异质性和劳动异质性。从环境变量来看，制度环境质量高对GTFP有明显的推动作用，推动力为0.0621，说明国有资本占比越大，所拥有的资源越丰富，对生产效率的提升越有帮助。亏损企业占有率和生态环境质量对GTFP及其三个分解指标无显著的推动作用。

表4-13 异质性影响专用设备制造业GTFP演化的系统GMM估计

变量	$\ln GTFP$	$\ln PEC$	$\ln PTC$	$\ln SCH$
$\ln labourH$	0.0263*	0.0512	−0.0471	0.00689
	(1.74)	(1.08)	(−1.11)	(0.72)
$\ln capitalH$	0.0309*	0.00468	0.0402	0.00960*
	(1.60)	(0.13)	(0.79)	(1.85)
$\ln knowledgeH$	0.0108*	−0.0642*	0.0888**	−0.0146**
	(1.83)	(−1.84)	(2.46)	(−2.48)
$\ln labourH*D$	−0.274**	−0.0772	−0.00837	−0.00907
	(−2.09)	(−0.92)	(−0.09)	(−0.76)
$\ln capitalH*D$	0.0406*	−0.0330	−0.0185	0.0105*
	(1.72)	(−0.69)	(−0.22)	(1.74)
$\ln knowledgeH*D$	0.0582**	0.0285	−0.0750	0.0202**
	(2.03)	(0.73)	(−1.03)	(2.39)
$\ln market$	−0.0406	−0.0110	−0.0143	0.00336
	(−1.35)	(−0.50)	(−0.29)	(1.19)
$\ln institution$	0.0621**	−0.00456	0.0156	−0.00209
	(1.96)	(−0.29)	(0.92)	(−1.22)

续表

变量	ln*GTFP*	ln*PEC*	ln*PTC*	ln*SCH*
ln*eco*	−0.0200	0.0196	0.00694	−0.00171
	(−0.86)	(0.70)	(0.13)	(−0.80)
ln*pgdp*	0.0895*	0.0149	0.0293	−0.00791
	(1.63)	(0.32)	(0.64)	(−1.47)
常数项	−0.184	−0.283	0.232	−0.0797
	(−0.52)	(−0.84)	(0.73)	(−1.19)
个体固定	Y	Y	Y	Y
时间固定	Y	Y	Y	Y
样本数	666	666	666	666
Hansen	0.800	0.712	0.591	0.521

注：(1) $D=1$ 代表专用设备制造业区位商指数高；(2) *、**、***是指分别通过0.1、0.05、0.01的显著性水平检验，圆括号内为标准误；(3) Hansen检验为 P 值，其原假设为"所有工具变量都是外生的"。

4. 异质性对交通设备制造业GTFP演化的影响

由表4-14可知，在区位商较高的交通设备制造业中，劳动异质性的提升有助于生产规模的扩大，推动力为0.0015（0.0127-0.0112），但是劳动异质性越大越不利于效率的改善，阻碍力为-0.045（0.135-0.180）。资本异质性的提高会显著地推动效率改善和技术进步，对效率改善的推动力为0.0336（0.0872-0.0536），对技术进步的推动力为0.0423（0.0413+0.001）。知识异质性的扩大不利于效率的改善和技术进步，作用力分别为-0.059（0.269-0.328）、-0.155（0.113-0.268），其中对技术进步的抑制力会更强一些。综合来看，在专业化程度较高的交通设备制造业中，只有资本异质性的提高会显著地推动技术进步和效率改善，劳动异质性和知识异质性对此都有不同程度的抑制作用，其中知识异质性更强一些，说明在专业化高的、具有比较优势的交通设备制造业中，专利结构的不合理会阻碍效率改进和技术进步，进而拉低交通设备制造业的GTFP。在区位商较低的交通设备制造业结构中，劳动异质性推动GTFP增长的主要动力来源是技术效率改善。资本异质性的扩大会有效地推动技术进步，但是不利于效率的改善。知识异质性也会显著地促进技术效率改善和技术进步，作用力分别为0.269、0.113。综合来看，在专业化较低的交通设备制造业中，知识异质性对技术进步的推动力是最大的，其次是资本异质性。同时，知识异质性对技术效率改善的促进作用也是最大的，其次是劳动异质性，而资本异质性的扩大不利于技术效率改善。从环境变量来看，制度环境通过有效地推动技术进步，进而提升整体的 GTFP，生态环境和亏损企业比例（市场环境）对交通设备制造业 GTFP 的作用力不明显。

表4-14 异质性影响交通设备制造业GTFP演化的系统GMM估计

变量	ln*GTFP*	ln*PEC*	ln*PTC*	ln*SCH*
ln*labourH*	0.0459*	0.135**	0.00421	−0.0112*
	(1.61)	(2.34)	(0.03)	(−1.79)
ln*capitalH*	−0.0146*	−0.0536*	0.0413*	0.00313
	(−2.01)	(−1.82)	(1.73)	(0.58)
ln*knowledgeH*	0.0387*	0.269**	0.113*	−0.00173
	(1.74)	(2.10)	(1.69)	(−0.10)
ln*labourH*D*	−0.131	−0.180**	−0.0735	0.0127*
	(−1.01)	(−1.97)	(−0.31)	(1.74)
ln*capitalH*D*	0.0554	0.0872*	0.001	−0.00400
	(0.69)	(1.69)	(0.02)	(−0.71)
ln*knowledgeH*D*	−0.0389	−0.328*	−0.268*	−0.000250
	(−0.44)	(−1.86)	(−1.64)	(−0.02)
ln*market*	−0.0582	0.00548	−0.0907	−0.00473
	(−1.42)	(0.16)	(−1.49)	(−0.92)
ln*institution*	0.0301**	0.0181	0.0634*	−0.00125
	(2.17)	(0.93)	(1.74)	(−0.97)
ln*eco*	0.0171	−0.0612	−0.0424	0.00511
	(0.36)	(−1.28)	(−0.57)	(0.95)
ln*pgdp*	−0.0420	−0.0276	−0.0254	−0.00191
	(−0.72)	(−0.57)	(−0.30)	(−0.24)
常数项	−0.394	−1.339***	−0.0610	0.0751
	(−0.58)	(−2.72)	(−0.06)	(0.93)
个体固定	Y	Y	Y	Y
时间固定	Y	Y	Y	Y
样本数	666	666	666	666
Hansen	0.722	0.842	0.791	0.621

注：（1）*D*=1 代表交通设备制造业区位商指数高；（2）*、**、***是指分别通过0.1、0.05、0.01的显著性水平检验，圆括号内为标准误；（3）Hansen检验为*P*值，其原假设为"所有工具变量都是外生的"。

5. 异质性对电气设备制造业GTFP演化的影响

由表4-15可知，在区位商较高的电气设备制造业结构中，劳动异质性对GTFP的增长具有促进作用，主要原因是高质量的劳动力推动了电气设备制造业的技术效率改善。资本异质性不利于技术进步和生产规模的扩大，阻碍系数分别为-0.0783（0.0747-0.153）、-0.0170（-0.00135-0.0156），对两者的抑制作用导致了资本异质性不利于电气设备制造业GTFP的增长。专利质量越高，发明专利的申请量越多，推动电气设备制造业GTFP增长的作用力就越强，主要是效率改善和技术进步推动的。在区位商较低的电气设备制造业中，劳动力异质性不利于效率改善和生产规模扩大，所以抑制了GTFP的增长。资本质量差距越大，越不利技术进步，抑制力为-0.153，进而导致GTFP的下降。知识异质性对GTFP增长也有阻碍作用，主要抑制力是技术滞后。从环境变量来看，国有资本占比越大，越不利于电气设备制造业规模效率的提升，说明目前虽然我国对电气设备制造业的投资在不断增加，但是国有资本的投入效率低，生产规模扩大了却导致无效率，下一步应做好国有企业的资本投资规划，把钱用在刀刃上，减少国有资本的浪费和无效率投资。市场内亏损企业倒闭越多越不利于产业生产规模的扩大。

表4-15 异质性影响电气设备制造业GTFP演化的系统GMM估计

变量	ln$GTFP$	lnPEC	lnPTC	lnSCH
ln$labourH$	-0.192*	-0.0821	0.157	-0.00194
	(-1.75)	(-1.20)	(0.94)	(-0.25)
ln$capitalH$	-0.0706	-0.0463	-0.153*	-0.00135
	(-0.58)	(-0.69)	(-1.65)	(-0.14)
ln$knowledgeH$	-0.200*	-0.00916	-0.0229	-0.000394
	(-1.60)	(-0.28)	(-0.25)	(-0.04)
ln$labourH*D$	0.314*	0.135*	-0.197	0.00903
	(1.82)	(1.77)	(-1.21)	(0.60)
ln$capitalH*D$	0.00456	0.0117	0.0747	-0.0156*
	(0.05)	(0.12)	(0.37)	(-1.68)
ln$knowledgeH*D$	0.372**	0.0248	0.123	-0.00824
	(2.16)	(0.22)	(0.81)	(-0.46)
ln$market$	0.0211	-0.0301	-0.0431	-0.0131**
	(0.62)	(-0.52)	(-0.54)	(-2.22)
ln$institution$	0.00121	-0.00773	-0.00562	-0.0158*
	(0.06)	(-0.20)	(-0.14)	(-1.85)

续表

变量	ln*GTFP*	ln*PEC*	ln*PTC*	ln*SCH*
ln*eco*	−0.0871	0.0709	0.0458	0.00198
	(−1.18)	(0.85)	(0.24)	(0.22)
ln*pgdp*	0.0534	0.127*	0.217	−0.00219
	(0.67)	(1.63)	(1.10)	(−0.19)
常数项	2.521**	1.000*	−0.429	−0.0173
	(2.09)	(1.73)	(−0.50)	(−0.25)
个体固定	Y	Y	Y	Y
时间固定	Y	Y	Y	Y
样本数	666	666	666	666
Hansen	0.662	0.762	0.543	0.521

注：(1) $D=1$ 代表电气设备制造业区位商指数高；(2) *、**、***是指分别通过0.1、0.05、0.01的显著性水平检验，圆括号内为标准误；(3) Hansen检验为 P 值，其原假设为"所有工具变量都是外生的"。

6. 异质性对电子设备制造业GTFP演化的影响

由表4-16可知，在区位商较高的电子设备制造业中，劳动异质性通过有效地扩大生产规模，进而提高GTFP增长。资本异质性则通过显著地推动技术进步来促进GTFP增长。知识异质性的提升能够有力地推动电子设备制造业的技术效率改善，推动力为0.092（0.217-0.125）。在区位商较低的电子设备制造业中，资本异质性通过提高技术进步、劳动异质性通过扩大生产规模来提升整个产业的GTFP，而唯独知识异质性对GTFP是抑制作用，主要是因为专利知识结构的落后抑制了效率改善，电子产业是与技术创新联系最为紧密的行业。目前世界技术创新周期越来越短，与世界级技术创新水平相比，我国的电子设备制造业仍有不小的差距，还应加大科研人员和科研资本的投入，不断优化产业结构，激励科技创新人员再创佳绩。从环境变量来看，国有资本占比的提高并不利于产业效率的改善，说明国有资本对电子产业的投资虽规模大却效率低，未来应着重优化国有资本的投资结构，提高资本的产出效率。

第四章 我国装备制造业GTFP演化效应的影响因素分析

表4-16 异质性影响电子设备制造业GTFP演化的系统GMM估计

变量	ln*GTFP*	ln*PEC*	ln*PTC*	ln*SCH*
ln*labourH*	0.0226	−0.0756	0.0838	0.0106*
	(0.38)	(−0.78)	(0.88)	(1.84)
ln*capitalH*	0.0404	−0.00135	0.0693*	−0.00198
	(1.47)	(−0.68)	(1.85)	(−0.92)
ln*knowledgeH*	−0.0852	−0.125**	−0.0702	−0.00924
	(−1.37)	(−2.74)	(−1.12)	(−1.51)
ln*labourH*D*	−0.0102	−0.00288	0.0495	−0.00531
	(−0.32)	(−0.03)	(0.27)	(−0.68)
ln*capitalH*D*	−0.0330	0.00614	−0.0557*	0.00161
	(0.61)	(0.17)	(−1.89)	(0.32)
ln*knowledgeH*D*	0.123	0.217***	0.0745	0.00964
	(1.13)	(2.38)	(0.59)	(0.97)
ln*market*	−0.0334	−0.0118	−0.00714	−0.00284
	(−0.86)	(−0.26)	(−0.17)	(−1.03)
ln*institution*	0.0138	−0.100**	−0.00724	0.000484
	(0.52)	(−2.16)	(−0.13)	(0.19)
ln*eco*	0.0187	0.00534	−0.00022	0.00333
	(0.71)	(0.13)	(−0.11)	(0.84)
ln*pgdp*	−0.0627	0.0213	−0.142	−0.00401
	(−0.79)	(0.37)	(−1.44)	(−0.65)
常数项	0.223	0.635	0.344	−0.0617
	(0.43)	(0.91)	(0.46)	(−1.19)
个体固定	Y	Y	Y	Y
时间固定	Y	Y	Y	Y
样本数	666	666	666	666
Hansen	0.753	0.666	0.502	0.531

注：（1）*D*=1代表电子设备制造业区位商指数高；（2）*、**、***是指分别通过0.1、0.05、0.01的显著性水平检验，圆括号内为标准误；（3）Hansen检验为*P*值，其原假设为"所有工具变量都是外生的"。

75

7. 异质性对仪器仪表设备制造业GTFP演化的影响

由表4-17可知,在区位商较高的仪器仪表设备制造业中,资本异质性不利于技术效率改善和生产规模扩大,其中对效率改善的抑制力更大一些,两种抑制力加总导致了资本异质性对GTFP的抑制,抑制力为-0.0284(-0.00503-0.0234)。异质的劳动力和专利结构对GTFP及其三个分解指标的影响并不显著。从系数符号上看,异质的劳动力和知识可能会推动GTFP的增长。在区位商较低的仪器仪表设备制造业中,资本异质性不利于效率改善和生产规模扩大,异质的劳动力和知识对GTFP的作用力并不显著。从系数的符号上看,知识异质性会推动GTFP的增长,而劳动异质性会阻碍GTFP的提升。从环境变量来看,制度和生态环境均未发现对GTFP及其分解指标有显著的影响。而退出市场的企业越多,对产业扩大生产规模的阻碍作用就越大。

表4-17 异质性影响仪器仪表设备制造业GTFP演化的系统GMM估计

变量	ln$GTFP$	lnPEC	lnPTC	lnSCH
ln$labourH$	−0.165	0.105	−0.0688	−0.00175
	(−0.63)	(1.40)	(−0.42)	(−0.07)
ln$capitalH$	−0.00503	−0.0563*	0.0292	−0.00789**
	(−0.18)	(−1.63)	(0.69)	(−2.25)
ln$knowledgeH$	0.0958	−0.0950	0.0205	−0.0158
	(0.75)	(−0.88)	(0.27)	(−0.40)
ln$labourH*D$	0.289	0.145	−0.0546	−0.0181
	(0.95)	(0.80)	(−0.23)	(−0.51)
ln$capitalH*D$	−0.0234	0.0480	−0.00263	0.00770
	(−0.51)	(0.80)	(−0.05)	(1.49)
ln$knowledgeH*D$	0.117	0.147	0.0121	0.0130
	(0.84)	(0.75)	(0.16)	(0.23)
ln$market$	−0.0101	−0.0200	−0.0159	−0.01280*
	(−0.29)	(−0.42)	(−0.17)	(−1.80)
ln$institution$	0.00577	0.0419	0.00858	−0.00720
	(0.12)	(1.33)	(0.17)	(−1.01)
lneco	−0.00301	0.0222	−0.00405	−0.00487
	(−0.13)	(0.44)	(−0.03)	(−0.53)
ln$pgdp$	0.0607	−0.0674	0.138	0.0115

续表

	(0.82)	(−0.90)	(1.21)	(0.69)
常数项	0.128	−0.103	0.467	0.0752
	(0.33)	(−0.16)	(0.46)	(0.62)
个体固定	Y	Y	Y	Y
时间固定	Y	Y	Y	Y
样本数	666	666	666	666
Hansen	0.653	0.510	0.742	0.632

注：（1）$D=1$ 代表仪器仪表设备制造业区位商指数高；（2）*、**、***是指分别通过0.1、0.05、0.01的显著性水平检验，圆括号内为标准误；（3）Hansen检验为P值，其原假设为"所有工具变量都是外生的"。

4.3.4 稳健性检验

为了使检验结果稳健可信，本章实证检验时采取了层层递进的分析思路，经过对比多种实证结果，找出最符合实际，结果可信的实证分析方法。发现无论是OLS混合回归，还是面板数据回归，其基本结论没有太大出入，说明本章研究结论总体上是可信的。为了进一步验证本章结论的可信度，在此采用IV-2SLS方法对表4-3的异质性与我国装备制造业GTFP影响的模型进行重新回归，结果风表4-18所列。对比表4-3与表4-18，发现方程的系数显著性、系数值、系数符号都非常接近，说明本章采用系统GMM方法得出的结论稳健可信。限于篇幅，本章不报告表4-4到表4-17的IV-2SLS方法的估计结果。

表4-18 1990—2015年异质性影响我国装备制造业GTFP演化的IV-2SLS面板估计

变量	ln$GTFP$	Z值
ln$labourH$	−0.0824***	(−3.66)
ln$capitalH$	0.0252*	(1.74)
ln$knowledgeH$	0.0197**	(2.52)
ln$labourH*D$	0.0905***	(3.84)
ln$capitalH*D$	−0.00611	(−0.37)
ln$knowledgeH*D$	−0.0153*	(−1.82)
ln$market$	−0.00970	(−1.10)
ln$institution$	0.00982	(1.60)
lneco	0.00301	(0.53)

续表

变量	ln*GTFP*	*Z* 值
ln*pgdp*	−0.00387	(−0.70)
常数项	0.251***	(2.75)
个体固定	Y	
时间固定	Y	
样本数	667	
Hansen	0.7782	

4.4　本章小结

本章以1990—2015年我国省级面板数据为观测样本，通过构建经典面板模型，借助系统GMM回归工具，从全样本、分地区、分行业等视角对第二章的假设1和假设2进行了实证检验，主要结论如下：

1. 在不同的产业集聚水平下，多重异质性对我国装备制造业GTFP的影响各异

随着装备制造业集聚水平的提高，劳动异质性对GTFP的影响由负转为正，印证了假设1a和假设2。由于以资本密集度差异为衡量标准的资本异质性推动的技术进步未能充分解决资本密集型企业生产所带来的高污染、高能耗问题，所以资本异质性对装备制造业GTFP的推动力有限。现阶段我国装备制造业专利结构滞后，发明专利占比小，创新能力弱，使得知识异质性对装备制造业GTFP具有抑制作用，且随着专业化集聚水平的提高，这种抑制力会增强。因此，假设1b、1c和假设2未得到印证。环境异质性对装备制造业GTFP的影响也不尽相同。市场中亏损企业的退出和倒闭会抑制装备制造业GTFP的增长，印证了假设5a。国有资本占比越大越有利于装备制造业GTFP的提高，因为在我国，国有资本占比大意味着拥有更多的生产原料和社会资源，拥有更强的掌控和分配资源的能力，更能集中资源、集中力量推动装备制造业GTFP的增长，印证了假设5b。生态环境的改善有利于推动装备制造业的GTFP增长，但推动力较小，说明我国装备制造业的绿色转型仍有很大的潜力与发展空间。印证了假设5c。

2. 多重异质性对装备制造业GTFP演化的影响存在着地域差异

在专业化集聚度高的装备制造业中，东部地区劳动异质性的提升有利于装备制造业GTFP的增长，主要动力是技术进步和生产规模扩大带来的效率提升。但是在中部地区，劳动异质性的扩大并不利于GTFP的提高。虽然西部地区的劳动异质性对GTFP有推动力，但是推动力很小。原因是中、西部地区的劳动质量低导致了技术效率恶化和技术滞后。东部地区的资本异质性促进了技术进步，进而有利地推动了东部地区装备制造业的GTFP增长，但中、西部地区的异质性抑制了效率改善。东、中、西部地区专利结构的落后导致了技术滞后，不利于装备制造业GTFP增长。在专业化集聚度较低的装备制造业中，无论在哪一个区域，劳动异质性都会显著地抑制装备制造业GTFP的增长。资本异质性有助于中部和西部地区装备制造业提高技术水平，但不利于东部地区。知识异质性提高引发的技术进步和效率改善显著地推动着东部地区装备制造业GTFP的增长。但是在中部和西部地区，由于专利结构的落后（相比东部地区，发明专利申请数占比较小）抑制了装备制造业的技术进步和规模有效，使得GTFP难以实现良性增长。环境异质性对装备制造业GTFP演化的影响也存在着地域差异。从制度环境来看，国有资本占比越大越不利于东部地区装备制造业的技术进步，而中部地区恰恰相反，国有资本能够显著地推动技术进步，在西部地区，国有资本投资不利于扩大规模效益。从生态环境来看，在东部地区，"三废"处理能力越强，生态环境质量越高，会有力地推动效率改善，但是会带来规模无效。中、西部地区亦是如此。从市场环境来看，东部地区的大量企业退出市场，改善了技术效率，却抑制了技术进步和规模效率的提升，这是产业结构调整的过程，长期来看，市场良性竞争会促进技术进步、提高生产效率。在中部和西部地区，企业亏损退出市场会通过抑制效率改进和技术进步，阻碍地区装备制造业GTFP的增长。

3. 多重异质性对装备制造业GTFP演化的影响存在着行业差异

在专业度集聚高的装备制造业中，电气设备制造业、仪器仪表设备制造业的劳动异质性通过提高技术效率来推动行业GTFP的增长。金属制品业、专用设备制造业的资本异质性则通过推动技术进步进而推动GTFP增长。专用设备制造业、电气行业设备制造业、计算机及电子设备制造业的知识异质性对技术进步有显著地推动作用，是GTFP增长的主要来源。在专业集聚度低的装备制造业中，交通设备制造业、专用设备制造业的劳动异质性通过改善技术效率，提高GTFP指数，计算机及电子设备制造业的劳动异质性则是通过扩大规模效应来提高GTFP。但是在金属行业和电气行业中，劳动异质性的扩大阻碍了技术效率的改进，从而抑制了行业GTFP的增长。通用设备制造业、专用设备制造业、电子设备制造业的资本异质性显著地推动了技术进步，进而提高了该行业的GTFP指数，但是金属制品业、仪器仪表设备制造业的资本异质性阻碍了改善效率和生产规模的扩大，从而降低了该行业的GTFP指数。交通设备制造业和电子设备制造业的知识异质性通过改进技术效率和提高技术水平，提升行业GTFP指数。从环境变量来看，金属行业和交通行业的国有资本占比越大与有利于提高规模效率、推动技术进步。生态环境对各子行业的影响不显著。

第五章 我国装备制造业GTFP演化的门槛效应分析

第四章的结论显示，在不同条件下，产业异质性对装备制造业GTFP增长的影响系数存在较为显著的差异。在以装备制造业区位商指数为分组的前提下，当装备制造业区位商指数较高时，劳动异质性对GTFP的影响显著为正，其他情况下则为负；而资本异质性和知识异质性恰恰与之相反。当装备制造业区位商指数较低时，资本异质性和知识异质性对GTFP的影响显著为正，其他情况下为负，但其抑制作用力大小各有不同。可见，产业异质性对GTFP增长的影响并不是传统的线性关系，而是非线性的。因此，我们可进一步推测，产业异质性对装备制造业GTFP增长的影响可能存在典型的"门槛效应"，即当某个或某几个相关变量突破某一阈值以后，产业异质性对装备制造业GTFP增长的作用力将变得更小或更大，甚至作用方向会相反。

那么，产业异质性作用于装备制造业绿色全要素生产率时是否存在"门槛效应"？为了检验门槛效应的客观存在性，本章以装备制造业专业化集聚度为门槛变量，考察其影响装备制造业绿色全要素生产率的作用路径及其深层次原因，以期能为我国装备制造业要素、结构和环境的差异化发展及其相应政策的制定提供一定参考。

5.1 研究设计

5.1.1 门槛模型的研究方法

本章旨在分析产业异质性作用于绿色全要素生产率增长的非线性关系，并找出影响这种非线性关系的门槛变量及其门槛值。本章首先以汉森（Hansen）提出的门槛模型（threshold regression）为基础，结合本章研究对象构建面板门槛模型；其次，遵循Hansen（1999）估计门槛模型参数的思路，求出面板门槛模型的门槛估计值；最后，将求出的门槛值代入面板门槛模型，选择合适的计量方法进行回归。

非线性回归模型常用的估计方法有非线性最小二乘法（NLS）和广义矩估计法（GMM）。NLS方法的使用前提假设是同方差，对于存在异方差的模型，其估计结果有偏误。而GMM方法允许面板数据模型存在异方差，所以此方法受到了许多学者的欢迎。

结合本章的研究内容和多数文献常采用的研究方法[165]，本章主要采用NLS和GMM两种方法。首先用NLS方法估计门槛值，其次采用GMM方法估计门槛模型的参数。

5.1.2 门槛模型的构建

1. 门槛模型的构建

Hansen（1999）构建的门槛模型能够有效避免传统门槛模型难以检验估计参数的显著性、回归结果不稳定等问题，其方法的主要思路如下。

对于截面数据，假设样本数据集为 $\{y_i, x_i, q_i\}_{i=1}^{n}$，其中 y_i、x_i、q_i 分别为因变量、自变量、门槛变量，q_i 也可以是 x_i 中的一部分，则可构成如下门槛模型：

$$y_i = \beta_1' x_i \times 1(q_i \leqslant \gamma) + \beta_2' x_i \times 1(q_i > \gamma) + \varepsilon_i \tag{5.1}$$

式（5.1），1（.）为示性函数，即当括号内内容为真时其值取1，反之则取0；ε_i 为服从i.i.d.且为正态分布的扰动项。类似地，如果需要同时考虑两个或两个以上的门槛值，则可建立包含两个或两个以上门槛值的更一般的门槛模型。例如，假设两个门槛值分别为 γ_1、γ_2，且 $\gamma_1 < \gamma_2$，其门槛模型为

$$y_i = \beta_1' x_i \times 1(q_i \leqslant \gamma_1) + \beta_2' x_i \times 1(\gamma_1 < q_i \leqslant \gamma_2) + \beta_3' x_i \times 1(q_i > \gamma_2) + \varepsilon_i \tag{5.2}$$

面板门槛模型的构建与截面门槛模型类似，即在上述截面门槛模型的基础上，如果将截面数据集 $\{y_i, x_i, q_i\}_{i=1}^{n}$ 换成面板数据集 $\{y_{it}, x_{it}, q_{it}: 1 \leqslant i \leqslant n, 1 \leqslant t \leqslant T\}$，其中，$i$ 表示个体，t 表示时间，则可考虑建立如下固定效应的面板单一门槛模型：

$$y_{it} = \mu_i + \beta_1' x_{it} \times 1(q_{it} \leqslant \gamma) + \beta_2' x_{it} \times 1(q_{it} > \gamma) + \varepsilon_{it} \tag{5.3}$$

类似地，可建立包含两个门槛值的面板门槛模型，具体方程为

$$y_{it} = \mu_i + \beta_1' x_{it} \times 1(q_{it} \leqslant \gamma_1) + \beta_2' x_{it} \times 1(\gamma_1 < q_{it} \leqslant \gamma_2) + \beta_3' x_{it} \times 1(q_{it} > \gamma_2) + \varepsilon_{it} \tag{5.4}$$

上述模型都可采用NLS方法来估计。首先，在变量值域范围内任意给定 γ 的取值，用OLS方法对去除组内均值的式（5.1）至式（5.4）进行一致估计，得到估计系数 $\hat{\beta}(\gamma)$ 和残差平方和 SSR（γ）；其次，在所求的残差平方和 SSR（γ）中，最小值所对应的 γ 取值，即为门槛估计值 $\hat{\gamma}$。如果存在两个或两个以上的门槛值，则在固定第一个门槛值的基础上再根据上述思路求出第二个门槛值，并在固定第二个门槛值的基础上反过来验证第一个门槛值和求解第三个门槛值。如此反复，可求出三个及以上的门槛值。最后，将求出的门槛值代入式（5.1）至式（5.4），转化为线性回归模型，可得到估计系数 $\hat{\beta}(\hat{\gamma})$。

值得注意的是，Hansen（1999）构建的门槛模型仅适用于固定效应模型，且要求所有解释变量都是外生变量。

参考 Hansen（1999）构建的门槛模型，结合本章的研究对象，以模型中包含两个门槛值为例，可构建以下面板门槛模型：

$$\begin{aligned}\ln GTFP_{it}=\mu_i&+\beta_1'\ln FactorsH_{it}\times 1(q_{it}\leqslant\gamma_1)+\beta_2'\ln FactorsH_{it}\times 1(\gamma_1<q_{it}\leqslant\gamma_2)\\&+\beta_3'\ln FactorsH_{it}\times 1(q_{it}>\gamma_2)+\eta_1\ln institution_{it}+\eta_2\ln market_{it}\\&+\eta_3\ln eco_{it}+\delta X_t+\varepsilon_{it}\end{aligned} \quad (5.5)$$

$$\begin{aligned}\ln PEC_{it}=\mu_i&+\beta_1'\ln FactorsH_{it}\times 1(q_{it}\leqslant\gamma_1)+\beta_2'\ln FactorsH_{it}\times 1(\gamma_1<q_{it}\leqslant\gamma_2)\\&+\beta_3'\ln FactorsH_{it}\times 1(q_{it}>\gamma_2)+\eta_1\ln institution_{it}+\eta_2\ln market_{it}\\&+\eta_3\ln eco_{it}+\delta X_t+\varepsilon_{it}\end{aligned} \quad (5.6)$$

$$\begin{aligned}\ln PTC_{it}=\mu_i&+\beta_1'\ln FactorsH_{it}\times 1(q_{it}\leqslant\gamma_1)+\beta_2'\ln FactorsH_{it}\times 1(\gamma_1<q_{it}\leqslant\gamma_2)\\&+\beta_3'\ln FactorsH_{it}\times 1(q_{it}>\gamma_2)+\eta_1\ln institution_{it}+\eta_2\ln market_{it}\\&+\eta_3\ln eco_{it}+\delta X_t+\varepsilon_{it}\end{aligned} \quad (5.7)$$

$$\begin{aligned}\ln SCH_{it}=\mu_i&+\beta_1'\ln FactorsH_{it}\times 1(q_{it}\leqslant\gamma_1)+\beta_2'\ln FactorsH_{it}\times 1(\gamma_1<q_{it}\leqslant\gamma_2)\\&+\beta_3'\ln FactorsH_{it}\times 1(q_{it}>\gamma_2)+\eta_1\ln institution_{it}+\eta_2\ln market_{it}\\&+\eta_3\ln eco_{it}+\delta X_t+\varepsilon_{it}\end{aligned} \quad (5.8)$$

式（5.5）至式（5.8）中，GTFP、PEC、PTC、SCH 为本章的被解释变量，分别代表绿色全要素生产率、技术效率改善、技术进步和生产规模变化；q 为门槛变量，γ_1、γ_2 为对应的门槛值：ln$FactorsH$ 是要素异质性的对数，既是本章的主要解释变量，也是各模型的门槛依赖变量，检验模型包括劳动异质性（ln$laberH$）、资本异质性（ln$capitalH$）、知识异质性（ln$knowledgeH$）。X 为控制变量，是地区经济发展水平，即地区人均 GDP。μ_i 表示个体效应，即各省不随时间变化的量，ε_{it} 是服务 i.i.d.及正态分布的扰动项，β_1'、β_2'、β_3'、η_1、η_2、η_3、δ 是待估参数。

2. 门槛效应的检验

对求解出的门槛值通常需要进行门槛效应存在性与真实性的检验。关于门槛效应存在性的检验，可根据原假设"$H_0:\beta_1\neq\beta_2$"及相应备择假设"$H_1:\beta_1\neq\beta_2$"，对 F 统计量进行检验：

$$F\equiv\left[SSR^*-SSR(\hat{\gamma})\right]/\hat{\sigma}^2 \quad (5.9)$$

式（5.9）中，SSR^*、$SSR(\gamma)$ 分别为原假设 H_0 及相应备择假设 H_1 对应下的残差平方和，$\hat{\sigma}^2\equiv SSR(\hat{\gamma})/n(T-1)$ 为对扰动项方差的一致估计。但是，上述 F 统计量的渐进分布并非标准的 χ^2 分布，所以无法根据其样本矩求出对应的临界值。针对此问题，Hansen（1999）指出，可通过自助抽样法来求解相应的临界值，根据临界值可计算出相应 P 值，即可做出接受，还是拒绝原假设的决定。比如，如果 P 值小于0.05，则说明在95%的显著性水平下应拒绝 H_0，接受 H_1，即存在门槛效应。

门槛效应真实性的检验是建立在门槛效应存在性基础上的。可根据原假设" $H_0:\hat{\gamma}=\gamma_0$ "（即门槛估计值 γ 等于门槛真实值 γ_0）及相应备择假设" $H_1:\hat{\gamma}\neq\gamma_0$ "，对似然比统计量进行检验：

$$LR(\gamma) \equiv [SSR^* - SSR(\hat{\gamma})]/\hat{\sigma}^2 \quad (5.10)$$

虽然 $LR(\gamma)$ 的渐进分布同样不是标准的 x^2 分布，但是可根据其累积分布函数 $(1-e^{-x/2})^2$ 直接计算临界值。利用式（5.10）构建的统计量 $LR(\gamma)$ 求出 γ 的置信区间。根据置信区间对门槛值的真实性进行判断。置信水平越高，且置信区间越小，则门槛值越有效[165]。

3. 基于内生性问题的模型改善

如果求出的门槛估计值通过了存在性和真实性的检验，就可以将其代入面板门槛模型进行参数估算。但是如何合理选择参数估算的门槛模型是关键。根据本章模型存在的内生性问题，我们借鉴伍先福[165]的研究方法，将门槛值生成的虚拟变量与门槛依赖变量的交乘项代入模型，采用非线性方法进行估计。这种虽然在一定程度上偏离了 Hansen（1999）门槛模型设计的形式，但是基本上沿用了他的门槛模型核心思想，且能较好地处理模型内生性问题，是一种折中的方法，较为可行。基于此，本章将式（5.5）至式（5.8）调整为

$$\ln GTFP_{it} = \mu_i + \beta_1' \ln Factors_{it} + \beta_2' \ln Factors_{it} \times Dummy1 + \beta_3' \ln Factors_{it} \\ \times Dummy2 + \eta_1 \ln institution_{it} + \eta_2 \ln market_{it} + \eta_3 \ln eco_{it} + \delta X_t + \varepsilon_{it} \quad (5.11)$$

$$\ln PEC_{it} = \mu_i + \beta_1' \ln Factors_{it} + \beta_2' \ln Factors_{it} \times Dummy1 + \beta_3' \ln Factors_{it} \\ \times Dummy2 + \eta_1 \ln institution_{it} + \eta_2 \ln market_{it} + \eta_3 \ln eco_{it} + \delta X_t + \varepsilon_{it} \quad (5.12)$$

$$\ln PTC_{it} = \mu_i + \beta_1' \ln Factors_{it} + \beta_2' \ln Factors_{it} \times Dummy1 + \beta_3' \ln Factors_{it} \\ \times Dummy2 + \eta_1 \ln institution_{it} + \eta_2 \ln market_{it} + \eta_3 \ln eco_{it} + \delta X_t + \varepsilon_{it} \quad (5.13)$$

$$\ln SCH_{it} = \mu_i + \beta_1' \ln Factors_{it} + \beta_2' \ln Factors_{it} \times Dummy1 + \beta_3' \ln Factors_{it} \\ \times Dummy2 + \eta_1 \ln institution_{it} + \eta_2 \ln market_{it} + \eta_3 \ln eco_{it} + \delta X_t + \varepsilon_{it} \quad (5.14)$$

式（5.11）至式（5.14）中，$Dummy1$、$Dummy2$ 为存在两个门槛值下依次生成的两个虚拟变量，假如只有一个门槛值则生成一个虚拟变量，有两个门槛值则生成两个虚拟变量。

5.1.3 门槛模型变量选取

本章的被解释变量、解释变量和控制变量均沿用第四章,在这里,本章仅对门槛变量及门槛依赖变量的选取进行说明。

1. 门槛变量

结合前文的理论分析思路,本章选取装备制造业专业化集聚度作为门槛变量。

装备制造业的专业化集聚对绿色全要生产率增长存在显著的门槛效应,这已经得到有关研究的证实。第四章研究表明,在装备制造业区位商指数的不同分组下,异质性对我国装备制造业绿色全要素生产率演化的影响存在较大差异。那么,引起这种差异的分组变量是不是存在一个甚至多个门槛值呢?为此,有必要选取装备制造业的专业化集聚度作为门槛变量加以检验。

2. 门槛依赖变量

门槛依赖变量是指与门槛变量紧密相连,会随着门槛值的前后变化对因变量产生不同影响的变量。多数文献将研究的核心解释变量作为门槛依赖变量。本章也采用此方法。由于本章主要考察的是要素异质性对装备制造业绿色全要素生产率影响的门槛特征。因此,本章的门槛依赖变量为要素异质性。

上述变量的样本数据均来自于历年的《中国工业经济统计年鉴》《中国科技统计年鉴》《中国统计年鉴》《中国城市统计年鉴》等,其他变量数据来源说明详见第三章至第四章的相关章节。

5.2 实证分析

本章的实证分析遵循如下思路:首先,采用NLS方法对式(5.5)至式(5.8)进行门槛值估计,并对门槛估计值的存在性和真实性进行检验。为了减少模型内生性问题可能引起的估计偏误,将第四章检验出的劳动异质性($lnlabourH$)和资本异质性($lncapitalH$)两个内生变量作一阶滞后处理。在估计过程中,将样本分成500个格栅,根据式(5.9)检验采用自助抽样法抽样500次。其次,采用GMM对式(5.11)至式(5.14)进行参数估计,得到各模型的回归结果并分析。

5.2.1 异质性对我国装备制造业GTFP演化的门槛效应分析

1. 劳动异质性对我国装备制造业GTFP演化的门槛效应分析

为了检验劳动异质性在装备制造业区位商指数作用下对GTFP影响的门槛效应,首先需要核算出门槛变量(装备制造业区位商指数)在不同模型中的门槛个数及对应的门槛估计值,也就是前文提到的两大检验。其中,以式(5.9)作为确定门槛个数的基本判断依据,每个门槛检验均采用自抽样法抽样500次,其估计结果见表5-1所列。

第五章 我国装备制造业GTFP演化的门槛效应分析

本章发现，表中模型的单一门槛检验均至少在10%水平是显著的，而双重门槛检验和三重门槛检验未通过。因此，本章选择单一门槛模型。

确定了门槛个数之后，还应对门槛估计值进行真实性检验，即通过式（5.10）计算出上述门槛估计值的置信区间，计算结果见表5-2所列。本章根据置信区间及其门槛估计值的取值点来绘制曲线与门槛变量参数间的关系图，具体如图5-1所示。在图5-1中，水平虚线表示95%置信水平下$LR(\gamma)$的临界值，虚线与$LR(\gamma)$曲线相交形成的线段为95%置信水平下的置信区间。当$LR(\gamma)$曲线与0值水平线相交时，所对应的门槛值–0.310即为装备制造业区位商指数在式（5.5）中对应的门槛估计值。

表5-1 劳动异质性的门槛效应估计

门槛数	F值	P值	BS次数	临界值 10%	临界值 5%	临界值 1%
单一门槛	12.62*	0.060	500	10.320	12.849	17.221
双重门槛	12.52	0.133	500	13.681	16.711	24.485
三重门槛	8.02	0.356	500	15.616	18.688	29.474

注：*、**、***是指分别通过0.1、0.05、0.01的显著性水平检验。

表5-2 劳动异质性的门槛估计值及置信区间

门槛估计值	–0.310
95%置信区间	(–0.348，–0.306)

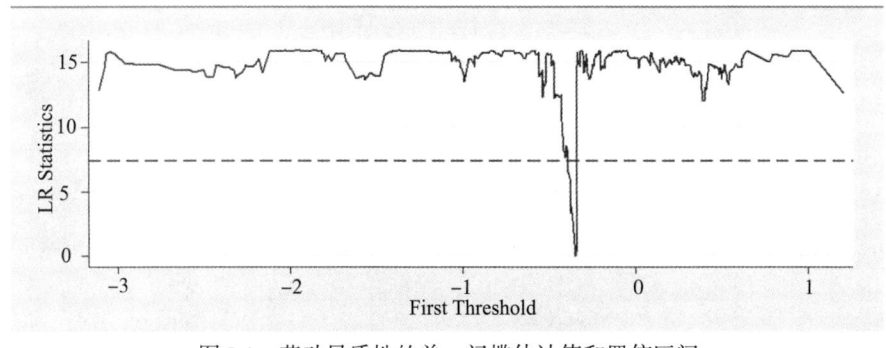

图5-1 劳动异质性的单一门槛估计值和置信区间

基于上述两个检验，本章可以得出基本结论：当以装备制造业区位商指数为门槛变量时，劳动异质性对绿色全要素生产率的影响确实存在一定的门槛效应。为了进一步求解这种门槛效应所对应的模型参数，本章将求出的门槛估计值（–0.310）代入式（5.11），采用GMM方法对其进行回归（见表5-3所列）。考虑到劳动异质性（ln$labourH$）和资本异质性（ln$capitalH$）为内生变量，本章继续沿用第四章的处理思路，即分别以滞后两阶变量 L（1/2）×ln*labourH*、L（1/2）ln*capitalH* 作为工具变量，并采用系统 GMM 进行回归，回归结果见表 5-3 所列。其中，Dummy 为表 5-2 中门槛估计值对应的虚拟变量，如果 lnLQ 大于门槛值则取值为 1，否则取值为 0。

作为对比，模型一列出了未加入虚拟变量交乘项的回归结果；模型二为加入了虚拟变量交乘项后的回归结果。本章重点对劳动异质性系数变化进行分析。

当没有进行任何分组时，ln*labourH* 对 ln*GTFP* 的影响是负的。影响系数为−0.0172，但不显著。说明如果单从我国装备制造业的整体水平均值来看，ln*labourH* 并不利于 ln*GTFP* 的增长。

但是将专业化产业集聚度分组之后，本章发现跨越门槛值的一组和未跨越门槛值的一组之间存在非常大的差异。未跨越门槛之前，ln*labourH* 对 ln*GTFP* 的影响是负数，影响系数是−0.001，影响系数比无内生分组系数小，说明相对于全国装备制造业均值水平而言，在专业化度低的制造业装备制造业中，ln*labourH* 对 ln*GTFP* 的抑制力更小一些。而当装备制造业专业化集聚指数跨越门槛值 0.733（$e^{-0.310}$）之后，ln*labourH* 的系数由负转为正数，且显著，说明跨越门槛后的劳动异质性能显著地促进 GTFP 增长，其边际影响系数相对于跨越门槛前的参照组系数上升了 0.197，其对 GTFP 增长的整体边际影响系数约为 0.196（0.197–0.001）左右，这就意味着，跨越门槛值后的劳动异质性每提高 1%，将推动 GTFP 增长约 19.60%。第二章的假设 3 得到了印证。

表 5-3　劳动异质性对装备制造业 GTFP 演化的门槛模型回归结果

变量	因变量 ln*GTFP*	
	模型一	模型二
ln*labourH*	−0.0172	−0.001*
	(−0.67)	(−1.78)
ln*capitalH*	0.0643***	0.0274*
	(4.47)	(1.89)
ln*knowledgeH*	−0.00661	0.00426
	(−0.89)	(0.45)
ln*institution*	−0.00247	0.0334*
	(−0.19)	(1.82)
ln*eco*	0.00381	0.00714
	(0.54)	(1.02)

续表

变量	因变量 ln*GTFP*	
	模型一	模型二
ln*market*	−0.0232	−0.0052
	(−1.55)	(−0.18)
ln*pgdp*	−0.0607**	−0.0296
	(−2.15)	(−1.47)
ln*labourH*$*$D_{thr}$		0.1978**
		(3.45)
常数项	−0.302***	−0.0837
	(−3.11)	(−1.42)
个体固定	Y	Y
时间固定	Y	Y
样本数	667	667
Hansen	0.7781	0.6821

注：(1) D_{thr} 代表装备制造业门槛变量；(2) *、**、***是指分别通过0.1、0.05、0.01的显著性水平检验，圆括号内为标准误；(3) Hansen检验为P值，其原假设为"所有工具变量都是外生的"。

装备制造业专业化集聚度在劳动异质性影响绿色全要素生产率的过程中扮演着"门槛监管者"的角色，因此，对于一个地区装备制造业的发展而言，不能仅仅关注要素异质性这一结果变量，还要重视装备制造业的专业化集聚程度。那么，到底有多少省份跨越了装备制造业区位商指数所客观设定的门槛呢？整理数据后发现，1990—2015年，跨越了装备制造业区位商指数门槛值0.733的省份有14个，分别是北京、天津、辽宁、吉林、上海、江苏、浙江、安徽、江西、湖北、湖南、广东、四川、陕西，占城市总截面数的48.27%。这个数据说明，对于48%左右的地区而言，其劳动异质性扩大推动了装备制造业GTFP的整体增长。可见，对于多数省份而言，只要装备制造业区位商指数超过0.733，其劳动异质性的提升就能有效推动技术效率的改善，进而驱动所在地区装备制造业绿色全要素生产率的整体提升。

2. 资本异质性对我国装备制造业GTFP演化的门槛效应分析

表5-4是以资本异质性作为核心变量，考察在不同的装备制造业集聚程度下，资本异质性对绿色全要素生产率的影响。那么，到底有多少省份跨越了装备制造业区位商指数所客观设定的门槛呢？本章发现，1990—2015年，跨越了装备制造业区位商指数门槛值0.7032的省份有15个，分别是北京、天津、辽宁、吉林、上海、

江苏、浙江、安徽、江西、湖北、湖南、广东、四川、陕西、山东，占城市总截面数的51.72%（见表5-5所列，如图5-2所示）。这个数据说明，有超过半数地区的资本异质性扩大抑制了装备制造业GTFP的整体增长。说明资本质量的差异越大，越不利于地区装备制造业GTFP的增长，还是应该缩小地区间资本质量的差距，优化资本支出结构，提高资本的产出效率，进而提升整个地区装备制造业的技术效率。

表5-4 资本异质性的门槛效应估计

门槛数	F值	P值	BS次数	临界值 10%	临界值 5%	临界值 1%
单一门槛	15.32**	0.033	500	12.118	14.358	15.389
双重门槛	9.63	0.256	500	12.508	14.151	18.275
三重门槛	4.61	0.733	500	12.846	15.562	31.045

注：*、**、***是指分别通过0.1、0.05、0.01的显著性水平检验。

表5-5 资本异质性的门槛估计值及置信区间

门槛估计值	−0.352
95%置信区间	(−0.382，−0.346)

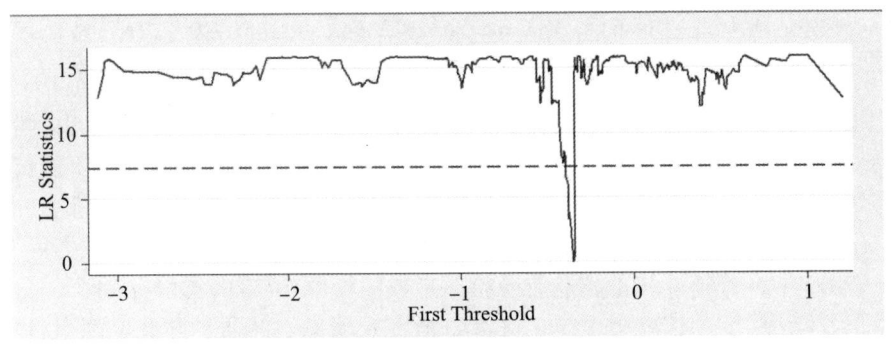

图5-2 资本异质性的单一门槛估计值和置信区间

作为对比，模型一列出了未加入虚拟变量交乘项的回归结果，模型二为加入了虚拟变量交乘项后的回归结果（见表5-6所列）。

当没有进行任何分组时，$lncapitalH$ 对 $lnGTFP$ 的影响是正的，影响系数为0.064，非常显著，通过1%的检验。说明如果单从我国装备制造业的整体水平均值来看，$lncapitalH$ 能显著推动GTFP的增长。

但是将专业化产业集聚度分组之后，我们发现跨越门槛值的一组和未跨越门槛值的一组之间有显著差异。未跨越门槛之前，$lncapitalH$ 对 $lnGTFP$ 的影响是正数，影响系数是0.044，通过5%的检验，变量显著，说明 $lncapitalH$ 对 $lnGTFP$ 有正向推动力。当装备制造业产业集聚指数跨越门槛值0.703（e^(-0.352)）之后，ln*capitalH*对GTFP的推动力减小了，其边际影响系数相对于跨越门槛前的参照组系数下降了0.017，其对GTFP增长的整体边际影响系数约为0.027（-0.017+0.044）左右，这意味着，跨越门槛值后的资本异质性每提高1%，将推动GTFP增长约2.73%。可见，跨越了门槛值以后，资本异质性对装备制造业GTFP的推动力减小了。

表5-6　资本异质性对装备制造业GTFP演化的门槛模型回归结果

变量	因变量 ln*GTFP*	
	模型一	模型二
ln*labourH*	−0.0772*	−0.0707*
	(−1.67)	(−1.65)
ln*capitalH*	0.0643***	0.0443**
	(4.47)	(2.03)
ln*knowledgeH*	0.0066	0.008
	(0.89)	(0.80)
ln*institution*	0.0024	0.0152
	(0.19)	(0.7)
ln*eco*	0.00381	0.00541
	(0.54)	(0.81)
ln*market*	−0.0232	−0.0900**
	(−1.55)	(−2.15)
ln*pgdp*	−0.0607**	−0.114*
	(−2.15)	(−1.84)
ln*capitalH*D_{thr}*		−0.0175*
		(−1.83)
常数项	−0.302***	−0.434**
	(−3.11)	(−2.37)
个体固定	Y	Y
时间固定	Y	Y
样本数	667	667
Hansen	0.7801	0.6941

注：(1) D_{thr}代表装备制造业门槛变量；(2) *、**、***是指分别通过0.1、0.05、0.01的显著性水平检验，圆括号内为标准误；(3) Hansen检验为*P*值，其原假设为"所有工具变量都是外生的"。

3. 知识异质性对我国装备制造业 GTFP 的门槛效应分析

以知识异质性作为核心变量，考察在不同的装备制造产业集聚程度下，知识异质性对装备制造业绿色全要素生产率的影响（见表5-7所列）。我们发现，1990—2015年，跨越了装备制造业区位商指数门槛值 0.756（$e^{-0.279}$）的省份有20个，分别是北京、天津、辽宁、吉林、上海、江苏、浙江、安徽、江西、湖北、湖南、广东、四川、陕西、山东、山西、福建、河南、广西、贵州，占城市总截面数的68.92%（见表5-8所列，如图5-3所示）。这个数据说明，有超过半数地区的知识异质性扩大抑制了装备制造业 GTFP 的整体增长。说明知识质量的差异越大，越不利于地区装备制造业 GTFP 的增长。应积极缩小地区间知识质量的差距，提高知识溢出效应，推动地区间相互学习和知识交流，进而提升整个地区装备制造业的技术进步。

表5-7 知识异质性的门槛效应估计

门槛数	F值	P值	BS次数	临界值 10%	5%	1%
单一门槛	18.14**	0.013	500	12.603	14.102	20.414
双重门槛	12.57	0.186	500	13.963	17.313	34.994
三重门槛	10.13	0.420	500	18.966	22.509	29.083

注：*、**、***是指分别通过0.1、0.05、0.01的显著性水平检验。

表5-8 知识异质性的门槛估计值及置信区间

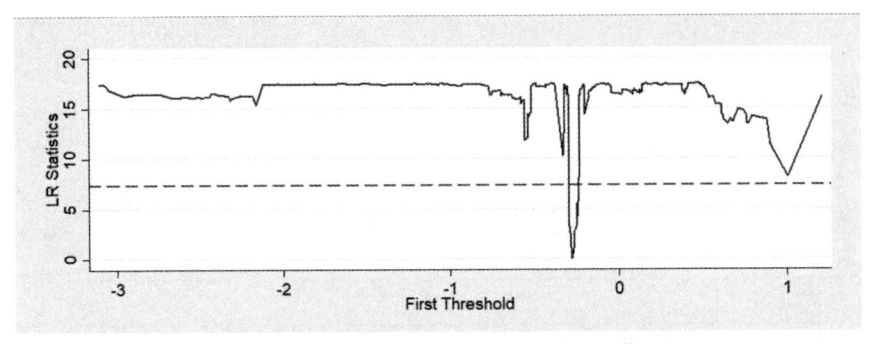

门槛估计值	−0.279
95%置信区间	（−0.293，−0.271）

图5-3 知识异质性的单一门槛估计值和置信区间

当没有进行任何分组时，ln*knowledgeH* 对 ln*GTFP* 的影响为负但不显著，影响系数为 −0.006，说明如果单从我国装备制造业的整体水平均值来看，ln*knowledgeH* 可能会抑制 GTFP 的增长。

但是将专业化产业集聚度分组之后，本章发现跨越门槛值的一组和未跨越门槛值的一组之间存在明显的差异。未跨越门槛之前，ln*knowledgeH*对ln*GTFP*的影响是正数，影响系数是0.010。影响系数比无内生分组系数大，说明相对于全国装备制造业均值水平而言，在低集聚度的装备制造业中，ln*knowledgeH*更能推动ln*GTFP*的增长。而当装备制造业产业集聚指数跨越门槛值0.756（$e^{-0.2791}$）之后，ln*knowledgeH*的系数由正数的转为负数且不显著，说明跨越门槛后的知识异质性有可能会抑制GTFP增长，其边际影响系数相对于跨越门槛前的参照组系数下降了0.016，其对GTFP增长的整体边际影响系数约为−0.006（0.010−0.016）左右，这就意味着，跨越门槛值后的知识异质性每提高1%，将抑制GTFP增长约0.6%。

表5-9 知识异质性对装备制造业GTFP演化的门槛模型回归结果

变量	因变量是ln*GTFP*	
	模型一	模型二
ln*labourH*	−0.0172	0.017
	(−0.67)	(0.44)
ln*capitalH*	0.0643***	0.0565**
	(4.47)	(2.37)
ln*knowledgeH*	−0.00661	0.0103*
	(−0.89)	(1.82)
ln*institution*	−0.00247	0.0188
	(−0.19)	(0.9)
ln*eco*	0.00381	0.00539
	(−0.54)	(0.28)
ln*market*	−0.0232	−0.0039
	(−1.55)	(−1.26)
ln*pgdp*	−0.0607**	−0.1040*
	(−2.15)	(−1.83)
ln*knowledgeH**D_{thr}		−0.0169
		(−1.25)
常数项	−0.302***	−0.285*
	(−3.11)	(−1.87)
个体固定	Y	Y
时间固定	Y	Y
样本数	667	667

续表

变量	因变量是 ln*GTFP*	
	模型一	模型二
Hansen	0.7391	0.6777

注：(1) D_{thr} 代表装备制造业门槛变量；(2) *、**、***是指分别通过0.1、0.05、0.01的显著性水平检验，圆括号内为标准误；(3) Hansen检验为 *P* 值，其原假设为"所有工具变量都是外生的"。

5.2.2 异质性对我国装备制造业GTFP分解指标演化的门槛效应分析

以上我们在设置了装备制造业区位商为门槛值的前提下，分析了三种要素异质性对我国装备制造业绿色全要素生产率（GTFP）的影响，为了进一步分析这种影响的深层次原因，即到底是谁驱动了或抑制了GTFP的增长，是通过何种路径进行影响的。我们进一步把产业异质性对装备制造业GTFP分解指数的影响做门槛效应分析，探究在不同装备制造业区位商门槛下，产业异质性是如何通过影响GTFP分解指数来作用于我国装备制造业整体GTFP演化的。由于篇幅有限，置信区间和估计值图不在文中展示。

1. 劳动异质性的门槛效应

以劳动异质性作为核心变量，考察在不同的装备制造产业集聚程度下，劳动异质性是如何作用于装备制造业绿色技术效率（PEC）、技术进步（PTC）和规模变化（SCH）。

表5-10 劳动异质性的门槛效应估计（基于GTFP分解指标）

	门槛数	*F*值	*P*值	BS次数	临界值 10%	临界值 5%	临界值 1%
ln*PEC*	单一门槛	23.93***	0.003	500	8.785	11.643	18.655
	双重门槛	7.20	0.280	500	14.328	20.099	38.271
	三重门槛	2.60	0.830	500	10.743	13.877	19.995
ln*PTC*	单一门槛	21.86**	0.013	500	8.964	12.142	21.941
	双重门槛	19.58	0.146	500	21.435	28.808	52.609
	三重门槛	6.90	0.316	500	12.106	13.783	36.237
ln*SCH*	单一门槛	17.51*	0.056	500	14.845	21.058	41.342
	双重门槛	13.41	0.187	500	15.349	18.704	44.357
	三重门槛	10.61	0.390	500	17.220	36.034	54.439

注：*、**、***是指分别通过0.1、0.05、0.01的显著性水平检验。

表5-11 劳动异质性的门槛估计值及置信区间（基于GTFP分解指标）

模型	lnPEC	lnPTC	lnSCH
门槛估计值	−0.301	−0.216	−0.249
95%置信区间	(−0.316, −0.295)	(−0.304, −0.211)	(−0.252, −0.247)

表5-12 劳动异质性对GTFP分解指标的门槛模型回归结果

	模型一	模型二	模型三	模型四	模型五	模型六
	lnPEC		lnPTC		lnSCH	
ln$labourH$	−0.106***	−0.0418**	0.0701***	0.0824***	0.00712***	0.0125*
	(−3.19)	(−2.58)	(3.69)	(3.70)	(3.17)	(1.90)
ln$labourH$* D_{thr}		0.0656**		0.0186		0.0132***
		(2.55)		(1.40)		(5.04)
ln$capitalH$	−0.0103	−0.0404***	0.0818***	0.0605***	0.00874**	0.0342***
	(−0.75)	(−3.38)	(5.24)	(3.88)	(2.47)	(11.27)
ln$knowledgeH$	0.00315	0.0456***	−0.00326	−0.00384	−0.00539*	−0.0150***
	(0.16)	(4.50)	(−0.18)	(−0.24)	(−1.82)	(−8.85)
ln$market$	−0.0563*	−0.0101	0.0364*	0.0202	0.00116	0.00581***
	(−1.79)	(−0.53)	(1.87)	(1.08)	(0.41)	(6.87)
ln$institution$	−0.0536*	0.0104	0.0586**	0.0639**	−0.00612*	−0.00721***
	(−1.68)	(0.55)	(2.30)	(2.39)	(−1.94)	(−4.94)
lneco	−0.0167	0.0222***	0.00449	0.00295	−0.0103***	−0.0110***
	(−0.48)	(3.60)	(0.54)	(0.40)	(−6.78)	(−6.94)
ln$pgdp$	0.0442*	0.0299	−0.0787	−0.0672	−0.0119***	−0.0158***
	(1.83)	(1.49)	(−1.51)	(−1.29)	(−4.49)	(−4.86)
常数项	0.444***	0.386***	−0.522***	−0.488***	−0.0787***	−0.165***
	(4.12)	(5.75)	(−3.08)	(−2.66)	(−7.79)	(−10.00)
个体固定	Y	Y	Y	Y	Y	Y
时间固定	Y	Y	Y	Y	Y	Y
样本数	667	667	667	667	667	667
Hansen	0.6251	0.5221	0.6221	0.4332	0.6773	0.5333

注：(1) D_{thr}代表装备制造业门槛变量；(2) *、**、***是指分别通过0.1、0.05、0.01的显著性水平检验，圆括号内为标准误；(3) Hansen检验为P值，其原假设为"所有工具变量都是外生的"。

由表5-10至表5-12可知，模型一、三、五是没有加入产业区位商门槛变量的模型。从劳动异质性影响技术效率改善（lnPEC）的门槛效应来看，在没有跨域门槛值之前，劳动异质性对技术效率改善（lnPEC）的影响是显著为负，跨越了装备制造业区位商指数门槛值0.740（$e^{-0.301}$）之后，劳动异质性对技术效率改善（lnPEC）的推动作用增强了，推动力为0.024（−0.041+0.065）。其次，从劳动异质性影响技术进步（lnPTC）的门槛效应来看，在没有跨越门槛值之前，劳动异质性对技术进步（lnPTC）的影响显著为正，跨越了门槛值之后，劳动异质性对技术进步（lnPTC）的影响作用力更强了，作用力为0.1（0.082+0.018）。最后，劳动异质性影响生产规模变化（lnSCH）的门槛效应来看，在没有跨域门槛值之前，劳动异质性对生产规模变化（lnSCH）的影响虽然显著为正，当跨域了门槛值之后，劳动异质性对生产规模变化（lnSCH）的推动作用增强了，作用力为0.025（0.012+0.013），这说明在高度专业化的装备制造业中，劳动异质性有利于企业兼并、整合等行为，进而使得生产规模不断扩大。从综合劳动异质性影响GTFP的三个分解指标的门槛效应来看，劳动异质性跨越了装备制造业区位商的门槛值之后，技术效率的改善、技术进步和生产规模扩大均对ln$GTFP$的增长起着显著的推动作用，其中以技术进步和生产规模扩大为主。

2. 资本异质性的门槛效应

以资本异质性作为核心变量，考察在不同装备制造产业集聚程度下，资本异质性是如何作用于装备制造业绿色技术效率（PEC）、技术进步（PTC）和规模变化（SCH）的。

表5-13 资本异质性的门槛效应估计（基于GTFP分解指标）

	门槛数	F值	P值	BS次数	临界值 10%	临界值 5%	临界值 1%
lnPEC	单一门槛	22.12**	0.020	500	10.427	14.488	33.592
	双重门槛	14.89	0.113	500	15.055	20.714	40.757
	三重门槛	5.47	0.476	500	15.434	22.084	34.534
lnPTC	单一门槛	18.97**	0.013	500	8.469	11.334	19.394
	双重门槛	37.50**	0.016	500	14.299	19.588	50.688
	三重门槛	10.02	0.213	500	13.763	17.692	26.485
lnSCH	单一门槛	17.93**	0.029	500	14.462	23.242	49.443
	双重门槛	11.36	0.172	500	14.804	21.820	48.594
	三重门槛	14.01	0.250	500	38.785	47.069	54.007

表5-14 资本异质性的门槛估计值及置信区间（基于GTFP分解指标）

模型	ln*PEC*	ln*PTC*	ln*SCH*
第一个门槛估计值	−0.216	−0.213	−0.147
95%置信区间	(−0.315, −0.211)	(−0.217, −0.211)	(−0.149, −0.144)
第二个门槛估计值	——	−0.211	——
95%置信区间	——	(−0.244, −0.209)	——

表5-15 资本异质性对装备制造业GTFP分解指标的门槛模型回归结果

	模型一	模型二	模型三	模型四	模型五	模型六
	ln*PEC*		ln*PTC*		ln*SCH*	
ln*labourH*	−0.106***	−0.0964***	0.0701***	0.0397***	0.00712**	0.0104***
	(−3.19)	(−5.41)	(3.69)	(2.65)	(3.17)	(4.38)
ln*capitalH*	0.0103*	0.0223**	0.0818***	0.0619**	0.00874*	0.0191***
	(1.75)	(2.54)	(5.24)	(2.48)	(2.47)	(5.92)
ln*capitalH*$*D_1 thr$		0.0159**		0.159**		0.00247
		(2.24)		(2.49)		(1.35)
ln*capitalH*$*D_2 thr$				−0.187***		
				(−3.39)		
ln*knowledgeH*	0.00315	0.0240	−0.00326	−0.00932	−0.00539	−0.0132***
	(0.16)	(1.29)	(−0.18)	(−0.51)	(−1.82)	(−4.64)
ln*market*	−0.0563*	−0.0375**	0.0364*	−0.00141	0.00116	0.000448
	(−1.79)	(−2.13)	(1.87)	(−0.08)	(0.41)	(0.21)
ln*institution*	−0.0536*	−0.0291	0.0586**	0.0452	−0.00612	−0.0130***
	(−1.68)	(−0.94)	(2.30)	(1.48)	(−1.94)	(−4.17)
ln*eco*	−0.0167	0.0185***	0.00449	0.0181**	−0.0103***	−0.0111***
	(−0.48)	(3.43)	(0.54)	(1.96)	(−6.78)	(−6.24)
ln*pgdp*	0.0442*	0.0573**	−0.0787	−0.0325	−0.0119***	−0.0106*
	(1.83)	(2.40)	(−1.51)	(−0.86)	(−4.49)	(−2.51)
常数项	0.444***	0.508***	−0.522***	−0.188*	−0.0787***	−0.0975***
	(4.12)	(4.27)	(−3.08)	(−1.71)	(−7.79)	(−6.27)
个体固定	Y	Y	Y	Y	Y	Y

续表

	模型一	模型二	模型三	模型四	模型五	模型六
	ln*PEC*		ln*PTC*		ln*SCH*	
时间固定	Y	Y	Y	Y	Y	Y
样本数	667	667	667	667	667	667
Hansen	0.6291	0.4291	0.6829	0.5932	0.5211	0.4911

注：（1）D_{thr}代表装备制造业门槛变量；（2）*、**、***是指分别通过0.1、0.05、0.01的显著性水平检验，圆括号内为标准误；（3）Hansen检验为P值，其原假设为"所有工具变量都是外生的"。

从表5-13、表5-14、表5-15看出，模型一、三、五是没有加入装备制造业区位商门槛变量的模型。首先，从资本异质性影响技术效率改善（ln*PEC*）的门槛效应来看，在没有跨域门槛值0.805（$e^{-0.216}$）之前，资本异质性对技术效率改善（ln*PEC*）的影响是显著为正，推动力为0.0223，跨越了门槛效应之后，资本异质性对效率改善（ln*PEC*）的作用力增强，推动力为0.037（0.015+0.022）。其次，从资本异质性影响技术进步（ln*PTC*）的门槛效应来看，存在两个门槛效应，在未跨越门槛效应之前，资本异质性对技术进步（ln*PTC*）的推动力为0.0619，跨越了第一个门槛之后，资本异质性对技术进步（ln*PTC*）的推动力显著增强，作用力为0.220（0.061+0.159），但是在跨越了第二个门槛之后，资本异质性对技术进步（ln*PTC*）的作用力由正转为负，阻碍力为−0.125（0.0619−0.187），说明资本质量的差异在合理区间内，会显著地推动装备制造业的技术进步，但是资本质量差异过大，则不利于装备制造业的技术提升。最后，从资本异质性对生产规模（ln*SCH*）的影响来看，跨域了门槛的资本异质性，更有利于生产规模的扩大，作用力为0.021（0.002+0.019）。综合资本异质性影响GTFP的三个分解指标的门槛效应可知，资本异质性跨越了装备制造业区位商的门槛值之后，技术进步和技术效率的改善是主要推动GTFP增长的原因，但是需要注意的是，资本异质性若超出了（$e^{-0.2179}$，$e^{-0.2111}$）这个范围，那么它就很有可能阻碍装备制造业的技术进步。

3. 知识异质性的门槛效应

以知识异质性作为核心变量，考察在不同装备制造产业集聚度下，知识异质性是如何作用于装备制造业绿色技术效率（PEC）、技术进步（PTC）和规模变化（SCH）的。

表5-16 知识异质性的门槛效应估计（基于GTFP分解指标）

	门槛数	F值	P值	BS次数	临界值 10%	临界值 5%	临界值 1%
ln*PEC*	单一门槛	18.82**	0.026	500	11.388	15.192	24.260
	双重门槛	10.32	0.166	500	13.983	24.107	38.616
	三重门槛	2.78	0.766	500	13.631	19.469	89.188
ln*PTC*	单一门槛	17.65**	0.034	500	10.051	12.165	23.330
	双重门槛	12.33	0.130	500	18.105	25.120	48.725
	三重门槛	5.74	0.426	500	12.927	17.276	50.633
ln*SCH*	单一门槛	26.16**	0.039	500	14.307	22.331	43.034
	双重门槛	11.57	0.192	500	14.566	21.419	44.048
	三重门槛	10.73	0.291	500	31.843	52.520	87.712

表5-17 知识异质性的门槛估计值及置信区间（基于GTFP分解指标）

模型	ln*PEC*	ln*PTC*	ln*SCH*
门槛估计值	−0.220	−0.213	−0.147
95%置信区间	(−0.318, −0.210)	(−0.216, −0.211)	(−0.150, −0.146)

表5-18 知识异质性对GTFP分解指标的门槛模型回归结果

	模型一	模型二	模型三	模型四	模型五	模型六
	ln*PEC*		ln*PTC*		ln*SCH*	
ln*labourH*	−0.106***	−0.0778***	0.0701***	0.0798***	0.00712**	0.00851***
	(−3.19)	(−3.28)	(3.69)	(3.21)	(3.17)	(3.95)
ln*capitalH*	−0.0103	−0.0259	0.0818***	0.0720***	0.00874*	0.0157***
	(−0.75)	(−1.54)	(5.24)	(4.20)	(2.47)	(5.37)
ln*knowledgeH*	−0.00315	0.0725*	−0.00326	−0.0264*	−0.00539*	−0.0134**
	(−0.16)	(2.23)	(−0.18)	(−1.79)	(−1.82)	(−5.87)
ln*knowledgeH** *Dthr*		−0.0483***		0.0266**		0.00447***
		(−3.91)		(2.54)		(5.92)
ln*market*	−0.0563*	−0.0373*	0.0364*	0.0299*	0.00116	0.00293*
	(−1.79)	(−1.70)	(1.87)	(1.75)	(0.41)	(2.26)
ln*institution*	−0.0536*	−0.0167	0.0586**	0.0600**	−0.00612	−0.00828***
	(−1.68)	(−0.54)	(2.30)	(2.41)	(−1.94)	(−3.43)
ln*eco*	−0.0167	0.0106*	0.00449	0.0133*	−0.0103***	−0.0107***
	(−0.48)	(1.63)	(0.54)	(1.76)	(−6.78)	(−7.64)

续表

	模型一	模型二	模型三	模型四	模型五	模型六
	ln*PEC*		ln*PTC*		ln*SCH*	
ln*pgdp*	0.0442*	0.0201	−0.0787	−0.0946	−0.0119***	−0.0136***
	(1.83)	(0.68)	(−1.51)	(−1.47)	(−4.49)	(−4.14)
常数项	0.444***	0.330**	−0.522***	−0.579***	−0.0787***	−0.0969***
	(4.12)	(2.45)	(−3.08)	(−2.83)	(−7.79)	(−9.48)
个体固定	Y	Y	Y	Y	Y	Y
时间固定	Y	Y	Y	Y	Y	Y
样本数	667	667	667	667	667	667
Hansen	0.6291	0.5900	0.5212	0.5821	0.6821	0.5812

注：(1) D_{thr} 代表装备制造业门槛变量；(2) *、**、***是指分别通过0.1、0.05、0.01的显著性水平检验，圆括号内为标准误；(3) Hansen检验为 *P* 值，其原假设为"所有工具变量都是外生的"。

从表5-16至表5-18看出，模型一、三、五是没有加入装备制造业区位商门槛变量的模型。首先，从知识异质性影响技术效率改善（ln*PEC*）的门槛效应来看，在没有跨域门槛值0.803（$e^{-0.220}$）之前，知识异质性对技术效率改善（ln*PEC*）为显著的推动力，但是跨越了门槛效应之后，知识异质性对技术效率改善（ln*PEC*）的推动力有所减弱，推动力为0.024（0.072−0.048），说明跨越了门槛之后，知识异质性对技术效率的改善力下降了。其次，从知识异质性影响技术进步（ln*PTC*）的门槛效应来看，跨越了门槛值的知识异质性越大，越有利于技术进步，但是对技术进步的推动力很小，仅为0.0002（0.0266−0.0264），说明知识异质性的提升虽然有助于我国装备制造业技术的进步，但是由于我国装备制造业的专利结构不合理，导致我国的自主创新能力较弱，未能很好地推动绿色全要素生产率的增长。最后，从知识异质性对生产规模（ln*SCH*）的影响来看，在未跨越门槛之前，知识异质性对生产规模（ln*SCH*）的影响显著为负，阻碍力为−0.013，跨越了门槛值之后，知识异质性对生产规模（ln*SCH*）的阻碍力明显减弱，削弱了66.64%[即（−0.0134+0.00447）/（−0.0134）]的作用力，跨越了门槛值之后，说明随着知识异质性的增大，其越有利于企业重组和兼并，适时扩大规模，以提高生产效率。综合知识异质性影响GTFP的三个分解指标的门槛效应可知，知识异质性在未跨越装备制造业区位商的门槛值之前，其对生产规模的抑制作用是阻碍GTFP增长的主要原因，在跨越了门槛值之后，知识异质性越大，越有利于技术效率的改善。

5.2.3 稳健性检验

为了验证本章实证分析的稳定性，本章分两个部分进行检验：一是检验门槛效应的稳健性，即门槛效应是否存在，若存在，有几个门槛；二是检验门槛模型回归参数的稳健性。

1. 门槛效应的稳健性检验

本章以装备制造业7大细分子行业的要素异质性作为式（5.5）的核心自变量，以各行业的GTFP作为模型的因变量，并以装备制造业区位商作为门槛变量，分别对门槛效应的存在性与真实性进行检验，其检验结果见表5-19所列。

根据表5-19，当劳动异质性是门槛依赖变量时，除了通用设备制造业、电气设备制造业的门槛值与其他子行业的门槛值相去甚远以外，其他所有子行业的门槛估计值均非常接近，且与表5-2中的门槛估计值-0.310基本处于同一水平。当资本异质性是门槛依赖变量时，除了通用设备制造业的 P 值小于可信值（10%），不存在门槛变量以外，其他所有子行业均存在单一门槛值，且门槛估计值均非常接近，与表5-5中的门槛估计值-0.352基本处于同一水平。当知识异质性为门槛依赖变量时，专用设备制造业和仪器仪表设备制造业不存在门槛变量，其余的子行业均存在单一门槛效应，且这些子行业的门槛值均较为接近，与表5-8中的门槛估计值-0.279具有极为相似的产业集聚水平。上述检验结果说明本章的门槛效应检验是稳健可信的。

表5-19 分行业的门槛效应估计

门槛依赖变量	子行业	门槛数	F值	P值	BS次数	门槛值	95%置信区间
$\ln labourH$	金属	单一门槛	9.29*	0.0921	500	-0.313	(-0.444, -0.231)
		双重门槛	1.67	0.9733	500	——	——
	通用	单一门槛	9.18**	0.0344	500	0.666	(0.637, 0.672)
		双重门槛	6.63	0.2133	500	——	——
	专用	单一门槛	11.83*	0.0943	500	-0.308	(-0.330, -0.255)
		双重门槛	10.24	0.5823	500	——	——
	交通	单一门槛	36.11***	0.0011	500	-0.323	(-0.503, -0.212)
		双重门槛	9.09	0.1933	500	——	——
	电气	单一门槛	6.44*	0.0933	500	-0.270	(-0.520, -0.222)
		双重门槛	7.84	0.1767	500	——	——
	电子	单一门槛	16.38***	0.0100	500	-0.314	(-0.608, -0.291)
		双重门槛	8.13	0.1833	500	——	——
	仪器仪表	单一门槛	21.68***	0.0033	500	-0.304	(-0.545, -0.259)
		双重门槛	6.46	0.4500	500	——	——

续表

门槛依赖变量	子行业	门槛数	F值	P值	BS次数	门槛值	95%置信区间
ln*capitalH*	金属	单一门槛	12.22*	0.0672	500	−0.360	(−0.392，−0.343)
		双重门槛	9.34	0.3400	500	——	——
	通用	单一门槛	10.29**	0.0349	500	——	——
		双重门槛	8.10	0.1533	500	——	——
	专用	单一门槛	15.11**	0.0213	500	−0.338	(−0.373，−0.267)
		双重门槛	3.10	0.1667	500	——	——
	交通	单一门槛	30.24***	0.0023	500	−0.352	(−0.503，−0.202)
		双重门槛	11.87	0.1333	500	——	——
	电气	单一门槛	13.82***	0.0033	500	−0.342	(−0.533，−0.220)
		双重门槛	9.82	0.1392	500	——	——
	电子	单一门槛	14.31**	0.0133	500	−0.342	(−0.489，−0.223)
		双重门槛	8.34	0.1400	500	——	——
	仪器仪表	单一门槛	16.78***	0.0033	500	−0.355	(−0.682，−0.301)
		双重门槛	4.12	0.3934	500	——	——
ln*knowledgeH*	金属	单一门槛	7.99*	0.0723	500	−0.285	(−0.461，−0.277)
		双重门槛	4.06	0.1733	500	——	——
	通用	单一门槛	9.23*	0.0633	500	−0.281	(−0.419，−0.162)
		双重门槛	6.61	0.1367	500	——	——
	专用	单一门槛	10.37	0.2067	500	——	——
		双重门槛	2.46	0.9833	500	——	——
	交通	单一门槛	26.01***	0.0012	500	−0.279	(−0.562，−0.201)
		双重门槛	8.20	0.1900	500	——	——
	电气	单一门槛	8.65*	0.0833	500	−0.267	(−0.456，−0.169)
		双重门槛	5.00	0.3200	500	——	——
	电子	单一门槛	17.01**	0.0133	500	−0.258	(−0.279，−0.220)
		双重门槛	8.94	0.5500	500	——	——
	仪器仪表	单一门槛	20.48***	0.0011	500	——	——
		双重门槛	8.30	0.3367	500	——	——

2. 模型参数回归的稳健性检验

本章利用交乘项对模型参数回归的稳健性进行检验，即以门槛变量装备制造业区位商指数和要素异质性的交乘项依次进入式（5.11）至式（5.14）进行 GMM 回归。如果交乘项系数为正，则说明门槛变量对要素异质性具有积极强化作用；如果交乘项系数为负，则说明门槛变量对要素异质性具有消极抵抗作用。

从表 5-20 的回归结果来看，虽然部分交乘项系数不显著，但其系数符号已充分反映出装备制造业区位商指数与产业异质性之间的相互作用关系。除模型三的交乘项系数全都不显著以外，其余部分均至少有一项为显著。从回归系数的符号和大小来看，与前文回归结果相似。与前文存在稍微不一样的是，模型一的资本异质性与装备制造业区位商的交乘项不显著，而表 5-6 结果是显著为负，制度变量对 ln⁡PEC 的影响不显著，这与前文的结论相符，即国有资本的占比对效率改善的影响尚未明晰，可能是正向推动，也有可能是负向阻碍。市场内亏损企业的变动率对技术进步的影响也是模糊不清。关于核心变量，劳动异质性通过技术进步和生产规模扩大来减少对 GTFP 增长的阻碍力。资本异质性则倾向于对效率改善和规模效率提升对 GTFP 产生积极促进的作用。知识异质性对绿色全要素生产率的作用力不明显，可能是因为专利结构不合理导致的，这些结论刚好印证了表 5-3、表 5-6、表 5-9 的门槛效应回归结果。或者说，表 5-3 至表 5-9 正是从门槛效应的视角对这种促进作用或抑制作用的具体诠释。可见，本章将各门槛估计值分别代入式（5.11）至式（5.14）的模型参数回归结果是稳健可信的。

表 5-20　全样本门槛模型回归结果

	模型一	模型二	模型三	模型四
	$\ln GTFP$	$\ln PEC$	$\ln PTC$	$\ln SCH$
$\ln labourH$	−0.0395**	−0.0708***	0.0366**	0.00348*
	(−2.04)	(−2.63)	(2.37)	(1.89)
$\ln capitalH$	0.0645**	−0.0513*	0.0960*	0.0166***
	(2.22)	(−1.61)	(1.91)	(3.72)
$\ln knowledgeH$	0.00620*	0.0495***	−0.00628	−0.0103***
	(1.88)	(2.88)	(−0.16)	(−4.31)
$\ln labourH * D_{l-thr}$	0.0171	0.00191	0.00816	0.00316**
	(1.07)	(0.09)	(0.58)	(2.36)
$\ln capitalH * D_{c-thr}$	0.000336	0.0233**	0.00315	0.00462**
	(0.03)	(2.15)	(0.19)	(2.18)
$\ln knowledgeH * D_{k-thr}$	−0.0141*	−0.0130	0.0169	0.00634***
	(−1.82)	(−0.88)	(1.34)	(3.09)

续表

	模型一 ln*GTFP*	模型二 ln*PEC*	模型三 ln*PTC*	模型四 ln*SCH*
ln*market*	–0.0285*	–0.0348*	0.0191	0.00333
	(–1.83)	(–1.87)	(0.43)	(1.23)
ln*institution*	0.0174**	0.0179	0.0619	–0.0106***
	(2.03)	(0.43)	(1.26)	(–3.88)
ln*eco*	0.00150	0.0109**	0.0140*	–0.00901**
	(0.87)	(2.13)	(1.92)	(–2.43)
ln*pgdp*	–0.0491	0.00477	–0.0479	–0.0118**
	(–1.27)	(0.09)	(–0.66)	(–2.14)
常数项	–0.0963	0.272	–0.395	–0.0635***
	(–0.44)	(1.30)	(–0.86)	(–2.76)
个体固定	Y	Y	Y	Y
时间固定	Y	Y	Y	Y
样本数	667	667	667	667
Hansen	0.7382	0.6832	0.8321	0.5323

注：（1）$D_{\text{l-thr}}$代表劳动异质性的装备制造业门槛变量，$D_{\text{c-thr}}$代表资本异质性的装备制造业门槛变量，$D_{\text{k-thr}}$代表知识异质性的装备制造业门槛变量；（2）*、**、***是指分别通过0.1、0.05、0.01的显著性水平检验，圆括号内为标准误；（3）Hansen检验为P值，其原假设为"所有工具变量都是外生的"。

5.3 本章小结

本章以1990—2015年全国省级面板数据为观测样本，利用面板门槛模型，以装备制造业专业化集聚度为门槛变量进行实证分析，基本结论有：

第一，劳动异质性对我国装备制造业GTFP增长的门槛效应。未跨越门槛之前，ln*labourH*对ln*GTFP*的影响是负数，影响系数比无内生分组系数小，说明相对于全国装备制造业均值水平而言，在专业化度低的装备制造业中，ln*labourH*对ln*GTFP*的抑制力更小一些。而当装备制造业专业化集聚指数跨越门槛值0.733之后，ln*labourH*的系数由负转为正，且显著，说明跨越门槛后的劳动异质性能显著地促进GTFP增长，跨越门槛值后的劳动异质性每提高1%，将推动GTFP增长约19.60%。进一步综合劳动异质性影响GTFP三大分解指标的门槛效应可知，未跨越门槛值之前，劳动异质性对GTFP的抑制作用主要来源于技术效率低下。跨越了门

第五章 我国装备制造业GTFP演化的门槛效应分析

槛值之后，劳动异质性促进了技术进步、效率改善和生产规模的扩大，对GTFP具有显著的推动作用，其中技术进步和生产规模扩大是主要的推动力。验证了假设3。

第二，资本异质性对我国装备制造业GTFP增长的门槛效应。未跨越门槛之前，ln*capitalH*对ln*GTFP*的影响是正数，影响系数是0.0443，变量显著，影响系数比无内生分组系数小，说明相对于全国装备制造业均值水平而言，在低集聚度的装备制造业中，ln*capitalH*对ln*GTFP*的推动力更小一些。而当装备制造业产业集聚指数跨越门槛值0.703之后，ln*capitalH*对ln*GTFP*的推动力减小了，其对GTFP增长的整体边际影响系数约为0.027左右，这就意味着，跨越门槛值后的资本异质性每提高1%，将推动GTFP增长约2.73%。进一步综合资本异质性影响GTFP三大分解指标的门槛效应可知，在未跨越门槛值之前，资本异质性对GTFP的推动作用主要来源于技术进步。在跨越了门槛值之后，资本异质性对技术进步的影响是倒U型的，即在合理区间内，资本异质性的提升会对技术进步有显著的推动作用，但是倘若超过这个合理区间，则资本异质性越大，越不利于技术水平的提升，技术水平提高的空间反而变小。验证了假设3。

第三，知识异质性对我国装备制造业GTFP增长的门槛效应。未跨越门槛之前，ln*knowledgeH*对ln*GTFP*的推动力为0.010。影响系数比无内生分组系数大，说明相对于全国装备制造业均值水平而言，在低集聚度的装备制造业中，ln*knowledgeH*更能推动ln*GTFP*的增长。而当装备制造业产业集聚指数跨越门槛值0.756之后，ln*knowledgeH*的系数由正数的转为负数且不显著，说明跨越门槛后的知识异质性有可能会抑制GTFP增长，其对GTFP增长的整体边际影响系数约为−0.006左右，这就意味着，跨越门槛值后的知识异质性每提高1%，将抑制GTFP增长约0.6%。进一步综合知识异质性影响GTFP三大分解指标的门槛效应可知，在未跨越门槛值之前，知识异质性对技术效率改善有推动作用，但是却抑制了技术进步与生产规模的扩大。跨越了门槛之后，知识异质性虽然对技术进步有显著的正向推动力，但是推动力很小，对生产规模扩大的阻碍力也在不断减小，但是这种正向的作用力有限，仍未能很好地发挥知识创新功能对GTFP的推动作用。未验证假设3。

第四，从环境异质性来看，虽然加入了门槛值，但是回归结果仍与表4-3全样本的系统GMM回归结果一致，即国有资本占比越大、生态环境的保护能力越强，对GTFP的增长越有利。市场中亏损企业越多，越不利于GTFP增长。进一步综合环境异质性影响GTFP三大分解指标的门槛效应可知，以国有资本占比为代表指标的制度质量对GTFP增长的推动力主要来源于技术进步，生态环境的保护能力越强则对技术效率改善、技术进步的推动力越大。但需要注意的是，国有资本占比越大、处理污染物的能力越强，越不利于生产规模的扩大，亏损企业反而更有利于企业重组和整合，进而扩大生产规模。验证了假设5。

103

第六章 我国装备制造业GTFP演化的空间效应分析

第四章和第五章从传统计量经济分析的视角对第二章的理论分析进行了实证检验，但这种传统计量分析仅适用于研究自身所在地区因变量与自变量的交互影响。由第二章的理论分析可知，产业异质性不仅影响所在地区装备制造业绿色全要素生产率的增长，而且还会通过空间溢出效应影响其他地区装备制造业的绿色全要素生产率增长。因此有必要从空间计量分析的角度进一步验证异质性对装备制造业绿色全要素生产率演化的影响。

6.1 研究设计

6.1.1 空间自相关性

空间计量分析开始于20世纪70年代，专门研究经济变量之间的空间效应对经济现象或经济行为的影响。本章采用"全局莫兰指数 I"（Moran's I）和"局部莫兰指数 I"（Local Moran's I）来度量我国装备制造业绿色全要素生产率的空间自相关性。

1. 全局莫兰指数 *I*（Moran's I）

假设存在空间经济变量序列，则全局莫兰指数 *I*（Moran's I）的计算公式可表达为

$$I = \frac{n \sum_{i=1}^{n} \sum_{j=1}^{n} w_{ij}(x_i - \bar{x})(x_j - \bar{x})}{\sum_{i=1}^{n}(x_i - \bar{x})^2 \sum_{i=1}^{n} \sum_{j=1}^{n} w_{ij}} \tag{6.1}$$

其中，n 为观测单元的质点数目，w_{ij} 为空间权重矩阵，$\sum_{i=1}^{n} \sum_{j=1}^{n} w_{ij}$ 是所有空间权重之和。将空间权重矩阵进行标准化之后，有 $\sum_{i=1}^{n} \sum_{j=1}^{n} w_{ij} = n$。因此，可将全局莫兰指数 I 简化为

$$I = \frac{\sum_{i=1}^{n}\sum_{j=1}^{n}w_{ij}(x_i-\bar{x})(x_j-\bar{x})}{\sum_{i=1}^{n}(x_i-\bar{x})^2} \tag{6.2}$$

通常来说，全局莫兰指数 I 取值范围为[-1，1]。全局莫兰指数 I 值>0，表示存在正向的空间相关性，说明相邻地区之间具有相似的经济特征。反之，全局莫兰指数 I 值<0，表示相邻地区之间是高低互补的经济特征。如果全局莫兰指数 I 值在0附近波动，则说明相邻地区之间的经济变量不具有空间相关性，应选择传统计量模型。

2. 局部莫兰指数 I（Local Moran's I）

全局莫兰指数 I（Moran's I）考察的是整个空间序列的空间集聚情况，而局部莫兰指数 I 考察的是某个区域 i 附近的空间集聚情况。

$$I_i = \frac{(x_i-\bar{x})}{S^2}\sum_{j=1}^{n}w_{ij}(x_j-\bar{x}) \tag{6.3}$$

如果 I_i 是正数，则表示区域 i 的高（低）值被周围的高（低）值所包围；如果 I_i 是负数，那么说明示区域 i 的高（低）值被周围的低（高）值所包围。

6.1.2 空间计量模型构建与权重矩阵选取

1. 空间计量模型构建

根据前文第二章的机理分析，省份 i 装备制造业绿色全要素生产率的增长既受到本地区装备制造业异质性的影响，又会受到周边省份装备制造业异质性的影响，即存在外生的交互效应。而且周边地区装备制造业绿色全要素生产率的增长也会对省份 i 装备制造业绿色全要素生产率增长产生影响，即存在内生的交互效应。考虑两种效应同时存在，较为理想的做法是构建空间杜宾模型（SDM）。所以为了全面考察地区 i 的产业异质性对地区 i 及其他地区装备制造业绿色全要素生产率增长的影响，结合前文第四章和第五章所构建的传统计量模型，并借鉴 Anselin（2013）等的空间建模思路，本章构建空间杜宾面板模型如下：

$$\begin{aligned}\ln GTFP = &\rho W \times y_t + \sum_n \ln FactorsH_{it}^{(n)} \times D \times \alpha_n + \sum_n \ln environment_{it}^{(n)} \times \gamma_n \\ &+ \sum_n \ln FactorsH_{it}^{(n)} \times D \times M \times \psi_n + \sum_n \ln environment_{it}^{(n)} \times M \times \pi_n \\ &+ \sum_k \ln control_{it}^{(k)} \times \varpi_k + \sum_k \ln control_{it}^{(k)} \times N \times \eta_k + \mu_i + \delta_i + \upsilon_{it}\end{aligned} \tag{6.4}$$

$$\begin{aligned}\ln PEC = &\rho W \times y_t + \sum_n \ln FactorsH_{it}^{(n)} \times D \times \alpha_n + \sum_n \ln environment_{it}^{(n)} \times \gamma_n \\ &+ \sum_n \ln FactorsH_{it}^{(n)} \times D \times M \times \psi_n + \sum_n \ln environment_{it}^{(n)} \times M \times \pi_n \\ &+ \sum_k \ln control_{it}^{(k)} \times \varpi_k + \sum_k \ln control_{it}^{(k)} \times N \times \eta_k + \mu_i + \delta_i + \upsilon_{it}\end{aligned} \tag{6.5}$$

$$\ln PTC = \rho W \times y_t + \sum_n \ln FactorsH_{it}^{(n)} \times D \times \alpha_n + \sum_n \ln environment_{it}^{(n)} \times \gamma_n$$
$$+ \sum_n \ln FactorsH_{it}^{(n)} \times D \times M \times \psi_n + \sum_n \ln environment_{it}^{(n)} \times M \times \pi_n \quad (6.6)$$
$$+ \sum_k \ln control_{it}^{(k)} \times \varpi_k + \sum_k \ln control_{it}^{(k)} \times N \times \eta_k + \mu_i + \delta_i + \upsilon_{it}$$

$$\ln SCH = \rho W \times y_t + \sum_n \ln FactorsH_{it}^{(n)} \times D \times \alpha_n + \sum_n \ln environment_{it}^{(n)} \times \gamma_n$$
$$+ \sum_n \ln FactorsH_{it}^{(n)} \times D \times M \times \psi_n + \sum_n \ln environment_{it}^{(n)} \times M \times \pi_n \quad (6.7)$$
$$+ \sum_k \ln control_{it}^{(k)} \times \varpi_k + \sum_k \ln control_{it}^{(k)} \times N \times \eta_k + \mu_i + \delta_i + \upsilon_{it}$$

式（6.4）至式（6.7）的 $GTFP$、PEC、PTC、SCH 是本章的被解释变量，分别代表绿色全要素生产率、技术效率改善、技术进步和生产规模变化。$FactorsH$、D、$environment$ 为本章的主要解释变量，分别为要素异质性、装备制造业专业化集聚度的虚拟变量和外部环境。$FactorsH$ 包括了劳动异质性（$labourH$）、资本异质性（$capitalH$）、知识异质性（$knowledgeH$），$environment$ 包括了市场环境（$market$）、生态环境（eco）、制度环境（$institution$）。$control$ 是控制变量，即地区经济发展水平。i、t 分别代表不同省份和不同时期；ρ 为空间自相关系数；μ_i 为个体固定效应，δ_i 为时间固定效应，υ_{it} 表示服从 i.i.d. 分布的随机误差向量；W、M、N 是反映地区之间被解释变量与解释变量空间相关性的权重矩阵。

2. 空间权重矩阵选取

本章采用文献中最常用的地理邻接权重矩阵，即如果地区 i 与 j 相邻，则取值为 1；若不相邻，则取值为 0。空间权重矩阵 W 第（i, j）个元素的表达式为

$$W_{ij} \begin{cases} 1 & \text{当地区} i \text{与地区} j \text{相邻}; \\ 0 & \text{当地区} i \text{与地区} j \text{不相邻或} i = j \end{cases} \quad (6.8)$$

我们对地理邻接权重矩阵进行了标准化处理。

6.1.3 变量说明

本章模型式（6.4）至式（6.7）的被解释变量、主要解释变量和控制变量均沿用第三章与第四章。变量选取和数据处理详见第三、四章。

6.2 实证分析

6.2.1 空间自相关检验

根据本章构建的空间杜宾模型式（6.4）至式（6.7），本小节的空间自相关检验变量包括绿色全要素生产率（$GTFP$）及其三个分解指标：技术效率改善（PEC）、技术进步（PTC）和生产规模变化（SCH）。

第六章 我国装备制造业GTFP演化的空间效应分析

1. 全局空间自相关检验

表6-1a、表6-1b列出了1991—2015年我国装备制造业GTFP及其分解指标的全局莫兰指数 I 结果。从检验结果看，在空间权重矩阵下，25个年度中，有16个年度的系数基本通过了至少10%的显著性检验，并全部为正向空间效应，说明全国各个省份装备制造业的绿色全要素生产率（GTFP）是存在地区空间相互影响的，且 GTFP 对相邻城市的空间效应可能更大。如果根据莫兰指数 I 值大小对25个年度进行阶段划分，则发现 GTFP 的莫兰指数起伏不定，大致来看，1991—1999年，虽有小幅上升，但是在1999年降到最低点，2000—2010年数值有小幅上升，2011—2015年波动较大。这种相对频繁的波动过程告诉我们，构成 GTFP 的三个分解指数可能存在一定的空间自相关分歧，有必要对它们进行进一步的空间效应分析。

表6-1a 我国装备制造业绿色全要素生产率（GTFP）的Moran'I指数

年度	Moran'I	年度	Moran'I
1991	0.092*	2004	0.128*
1992	0.137**	2005	0.012
1993	0.043	2006	0.118*
1994	0.154**	2007	0.061
1995	0.124*	2008	0.058**
1996	0.045*	2009	0.020
1997	0.081*	2010	0.073
1998	0.053*	2011	0.074*
1999	0.035*	2012	0.058*
2000	0.108	2013	0.077***
2001	0.050	2014	0.104***
2002	0.093	2015	0.066*
2003	0.028		

注：（1）检验前已经对空间权重矩阵进行了标准化处理；（2）所有检验结果均为双边检验；（3）*、**、***是指分别通过0.1、0.05、0.01的显著性水平检验。

进一步地，本章对 GTFP 的三个分解指标进行分析（表6-1b）。观察检验结构后得知，PEC、PTC、SCH 的空间效应确实存在一定分歧，且均存在负向空间自相关关系。前两个变量的检验结果波动幅度相对较大，尤其是 PEC，而 SCH 的莫兰指数 I 值却相对平稳。具体来看，三个指标均在1997年出现下滑，2012年以后数值为正且逐步变大。PEC 的空间自相关效应波折起伏最大，正负转折点分别在1997年、2002年、2006年和2011年。PTC 走势与 SCH 基本一致，在1997年出现低谷，在2006年迎来小高潮，2011年数值都下降为负数。相比另外两个指标，SCH在其余年份的指数值波动幅度不大。由此可见，正是这三项分解指标在空间自相关性上表现出的分歧，才导致了GTFP在整体上的波动和部分年份的不显著。图6-1清晰地刻画了GTFP三个分解指标PEC、PTC、SCH在不同年度的相互作用关系。

综上，GTFP、PEC、PTC、SCH这四个指标均存在较为明显的空间自相关性，但其相关关系的显著性及正负影响方向存在一定的差异，需要通过局部莫兰散点图及空间计量模型回归进一步具体验证。

表6-1b 我国装备制造业绿色全要素生产率（GTFP）分解指标的Moran' I指数

年度	PEC	PTC	SCH
1991	0.058	−0.009	0.101**
1992	0.061*	−0.041	0.046
1993	0.033	0.068*	0.042
1994	0.011*	0.076	0.007*
1995	0.02	0.032*	0.061
1996	0.01*	0.052	0.021
1997	−0.061*	−0.119*	−0.064*
1998	−0.031	0.024	0.012**
1999	−0.152**	−0.021	0.041
2000	−0.045	0.034*	−0.022*
2001	−0.015**	0.034	0.004
2002	0.021	−0.038**	0.005
2003	0.151**	−0.034	0.001
2004	0.035	−0.062*	0.002
2005	0.047*	0.02**	0.056
2006	−0.003**	−0.01	0.013**
2007	−0.013	0.003*	0.020*
2008	−0.027	−0.018*	0.036**
2009	−0.029	0.002	0.018
2010	−0.023	0.009	0.063*
2011	0.125*	−0.054**	−0.144**
2012	0.031	−0.008*	−0.021*

续表

年度	PEC	PTC	SCH
2013	0.028	0.055*	0.015
2014	0.073*	0.036*	0.019
2015	0.045	0.046	0.027

注：（1）检验前已经对空间权重矩阵进行了标准化处理；（2）所有检验结果均为双边检验；（3）*、**、***是指分别通过0.1、0.05、0.01的显著性水平检验。

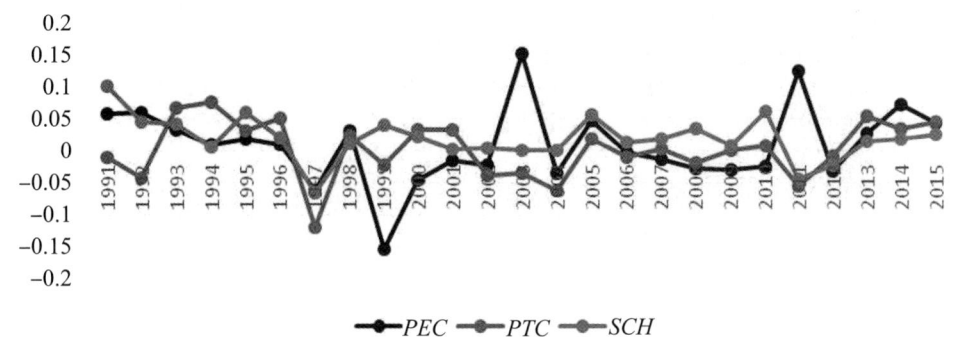

图6-1 基于地理邻接矩阵的 PEC、PTC、SCH 的 Moran' I 指数变动趋势

2. Moran散点图

结合表6-1a我国装备制造业绿色全要素生产率空间自相关检验的结果，本章使用2015年的全局莫兰指数 I 进行局部空间自相关分析，以 GTFP 观测值及 GTFP 观测值的空间滞后项作为横坐标和纵坐标绘制 Moran 散点图，拟合直线的斜率就是全局莫兰指数 I。为方便对照，我们分别绘制了全国各省份装备制造业的 Moran 散点图（如图6-2所示）和2015年我国区域装备制造业的 GTFP 指数图（如图6-3所示）。Moran 散点图将各省份装备制造业的绿色全要素生产率分为四个象限，分别是"高—高"关联（第一象限）、"低—高"关联（第二象限）、"低—低"关联（第三象限）、"高—低"关联（第四象限）。图6-2的左上角标注了所在地区的全局莫兰指数 I，比较后发现，东、中、西部地区的全局莫兰指数 I 呈依次递减的特征，说明东部低装备制造业绿色全要素生产率增长的空间自相关效应最强，中部地区次之，西部地区最弱。

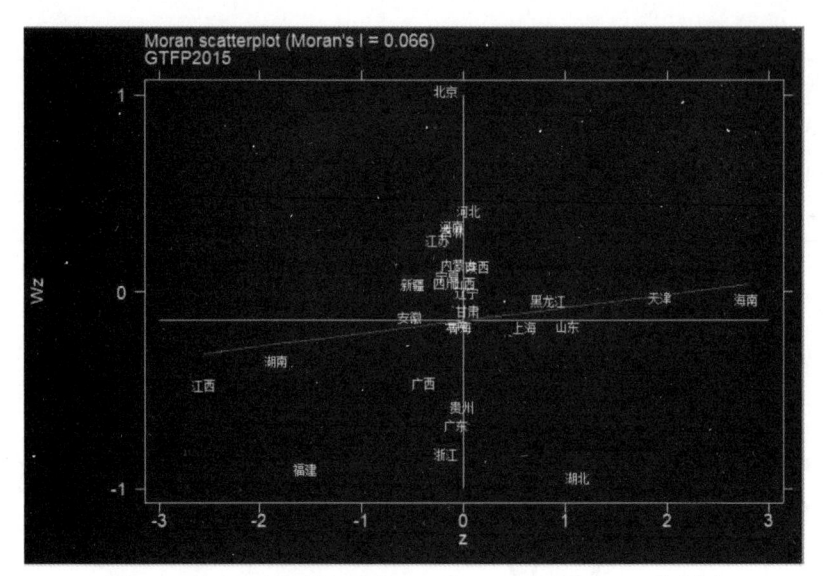

图 6-2　基于地理邻接矩阵的 2015 年 GTFP 局部 Moran 散点图

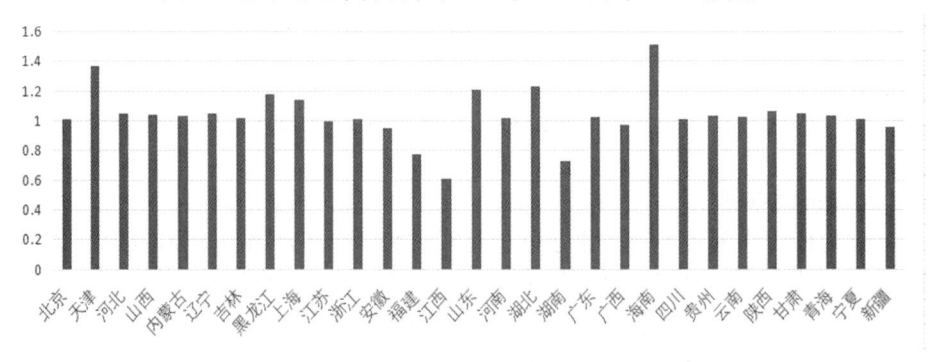

图 6-3　2015 年我国区域装备制造业的 GTFP 指数

结合 2015 年我国区域装备制造业 GTFP 指数的分布图和 Moran 散点图具体来看，不管是全国还是东、中、西部地区的 GTFP 与空间滞后项的交汇散点均主要分布在 Moran 散点图的第一、三象限内，表明我国区域装备制造业 GTFP 的空间关联主要以正向关联为主。同一象限内的省份在地理距离或经济发展水平上较为接近。例如，东部的天津、黑龙江，中部的山西，西部的陕西、甘肃，表明在考虑了环境污染与治理能力背景下，这些地区装备制造业的 GTFP 相对较高，且被高 GTFP 的城市所包围，为 GTFP 增长的"热点区"；东部的北京、江苏、吉林，中部的河南、安徽，西部地区的新疆、四川处于第二象限，表明这些地区装备制造业的 GTFP 相对较低，但被高 GTFP 的城市所围绕；东部的福建、广东、浙江，中部的湖南、江西，西部的广西、贵州位于第三象限，这些地区装备制造业的 GTFP 相对较低，且被低 GTFP 的城市所包围，为 GTFP 增长的"盲点区"；东部的上海、山东，中部的湖北位于第四象限，表明这些地区装备制造业的GTFP相对较高，但被低GTFP的城市所围绕。

6.2.2 全样本全时段的空间效应分析

空间自相关检验结果表明，我国装备制造业GTFP演化存在显著的空间效应特征，如果选用传统计量模型估计可能会存在偏差，应考虑采用空间效应模型进行分析。根据上述分析，本章基于全样本（我国省级装备制造业样本数据）、全时段（1990—2015年），采用空间杜宾模型研究异质性影响我国装备制造业GTFP演化的空间效应。

需要说明的是，空间杜宾模型中带有W权重的自变量是空间滞后项，表示周边地区的自变量对本地因变量的影响。加入了空间滞后项以后，原来自变量对因变量的影响可以分解为直接效应、间接效应和总效应，直接效应指的是本地自变量对本地区因变量的影响，间接效应指的是本地自变量对周边地区因变量的影响。

表6-2列出了产业异质性对我国装备制造业GTFP及其三个分解指标影响的回归结果。除了GTFP回归模型为固定效应模型以外，其他三个分解指标模型均支持随机效应模型。表6-2的上半部分（没有带权重W的变量）各变量回归的结果与第四章固定效应的结论相似，在此不再赘述。从被解释变量的空间自回归系数来看，除了生产规模（lnSCH）存在空间负向溢出之外（即ρ显著为负），其他模型的ρ在均显著为正，说明一个地区装备制造业的绿色全要素生产率增长对其他地区均具有正向的空间溢出效应，也进一步验证了采用空间计量模型的合理性。从各变量空间滞后效应的方向来看（表6-2下半部分，即带有权重W的变量），随着装备制造业专业化程度的提高，周边地区的劳动异质性、资本异质性对本地装备制造业GTFP的作用力由抑制转为推动，资本异质性的推动力更强一些，为0.0293，主要推动力为技术进步和生产规模扩大，但是周边地区知识异质性对本地装备制造业GTFP的推动力逐渐下降，主要是受到技术滞后和生产规模缩小的制约。

进一步的，我们分析产业异质性作用于我国装备制造业绿色全要素生产率及其分解指标的直接效应、间接效应和总效应（见表6-3所列）。我们发现，在直接效应中，随着装备制造业专业化集聚度的提升，劳动异质性对本地GTFP的作用力由抑制力转为推动力，主要原因是技术效率改善。而资本异质性对本地GTFP的作用力由推动力减弱，原因是技术效率恶化。知识异质性推动了技术效率改进，但专利结构不合理却导致了技术滞后，所以综合来看，知识异质性对本地GTFP的影响力不显著。从间接效应来看，在本地专业化度高的装备制造业中，劳动异质性推动了相邻地区技术进步和规模效率，有利于其他地区GTFP的增长，资本异质性和知识异质性对相邻地区GTFP的推动力减小，原因是技术滞后和规模无效。从总效应来看，随着专业化程度的提升，劳动异质性和资本异质性通过技术进步和规模效率提升，推动了装备制造业GTFP提高，而专利结构不合理导致的技术落后和规模无效，使知识异质性抑制了装备制造业GTFP的提高。考虑了空间效应的市场环境无论是在哪一个效应中，其对GTFP都是负向影响，原因是技术效率恶化。制度环境有力地促进了技术进步，推动了GTFP增长，而生态环境不利于本地装备制造业提升规模效率，但是却有利于相邻地区提高规模效率，说明环境规制在一定程度上不利于当地企业扩大规模提高效益，但是环境保护所带来的生态效益有利于相邻地区扩大规模来提高经济效益，对于装备制造业整体GTFP的影响不确定。

6.2.3 全样本分时间段的空间效应分析

上述结论显示，从全国地区的平均水平来看，产业异质性作用于装备制造业绿色全要素生产率、效益改进、技术进步及规模变化时存在一定的不确定性。正如前文空间自相关性的检验结果显示，绿色全要素生产率、技术效率改进、技术进步和生产规模变化具有时段性波动特征，因此需要对不同时段装备制造业绿色全要素生产率的演化效应做进一步分析。根据第三章装备制造业的GTFP特征分析，以及本章6.2.1节GTFP及分解指标的空间自相关检验结果，我们以金融危机为时间节点，将1990—2015年划分为五个阶段，分别为经济正常发展期（1990—1995年）、第一次金融危机（1996—1999年）、第一次危机后重振期（2000—2006年）、第二次金融危机（2007—2010年）、第二次危机后重振期（2011—2015年）。

1. 不同时段产业异质性影响我国装备制造业GTFP演化的空间效应

表6-5呈现了五个时段以GTFP为因变量的回归结果。除了2000—2006年模型是随机效应模型，其余的模型均为固定效应模型。加入了空间滞后项（权重W与自变量的交乘项）之后，模型拟合度提高了，而且大多数空间滞后项是显著的。空间杜宾计量模型的回归系数（Main）并不能较好地反映自变量对因变量的影响，要通过直接效应、间接效应和总效应来反映。

在经济正常发展期（1990—1995年），随着装备制造业专业化程度的提高，劳动异质性和资本异质性对装备制造业整体的GTFP有较显著的推动力，对相邻地区装备制造业GTFP的推动力大于本地区，而知识异质性的空间效应不显著。市场内的亏损企业阻碍了装备制造业整体GTFP的增长，这一时期的国有资本的扩大和生态环境效益的改善并未带来GTFP的提高。在第一次金融危机期间（1996—1999年），在高度专业化的装备制造业中，劳动异质性对本地GTFP起到了显著的抑制作用，资本异质性和知识异质性对本地、相邻地区装备制造业的GTFP作用力不显著，从符号上初步判断，是正向推动，但作用力不显著。这一时期市场内的亏损企业对GTFP有微小的推动力。制度环境有利于装备制造业整体和相邻地区GTFP的提高，但不利于本地区装备制造业GTFP的提升。生态环境改善对本地区装备制造业的GTFP提高有显著的推动作用。在第一次金融危机重振期（2000—2006年），

第六章 我国装备制造业GTFP演化的空间效应分析

随着专业化程度的提高，相比起本地，劳动异质性和知识异质性更有利于相邻地区装备制造业GTFP的提高，而资本异质性对本地装备制造业GTFP的推动力更大。从装备制造业整体上看，制度环境和生态环境的改善都有力地推动了GTFP的增长。在第二次金融危机期间（2007—2010年），在专业化度高的装备制造业中，知识异质性阻碍了本地GTFP提升，对装备制造业整体GTFP的作用力也不明显。市场中亏损企业越多越不利于本地和相邻地区装备制造业GTFP的增长。这一时期，国有资本投资的扩大显著地抑制了本地和相邻地区装备制造业GTFP的提升。在第二次金融危机重振期间（2011—2015年），随着专业化度的提升，劳动异质性对本地装备制造业GTFP的推动力明显大于相邻地区。国有资本投资的扩大有助于装备制造业整体GTFP的提高，生态环境的改善更有利于推动本地区装备制造业GTFP的增长。

2. 不同时段产业异质性影响我国装备制造业GTFP分解指标的空间效应

从表6-4可知，不同时段产业异质性对我国装备制造业GTFP的影响各有差异，那么导致这些差异出现的背后原因究竟是什么？产业异质性是如何通过影响技术效率、技术进步水平和规模变化来影响装备制造业GTFP增长的？为了回答这些问题，我们进一步探析产业异质性对我国装备制造业技术效率、技术进步和规模变化的影响（见表6-5至表6-7所列）。

在经济正常发展期间（1990—1995年），随着装备制造业专业化程度的提升，劳动异质性对当地装备制造业GTFP的阻碍力逐步减小，主要是因为技术进步和规模扩大。资本异质性对当地装备制造业GTFP的影响不显著，是因为效率改善不显著，且技术进步与规模变化对装备制造业GTFP的正向推动力较小，知识异质性对当地装备制造业GTFP的影响也不显著，原因是虽然规模扩大对当地装备制造业GTFP有明显的推动作用，但是技术落后限制了装备制造业GTFP的增长，效率改进不明显，所以知识异质性对当地装备制造业GTFP的推动作用不显著。亏损企业占比越大越不利于装备制造业GTFP的增长，生态环境的保护对这一时期的GTFP增长是抑制作用。在第一次金融危机期间（1996—1999年），1997年的亚洲金融危机并未给我国的装备制造业带来太大的不良影响。值得注意的是，这一时期的劳动异质性对装备制造业GTFP的推动力提升了，关键是依靠技术进步。亚洲金融危机之后，新加坡等亚洲四小龙纷纷向我国转移产业，带来了先进的技术知识和人才，使得这一时期我国装备制造业的劳动异质性对装备制造业GFP的推动力增强了。生态环境质量对装备制造业GTFP增长由之前的抑制作用转为推动作用，说明生态环境保护在这一时期与生产力的协同发展取得不错成效。国有资本对装备制造业GTFP的推动力变得显著了，国有资本占比越大，越有利于推动装备制造业GTFP提升，主要是通过技术进步推动的。与前一时期相同的是，资本异质性和知识异质性对当地装备制造业GTFP的影响仍然不显著，资本异质性对装备制造业GTFP的影响不显著主要是因为生产规模变化和效率改进不善阻碍了装备制造业GTFP的增长，而技术进步是装备制造业GTFP的推动力，这两种相反方向力度相近，导致资本异质性对当地装备制造业GTFP的影响不显著。而知识异质性对当地装备制造业GTFP增长的推动力不显著主要是因为三个分解指标都不显著，难以判断。在第一次危机后重振期间（2000—2006年），劳动异质性和知识异质性对装备制造业GTFP增长的影响不显著，主要是因为企业组织制度不完善的效率落后，且技术进步与规模变化的影响都不明显。随着专业化程度的提高，资本异质性对装备制造业GTFP的推动力不断增强，这种推动力主要来自生产规模的扩大。国有资本继续对装备制造业GTFP保持推动作用。在第二次金融危机期间（2007—2010年），随着装备制造业专业化指数的增大，劳动异质性对装备制造业GTFP的阻碍力逐步减弱，主要源于技术进步和生产规模扩大推动了装备制造业GTFP增长，但是推动力不大。资本异质性对装备制造业GTFP也产生了阻碍作用，但是随着装备制造业比较优势的增加，这种阻碍作用也逐步减小。知识异质性也不利于装备制造业GTFP的增长，主要源于效率改进无效，但是由于技术进步对其有推动力，所以对GTFP的抑制作用并没有那么强烈。这一时期国有资本的扩大对装备制造业GTFP的增长产生了显著的抑制作用，可能是国有资本未能很快地适应金融危机带来的变化，未能很好地将危机转化为机遇，抑制了装备制造业GTFP的增长。在第二次危机后的重振期间（2011—2015年），随着专业化程度的提升，劳动异质性对装备制造业GTFP的增长由抑制转为推动，主要是技术效率的改善和技术进步均有不同程度的提升。资本异质性对装备制造业GTFP有显著的推动作用，但是随着专业化程度的提高，这种推动力没有太大的改变，主要是因为在高度专业化的装备制造业中，企业的管理制度和经营理念阻碍了效率的改进。知识异质性对装备制造业GTFP增长的影响不显著，主要是因为三个分解指标都不显著，但是从系数的符号上看，随着专业化指数的提高，知识异质性对装备制造业GTFP是正向推动力。对"三废"的利用能力推动了装备制造业GTFP的提高。

6.2.4 分地区的空间效应分析

虽然6.2.3小节已经对表6-4至表6-7中产业异质性作用于装备制造业绿色全要素生产率、效益改进、技术进步及规模变化时所呈现出的不同时间段的演化特征进行了较好的解读，但仍不够全面和完整，这是因为，这种演化特征也有可能是因为不同城市间的经济发展水平差距所造成的。因此，需要对我国东、中、西部地区装备制造业GTFP的演化效应分别做空间区域分析。我们采用第三章的处理方法，将我国省份划分为东、中、西部地区，其中，东部地区13个省份，中部地区6个省份，西部地区10个省份，相关划分标准及具体省份所属分区详见第三章。

第六章 我国装备制造业GTFP演化的空间效应分析

1. 产业异质性对不同区域装备制造业GTFP演化的空间效应

从表6-8可知，产业异质性对地区装备制造业GTFP的影响存在非常明显的地区差异：首先，从东部地区来看，在专业化程度低的装备制造业中，东部地区的劳动异质性、资本异质性和知识异质性对本地装备制造业GTFP有显著的推动作用（直接效应显著为正），其中以资本异质性的推动力最强，但是随着专业化程度的提高，这种推动作用变得不显著，这是因为资本密集型企业对环境破坏性污染而降低了生产效率。劳动异质性对相邻地区的阻碍力最大，但随着装备制造业专业化程度的提升，这种阻碍力会逐渐减弱，周边地区的劳动异质性对东部地区装备制造业的GTFP由阻碍作用转为推动作用，说明周边地区的劳动力回流东部地区，会不利于东部周边地区装备制造业GTFP的增长，但是随着产业专业化程度的提升，东部地区对周边地区的扩散效应大大提升，对周边地区装备制造业GTFP的阻碍作用变为推动作用。而异质环境对装备制造业GTFP的影响也有不同，国有资本占比越高越有利于本地区和周边地区装备制造业GTFP的增长，说明在东部地区，国有资本的投入是有效率的，能够很好地利用国有资本带来的丰富资源开展自身生产经营。但是市场内亏损企业越多越不利于东部地区与周边地区装备制造业GTFP的增长。其次，从中部地区来看，随着装备制造业专业化程度的提高，劳动异质性能显著地推动当地和周边地区装备制造业GTFP的增长，周边劳动异质性的扩大也能很好地推动中部地区装备制造业GTFP的增长。说明中部地区劳动力的频繁流动能够增加异质性对装备制造业GTFP的推动作用。资本异质性的扩大不利于本地和周边地区的装备制造业GTFP的增长，但是随着专业程度的提升，这种阻碍力会逐渐减弱。与东部不同，知识异质性的提高不利于本地装备制造业GTFP的增长，这是由于中部地区专利结构落后导致的。与东部地区相同的是，中部地区知识异质性对周边地区的装备制造业GTFP也有明显的阻碍作用，周边地区的知识异质性对中部地区装备制造业的GTFP亦是如此。生态环境质量越高，对中部地区装备制造业GTFP增长的推动力越大，市场内亏损企业越多越不利于中部地区装备制造业GTFP的增长。与东部地区不同的是，国有资本占比越大，对中部地区装备制造业GTFP的阻碍力度越强，说明中部地区的国有资本的投入产出效率低。再次，从西部地区来看，随着产业专业化程度的提升，劳动异质性对当地装备制造业GTFP的作用力由负转正，对周边地区装备制造业GTFP的阻碍力也逐步减小。资本异质性对周边地区装备制造业GTFP的推动力明显增大，这一结论与东部地区、中部地区相似。但是与东中部地区不同的是，随着专业化程度的提升，知识异质性对本地装备制造业GTFP增长有明显的阻碍作用，对周边装备制造业GTFP有推动作用，说明西部地区的知识流动更倾向于中部、东部地区，所以对东中部地区装备制造业GTFP有促进作用，但是不利于本地装备制造业GTFP的增长。周边地区知识异质性对西部地区装备制造业GTFP的推动力也不明显，这进一步说明了，西部地区知识储备底子薄，创新能力弱，即使有发明专利，也很难将其转化成为现实生产力来推动本地装备制造业GTFP的增长。

总的来看，随着装备制造业专业化程度的提升，劳动异质性对东部地区装备制造业GTFP的推动作用力最大，为0.0387，西部地区最小。对周边地区装备制造业GTFP增长推动力最大的是中部地区，为0.068，说明中部地区劳动异质性的扩散效应最强。资本异质性对东部、西部地区均有推动作用。知识异质性能够显著地推动东部地区装备制造业GTFP的提高，但是在中部、西部地区，这种推动力就变成了抑制力，且随着专业化程度的提高，这种抑制作用力度会更强。无论对哪一个区域，市场内亏损企业占比越大越不利于装备制造业GTFP的增长，生态环境改善有利于推动中部地区装备制造业GTFP增长，而对东部和西部地区的作用力不明显。国有资本占比越大越有利于东部地区装备制造业GTFP的提升，但是在中部和西部地区，这是抑制作用，而且对中部地区的阻碍作用最强。

2. 产业异质性对不同区域装备制造业GTFP分解指标的空间效应

从表6-9至表6-11可知，随着装备制造业专业化程度的提升，劳动异质性对东部地区装备制造业GTFP的推动作用力最大，为0.0387，主要是因为技术进步和效率改善。而对西部地区的推动力最小，是因为受到了生产规模的制约。资本异质性对东部、西部地区均有推动作用，但是随着专业化程度的提高，这种推动力会逐渐减弱，对于东部来说，是效率改善受阻导致推动力减弱，而西部地区是因为生产规模和效率改进无效双重压力导致推动力减弱。中部地区则是由于技术效率改进无效导致资本异质性抑制了装备制造业GTFP的提升。在东部地区，知识异质性能够显著地推动当地装备制造业GTFP的提高，但是在中部、西部地区，这种推动力就变成了抑制力，且随着专业化程度的提高，这种抑制作用力度更强了。这是因为在东部地区，知识异质性显著地推动了技术效率的改进，进而引致装备制造业GTFP的提高，但是在中部地区，知识异质性不利于技术进步，而西部地区受到技术落后和生产规模无效的双重制约，导致在中部、西部地区，知识异质性未能很好地推动当地装备制造业GTFP提升。市场内亏损企业占比越大越不利于东、中、西部地区装备制造业GTFP的增长，生态环境质量对中部地区装备制造业GTFP的推动力大，但是对于东部和西部地区的作用力不明显，主要是因为对技术进步和生产规模的影响难以估测。制度环境中的国有资本占比越大，越有助于东部和西部地区提高技术水平和改进效率，进而提升装备制造业GTFP，但是不利于中部地区改善效率。

6.2.5 稳健性检验

本章采用空间滞后模型（SAR）来进行稳健性检验。表6-12可知，其回归系数大小、系数显著性和系数符号均与表6-2接近，我们认为采用空间杜宾模型进行回归的结果稳健可信。

第六章 我国装备制造业GTFP演化的空间效应分析

表6-2 1990—2015年我国区域装备制造业GTFP的空间杜宾模型回归结果

<table>
<tr><th rowspan="2">变量</th><th colspan="8">回归系数及显著性</th></tr>
<tr><th>lnGTFP</th><th>Z值</th><th>lnPEC</th><th>Z值</th><th>lnPTC</th><th>Z值</th><th>lnSCH</th><th>Z值</th></tr>
<tr><td colspan="9" align="center">Main</td></tr>
<tr><td>lnlabourH</td><td>-0.0364*</td><td>(-1.94)</td><td>-0.0395*</td><td>(-1.62)</td><td>0.0124</td><td>(0.20)</td><td>0.00181</td><td>(0.08)</td></tr>
<tr><td>lncapitalH</td><td>0.0231*</td><td>(1.95)</td><td>0.0548*</td><td>(1.85)</td><td>-0.0437*</td><td>(-1.91)</td><td>0.0127**</td><td>(2.13)</td></tr>
<tr><td>lnknowledgeH</td><td>0.0137*</td><td>(2.04)</td><td>-0.0133*</td><td>(-1.74)</td><td>0.0188</td><td>(0.58)</td><td>0.00205</td><td>(0.17)</td></tr>
<tr><td>lnlabourH*D</td><td>0.0376*</td><td>(1.88)</td><td>0.0252***</td><td>(2.39)</td><td>0.0149</td><td>(0.23)</td><td>-0.0042</td><td>(-0.17)</td></tr>
<tr><td>lncapitalH*D</td><td>-0.0161*</td><td>(-2.11)</td><td>-0.0877**</td><td>(-2.03)</td><td>0.0798*</td><td>(1.87)</td><td>-0.0034</td><td>(-0.21)</td></tr>
<tr><td>lnknowledgeH*D</td><td>-0.00115</td><td>(-0.12)</td><td>0.0229*</td><td>(1.83)</td><td>-0.0264*</td><td>(-1.97)</td><td>-0.00135</td><td>(-1.00)</td></tr>
<tr><td>lnmarket</td><td>-0.00604*</td><td>(-1.78)</td><td>-0.0032</td><td>(-0.15)</td><td>-0.0089</td><td>(-0.41)</td><td>0.00315</td><td>(0.38)</td></tr>
<tr><td>lninstitution</td><td>0.01562*</td><td>(2.01)</td><td>-0.0028</td><td>(-0.11)</td><td>0.0232*</td><td>(1.94)</td><td>-0.0144*</td><td>(-1.72)</td></tr>
<tr><td>lneco</td><td>0.00616*</td><td>(2.02)</td><td>0.00896</td><td>(0.90)</td><td>-0.0005</td><td>(-0.05)</td><td>-0.01544*</td><td>(-1.75)</td></tr>
<tr><td>lnpgdp</td><td>-0.00671</td><td>(-0.38)</td><td>0.0065</td><td>(0.23)</td><td>-0.002</td><td>(-0.07)</td><td>-0.004</td><td>(-0.37)</td></tr>
<tr><td colspan="9" align="center">W权重</td></tr>
<tr><td>W×lnlabourH</td><td>-0.0291**</td><td>(-2.17)</td><td>0.0588*</td><td>(1.69)</td><td>-0.0902*</td><td>(-1.91)</td><td>-0.0574*</td><td>(-1.72)</td></tr>
<tr><td>W×lncapitalH</td><td>-0.0107*</td><td>(-1.94)</td><td>-0.0360*</td><td>(-1.62)</td><td>0.0576**</td><td>(2.00)</td><td>-0.0234*</td><td>(-1.69)</td></tr>
<tr><td>W×lnknowledgeH</td><td>0.0314</td><td>(1.49)</td><td>0.0187**</td><td>(2.18)</td><td>-0.01703**</td><td>(-2.15)</td><td>0.0237**</td><td>(2.30)</td></tr>
<tr><td>W×lnlabourH*D</td><td>0.0401**</td><td>(2.49)</td><td>-0.0974*</td><td>(-1.84)</td><td>0.108*</td><td>(1.94)</td><td>0.0987**</td><td>(2.25)</td></tr>
</table>

续表

回归系数及显著性

变量	lnGTFP	Z值	lnPEC	Z值	lnPTC	Z值	lnSCH	Z值
W×lncapitalH*D	0.0400**	(2.35)	0.0112**	(2.13)	-0.0172	(-0.21)	0.0332**	(2.04)
W×lnknowledgeH*D	-0.0130	(-0.64)	0.0121	(1.04)	0.016	(0.30)	-0.0438**	(-2.16)
W×lnmarket	-0.00544	(-0.38)	-0.0284*	(-1.83)	0.021	(0.62)	-0.01954*	(-1.74)
W×lninstitution	0.0329**	(2.31)	-0.007	(-0.18)	0.00819	(0.22)	0.0204*	(1.73)
W×lneco	0.0157*	(2.02)	-0.0004	(-0.02)	-0.0009	(-0.04)	0.01618*	(1.72)
W×lnpgdp	-0.0542**	(-2.13)	-0.0249	(-0.58)	-0.0013	(-0.03)	0.00366	(0.22)
ρ	0.297***	(6.87)	0.0758*	(1.72)	0.136**	(2.41)	-0.0384	(-1.67)
Adj-R2	0.3389		0.3663		0.4156		0.4865	
sigma_e	0.00414***	(18.85)	0.0457***	(19.02)	0.0450***	(18.99)	0.00653***	(19.04)
样本数	725		725		725		725	

注：*$p<0.1$，**$p<0.05$，***$p<0.01$，圆括号内为标准误。

第六章 我国装备制造业GTFP演化的空间效应分析

表6-3 产业异质性作用于我国区域装备制造业GTFP及其分解指标的直接效应、间接效应和总效应

回归系数及显著性

变量	lnGTFP	Z值	lnPEC	Z值	lnPTC	Z值	lnSCH	Z值
直接效应								
lnlabourH	-0.0279*	(-1.74)	-0.0390*	(-1.73)	0.01876	(0.17)	0.00204	(0.19)
lncapitalH	0.0245***	(2.56)	0.0563*	(1.77)	-0.0401**	(-2.27)	0.0138**	(2.14)
lnknowledgeH	0.0178	(1.41)	-0.0120**	(-2.37)	0.0199*	(1.69)	0.00221	(0.18)
lnlabourH*D	0.0391**	(2.26)	0.0243**	(2.43)	0.0195	(0.35)	-0.00471	(-0.22)
lncapitalH*D	-0.0188*	(-1.74)	-0.0823*	(-2.10)	0.0850**	(2.18)	-0.00168	(-0.11)
lnknowledgeH*D	-0.0032	(-0.42)	0.0232*	(1.95)	-0.0258*	(-1.69)	0.000482	(0.05)
lnmarket	-0.0091*	(-1.35)	-0.0037	(-0.16)	-0.0081	(-0.36)	0.00319	(0.36)
lninstituiton	0.0163	(0.88)	-0.0154	(-1.22)	0.0212*	(1.88)	-0.0155*	(-1.64)
lneco	0.0030	(0.91)	0.01843	(0.81)	-0.0011	(-0.10)	-0.01573*	(-1.66)
lnpgdp	-0.0079	(-0.1)	0.00433	(0.16)	-0.0038	(-0.15)	-0.00466	(-0.45)
间接效应								
lnlabourH	-0.0940**	(-2.2)	0.0684*	(1.61)	-0.0905*	(-1.76)	-0.0528*	(-1.83)
lncapitalH	0.0155*	(1.75)	-0.0443*	(-1.75)	0.0471*	(1.77)	-0.0270**	(-2.30)
lnknowledgeH	0.0319*	(1.88)	0.0129	(0.28)	0.00158	(1.00)	0.0246*	(1.81)
lnlabourH*D	0.1218***	(2.44)	-0.112*	(-1.86)	0.114*	(1.84)	0.0929**	(2.09)
lncapitalH*D	-0.0416	(-1.41)	0.00943	(0.12)	-0.0016	(-1.02)	0.0339*	(1.63)

119

续表

回归系数及显著性

总效应

变量	lnGTFP	Z值	lnPEC	Z值	lnPTC	Z值	lnSCH	Z值
lnknowledgeH*D	-0.0299	(-1.46)	0.00124	(0.02)	0.0108	(0.19)	-0.0437**	(-2.41)
lnmarket	-0.0152	(-1.29)	-0.0252	(-0.77)	0.0278	(0.83)	-0.00757	(-0.64)
lninstitution	0.0312**	(2.27)	-0.0033	(-0.09)	0.0172	(0.44)	0.0220*	(1.61)
lneco	0.0074	(0.70)	0.00317	(0.12)	0.00176	(0.06)	0.01724*	(1.79)
lnpgdp	-0.0248*	(-1.61)	-0.0291	(-0.67)	-0.005	(-0.11)	0.00274	(0.17)
lnlabourH	-0.1219***	(-2.65)	0.0293	(0.25)	-0.0717*	(-1.67)	-0.0508**	(-2.32)
lncapitalH	0.04	(0.78)	0.012	(0.20)	0.007	(0.11)	-0.0132	(-0.66)
lnknowledgeH	0.0497**	(2.19)	0.00084	(0.02)	0.0199	(0.42)	0.0268*	(1.79)
lnlabourH*D	0.1609***	(2.85)	-0.0874***	(-2.62)	0.133*	(1.90)	0.0882*	(1.89)
lncapitalH*D	-0.0604	(0.96)	-0.0729*	(-1.85)	0.0834*	(1.93)	0.0322**	(2.13)
lnknowledgeH*D	-0.0331	(-1.40)	0.0244	(0.41)	-0.0151**	(-2.24)	-0.0432**	(-2.22)
lnmarket	-0.0244**	(-1.97)	-0.0289*	(-1.95)	0.0197	(0.61)	-0.00438	(-0.43)
lninstitution	0.0475***	(2.75)	-0.0188	(-0.27)	0.0384**	(2.09)	0.00648	(0.58)
lneco	0.0105	(0.84)	0.0216	(0.37)	0.0007	(0.02)	0.0015	(0.14)
lnpgdp	-0.0256*	(-1.79)	-0.0248*	(-1.71)	-0.0088	(-0.24)	-0.00193	(-0.16)

注：*$p<0.1$，**$p<0.05$，***$p<0.01$，圆括号内为标准误差。

第六章 我国装备制造业GTFP演化的空间效应分析

表6-4 基于全样本分时段我国装备制造业GTFP演化的空间杜宾模型回归结果

变量	1990—1995年	Z值	1996—1999年	Z值	2000—2006年	Z值	2007—2010年	Z值	2011—2015年	Z值
\multicolumn{11}{c}{回归系数及显著性}
\multicolumn{11}{c}{Main}
ln*labourH*	-0.190*	(-1.94)	0.121**	(2.45)	0.00517	(0.12)	-0.0107	(-0.08)	-0.460	(-1.36)
ln*capitalH*	0.0437	(1.12)	0.0137	(0.23)	0.0140	(0.93)	-0.127**	(-2.62)	0.248***	(3.16)
ln*knowledgeH*	-0.0228	(-0.72)	0.0255	(0.91)	-0.0174	(-0.62)	0.0259	(0.33)	-0.206	(-1.36)
ln*labourH*D*	0.111	(1.10)	-0.115***	(-2.57)	-0.0197	(-0.44)	0.0914	(1.31)	0.548**	(2.26)
ln*capitalH*D*	-0.0110	(-0.22)	0.0203	(0.64)	-0.00190	(-0.07)	0.0913	(1.48)	-0.136	(-1.30)
ln*knowledgeH*D*	0.0153	(0.37)	-0.0143	(-0.46)	0.0341	(1.27)	-0.111*	(-2.03)	0.0575	(0.40)
ln*market*	-0.0981***	(-3.14)	-0.00523	(-0.14)	0.00924	(0.61)	-0.0387*	(-1.65)	-0.0142	(-0.20)
ln*institution*	-0.145	(-1.45)	0.0968	(1.03)	-0.00604	(-0.35)	-0.0432*	(-2.54)	0.0245	(0.43)
ln*eco*	-0.0259*	(-1.73)	0.0339***	(3.09)	-0.0104	(-1.36)	0.00859	(0.54)	0.152**	(2.23)
ln*pgdp*	0.0148	(0.17)	0.0324	(0.31)	0.00798	(0.37)	-0.0979	(-1.15)	0.0151	(0.37)
\multicolumn{11}{c}{W权重}
ln*labourH*	-0.0650	(-0.31)	-0.149	(-1.34)	0.196**	(2.09)	-0.313	(-1.41)	-0.253	(-0.59)
ln*capitalH*	-0.0691	(-0.74)	-0.0422	(-0.40)	0.0230	(0.68)	0.0341	(0.34)	0.0125	(0.09)
ln*knowledgeH*	-0.149***	(-2.60)	0.0126	(0.25)	-0.0627	(-1.43)	0.00944	(0.07)	0.189	(0.99)
ln*labourH*D*	0.667***	(2.18)	0.188	(1.50)	-0.162*	(-1.72)	0.119	(0.59)	0.0797	(0.18)
ln*capitalH*D*	0.297**	(2.18)	0.0760	(1.27)	-0.0738	(-1.27)	-0.0731	(-0.58)	0.312*	(1.69)
ln*knowledgeH*D*	0.107	(1.16)	0.0756	(1.25)	0.0686	(1.43)	0.123	(1.03)	-0.304	(-1.41)
ln*market*	0.107**	(2.03)	0.0459	(0.63)	-0.0427	(-1.48)	-0.107**	(-2.35)	0.160	(1.00)

121

续表

变量	1990—1995年	Z值	1996—1999年	Z值	2000—2006年	Z值	2007—2010年	Z值	2011—2015年	Z值
\multicolumn{11}{c}{回归系数及显著性}
lninstitution	0.150	(1.04)	0.156	(1.35)	0.0709**	(2.00)	−0.0911**	(−2.50)	0.0994	(1.23)
lneco	−0.0846**	(−2.26)	−0.0548***	(−2.60)	0.0212	(1.13)	−0.0613*	(−1.63)	0.149	(1.03)
lnpgdp	−0.201	(−1.58)	−0.197	(−1.02)	−0.0236	(−0.71)	−0.243	(−1.38)	−0.194	(−1.59)
sigma2_e	0.236**	(2.38)	0.213*	(1.70)	−0.0117**	(−2.01)	−0.124**	(−2.17)	0.339***	(3.31)
sigma_e	0.00251***	(9.27)	0.000946***	(7.57)	0.00353***	(10.07)	0.000765***	(7.62)	0.00564***	(8.40)
\multicolumn{11}{c}{直接效应}
lnlabourH	−0.201**	(−2.29)	0.113***	(2.54)	0.00443	(0.12)	−0.0102	(−1.69)	−0.507*	(−1.78)
lncapitalH	0.0426	(0.90)	0.0158	(1.23)	0.0451*	(1.91)	−0.123**	(−2.31)	0.263***	(2.96)
lnknowledgeH	−0.0335	(−0.94)	0.0270	(0.88)	−0.0164	(−0.59)	0.0287	(1.37)	−0.192	(−1.28)
lnlabourH*D	0.163	(1.51)	−0.104**	(−2.36)	−0.0189	(−0.48)	0.0912	(1.38)	0.578**	(2.45)
lncapitalH*D	0.0151	(0.29)	0.0306	(0.98)	0.0369	(1.47)	0.101*	(1.86)	0.0952	(1.03)
lnknowledgeH*D	0.0289	(0.63)	−0.00528	(−0.16)	0.0348	(1.42)	−0.112**	(−2.27)	0.0301	(1.22)
lnmarket	−0.0911***	(−2.92)	−0.0115	(−1.01)	−0.0193	(−1.57)	−0.0361	(−1.42)	0.00458	(1.05)
lninstitution	−0.148	(−1.52)	−0.107*	(−1.96)	−0.00682	(−0.40)	−0.0441***	(−2.82)	0.0277	(1.49)
lneco	−0.0327*	(−1.93)	0.0298**	(2.54)	−0.0110	(−1.32)	0.00758	(0.45)	0.168**	(2.03)
lnpgdp	−0.0136	(−1.05)	−0.0147	(−1.15)	0.00670	(0.33)	−0.0994	(−1.17)	−0.0160	(−1.14)
\multicolumn{11}{c}{间接效应}
lnlabourH	−0.177	(−0.61)	−0.151	(−1.09)	0.204*	(1.94)	−0.306	(−1.40)	−0.622	(−1.20)
lncapitalH	−0.0828	(−0.62)	−0.0599	(−0.43)	0.0176	(0.55)	0.131**	(2.39)	0.130	(0.60)

续表

	回归系数及显著性							
变量	1990—1995年	Z值	1996—1999年	Z值	2000—2006年	Z值	2007—2010年	Z值	2011—2015年	Z值
lnknowledgeH	-0.219**	(-2.56)	0.0142	(1.06)	-0.0600	(-1.31)	-0.1809*	(-1.86)	0.136	(0.61)
lnlabourH*D	0.954***	(2.50)	0.214	(1.34)	-0.370**	(-2.58)	0.135	(0.70)	0.437	(0.73)
lncapitalH*D	0.376**	(2.01)	0.0978	(1.19)	-0.0718	(-1.44)	-0.0867*	(-1.77)	0.344	(1.46)
lnknowledgeH*D	0.167	(1.22)	0.108	(1.33)	0.164**	(2.24)	0.124	(1.15)	-0.360	(-1.42)
lnmarket	-0.107*	(-1.77)	0.0624	(0.76)	-0.0405	(-1.40)	-0.114**	(-2.41)	0.255	(1.09)
lninstitution	0.160	(0.88)	0.215*	(1.80)	0.0731**	(2.10)	-0.0887**	(-2.35)	0.175*	(1.61)
lneco	-0.118***	(-2.62)	-0.0583**	(-2.33)	0.0432*	(1.76)	-0.0550	(-1.46)	0.265	(1.18)
lnpgdp	-0.244	(-1.53)	-0.218	(-0.99)	-0.123	(-1.70)	-0.214	(-1.20)	-0.257	(-1.30)

	总效应							
变量	1990—1995年	Z值	1996—1999年	Z值	2000—2006年	Z值	2007—2010年	Z值	2011—2015年	Z值
lnlabourH	-0.378	(-1.15)	-0.0381	(-0.24)	0.209*	(1.88)	-0.316	(-1.34)	-1.129**	(-1.98)
lncapitalH	-0.0403	(-0.24)	-0.0441	(-0.26)	0.0627	(0.92)	0.008	(-0.99)	0.392	(1.58)
lnknowledgeH	-0.253**	(-2.38)	0.0412	(0.40)	-0.076**	(-2.59)	-0.152*	(1.88)	-0.0563	(-0.25)
lnlabourH*D	1.116**	(2.49)	0.110	(0.62)	-0.389**	(-2.59)	0.226	(1.15)	1.015	(1.50)
lncapitalH*D	0.391*	(1.75)	0.128	(1.24)	-0.0349	(-1.28)	0.0140	(1.12)	0.439	(0.97)
lnknowledgeH*D	0.196	(1.18)	0.103	(1.07)	0.199**	(2.74)	0.0120	(1.11)	-0.330	(-1.16)
lnmarket	-0.1981**	(-1.76)	0.0630	(0.73)	-0.0311	(-1.04)	-0.150***	(-3.22)	0.260	(0.90)
lninstitution	0.0118	(0.06)	0.108**	(2.53)	0.0663*	(1.82)	-0.133**	(-3.04)	0.203*	(1.67)
lneco	-0.151***	(-2.94)	-0.0285	(-0.96)	0.0322*	(1.73)	-0.0474	(-1.22)	0.433	(1.52)
lnpgdp	-0.248*	(-1.67)	-0.232	(-0.83)	-0.166*	(-1.69)	-0.313	(-1.54)	-0.263	(-1.21)
样本数	174		116		203		116		145	

注：*$p<0.1$，**$p<0.05$，***$p<0.01$，圆括号内为标准误。

表6-5 基于全样本分时段我国装备制造业PEC演化的空间杜宾模型回归结果

回归系数及显著性

变量	1990—1995年	Z值	1996—1999年	Z值	2000—2006年	Z值	2007—2010年	Z值	2011—2015年	Z值
Main										
ln*labourH*	−0.149	(−0.67)	0.0180	(0.14)	−0.112	(−0.29)	−0.704	(−1.31)	−0.294	(−0.65)
ln*capitalH*	−0.039	(−0.44)	−0.308**	(−2.01)	0.169*	(1.63)	0.069	(0.37)	0.328***	(3.12)
ln*knowledgeH*	−0.079	(−1.10)	−0.068	(−0.96)	−0.292*	(−1.72)	0.539	(1.44)	−0.064	(−0.31)
ln*labourH**D	0.398*	(1.73)	−0.021	(−0.18)	−0.074	(−0.29)	0.715	(1.29)	0.215	(0.66)
ln*capitalH**D	−0.080	(−0.72)	−0.091	(−1.12)	0.088	(0.62)	−0.358	(−1.14)	−0.243*	(−1.73)
ln*knowledgeH**D	0.053	(0.56)	0.100	(1.24)	0.044	(0.34)	−0.512	(−1.29)	−0.155	(−0.80)
ln*market*	0.044	(0.63)	−0.045	(−0.47)	0.323***	(3.38)	−0.094	(−1.12)	−0.008	(−0.09)
ln*institution*	−0.083	(−0.36)	−0.377	(−1.56)	0.013	(1.04)	−0.033	(−0.35)	−0.018	(−0.11)
ln*eco*	−0.0171	(−0.50)	0.060**	(2.15)	−0.014	(−0.27)	0.052	(1.28)	0.483***	(5.28)
ln*pgdp*	−0.514**	(−2.57)	0.040	(0.15)	0.443	(1.36)	0.0151	(1.03)	−0.070	(−1.29)
W权重										
ln*labourH*	−0.370	(−0.77)	−0.483*	(−1.73)	1.066*	(1.93)	−0.081	(−0.06)	−0.391	(−0.69)
ln*capitalH*	−0.014	(−0.07)	0.252	(0.92)	−0.096	(−0.46)	−0.018	(−0.05)	0.077	(0.41)
ln*knowledgeH*	−0.160	(−1.22)	−0.0307	(−0.24)	−0.0229	(−0.09)	−0.415	(−0.59)	0.143	(0.56)
ln*labourH**D	0.477	(0.81)	0.387	(1.23)	−0.938*	(−1.73)	0.00541	(1.00)	0.352	(0.62)
ln*capitalH**D	−0.302	(−0.97)	−0.212	(−1.38)	−0.340	(−1.13)	0.847	(1.26)	−0.0635	(−0.26)
ln*knowledgeH**D	0.428**	(2.03)	−0.0360	(−0.23)	0.419	(1.53)	0.240	(0.31)	−0.00591	(−0.02)
ln*market*	−0.115	(−0.95)	−0.264	(−1.40)	−0.142	(−0.74)	−0.115	(−0.61)	−0.414*	(−1.93)
ln*institution*	0.218	(0.66)	0.0942	(0.32)	−0.0876	(−0.43)	0.0775	(0.40)	0.104	(0.96)

续表

变量	1990—1995年	Z值	1996—1999年	Z值	2000—2006年	Z值	2007—2010年	Z值	2011—2015年	Z值
	回归系数及显著性									
lneco	−0.0843	(−0.99)	−0.114**	(−2.16)	0.103	(0.84)	0.0637	(0.59)	0.239	(1.23)
lnpgdp	0.610**	(2.11)	−0.129	(−0.26)	−0.722	(−1.26)	−0.00815	(−0.04)	0.0716	(0.44)
sigma2_e	0.117	(1.01)	0.0228	(0.15)	0.104	(0.92)	−0.0252	(−0.16)	0.0692	(0.58)
sigma_e	0.0131***	(9.31)	0.00624***	(7.62)	0.0475***	(10.06)	0.105***	(7.61)	0.0102***	(8.51)
	直接效应									
lnlabourH	−0.166	(−0.86)	0.0118	(0.10)	−0.0892*	(−1.72)	−0.712*	(−1.81)	−0.307	(−0.80)
lncapitalH	−0.0332	(−0.32)	−0.293*	(−1.74)	0.175	(1.56)	0.0838	(0.41)	0.338**	(2.90)
lnknowledgeH	−0.0835	(−1.06)	−0.0649	(−0.84)	−0.286*	(−1.63)	0.556	(1.51)	−0.0555	(−0.27)
lnlabourH*D	0.419*	(1.87)	−0.0159	(−0.14)	0.0912	(1.37)	0.721	(1.49)	0.224	(0.72)
lncapitalH*D	−0.0734	(−0.69)	−0.0798	(−1.10)	0.0997	(0.78)	−0.331	(−1.13)	−0.221*	(−1.78)
lnknowledgeH*D	0.0769*	(1.77)	0.108	(1.28)	0.0578	(0.46)	−0.504	(−1.34)	−0.159	(−0.87)
lnmarket	−0.0455	(−0.62)	−0.0408	(−0.42)	0.320**	(3.11)	−0.1000	(−1.11)	−0.0160	(−0.15)
lninstitution	−0.103	(−0.46)	−0.381*	(−1.73)	−0.00850	(−0.09)	−0.0415	(−0.45)	−0.0183	(−0.24)
lneco	−0.0212	(−0.56)	0.0567*	(1.90)	−0.0122	(−0.23)	0.0471	(1.05)	0.487***	(4.85)
lnpgdp	−0.513***	(−2.74)	0.0207	(0.08)	0.427	(1.32)	−0.172	(−1.05)	−0.0737	(−1.35)
	间接效应									
lnlabourH	−0.486	(−0.85)	−0.500*	(−1.77)	1.127*	(1.83)	0.0351	(0.02)	−0.460	(−0.83)
lncapitalH	0.0362	(0.94)	0.221	(0.75)	−0.108	(−1.50)	−0.0898	(−1.24)	0.0920	(0.43)
lnknowledgeH	−0.229*	(−1.78)	−0.0716	(−1.50)	−0.103	(−0.43)	−0.416	(−0.51)	0.115	(0.45)
lnlabourH*D	0.696	(1.01)	0.425	(1.28)	−1.043*	(−1.74)	−0.144	(−0.10)	0.435	(0.75)

续表

回归系数及显著性

总效应

变量	1990—1995年	Z值	1996—1999年	Z值	2000—2006年	Z值	2007—2010年	Z值	2011—2015年	Z值
lncapitalH*D	−0.348	(−0.98)	−0.238*	(−1.90)	−0.379	(−1.08)	0.787	(1.29)	−0.127	(−0.54)
lnknowledgeH*D	0.525**	(2.06)	−0.00293	(−1.02)	0.475*	(1.68)	0.277	(0.31)	0.0261	(0.10)
lnmarket	−0.120	(−1.68)	−0.264	(−1.46)	−0.145	(−0.74)	−0.0940	(−0.42)	−0.427*	(−1.86)
lninstitution	0.264	(0.74)	0.0608	(0.19)	−0.126	(−0.49)	0.0808	(1.41)	0.131	(1.19)
lneco	−0.0996*	(−1.75)	−0.113**	(−2.28)	0.132	(0.93)	0.0658	(0.57)	0.270	(1.29)
lnpgdp	0.623*	(1.92)	−0.102	(−0.22)	−0.617	(−1.02)	−0.00208	(−0.01)	0.0896	(0.48)
lnlabourH	−0.652	(−1.04)	−0.488*	(−1.75)	1.038*	(1.60)	−0.677	(−0.42)	−0.767	(−1.45)
lncapitalH	0.003	(−0.22)	0.072**	(2.21)	0.067	(0.28)	−0.005	(−0.02)	0.430*	(1.86)
lnknowledgeH	−0.313*	(−1.62)	−0.137	(−1.88)	−0.389*	(−1.71)	0.139	(0.16)	0.059	(0.29)
lnlabourH*D	1.115	(1.41)	0.409	(1.15)	−0.952*	(−1.71)	0.576	(0.36)	0.659	(1.09)
lncapitalH*D	−0.421*	(−1.72)	−0.318	(−1.43)	−0.279*	(−1.73)	0.455*	(1.70)	−0.348	(−1.46)
lnknowledgeH*D	0.602*	(1.93)	0.106	(0.54)	0.533*	(1.68)	−0.227	(−0.24)	−0.133	(−0.51)
lnmarket	−0.165*	(−1.93)	−0.305*	(−1.65)	0.176	(0.86)	−0.194	(−0.80)	−0.443	(−1.58)
lninstitution	0.161	(0.43)	−0.320	(−1.11)	−0.135	(−0.51)	0.0393	(0.18)	0.113	(1.01)
lneco	−0.121	(−1.27)	−0.055	(−0.98)	0.120	(0.76)	0.113	(0.87)	0.757***	(2.84)
lnpgdp	0.110	(0.39)	−0.081	(−0.17)	−0.191	(−0.27)	−0.174	(−0.05)	0.0159	(0.08)
样本数	174		116		203		116		145	

注：*$p<0.1$，**$p<0.05$，***$p<0.01$，圆括号内为标准误。

表6-6 基于全样本分时段我国装备制造业PTC演化的空间杜宾模型回归结果

<table>
<tr><th rowspan="3">变量</th><th colspan="10">回归系数及显著性</th></tr>
<tr><th>1990—1995年</th><th>Z值</th><th>1996—1999年</th><th>Z值</th><th>2000—2006年</th><th>Z值</th><th>2007—2010年</th><th>Z值</th><th>2011—2015年</th><th>Z值</th></tr>
<tr><th colspan="10">Main</th></tr>
<tr><td>lnlabourH</td><td>0.0135</td><td>(0.06)</td><td>0.265*</td><td>(1.62)</td><td>0.290</td><td>(0.91)</td><td>0.683</td><td>(1.25)</td><td>-0.215</td><td>(-0.38)</td></tr>
<tr><td>lncapitalH</td><td>-0.0680</td><td>(-0.74)</td><td>0.885***</td><td>(4.54)</td><td>-0.179**</td><td>(-2.09)</td><td>-0.0629</td><td>(-0.33)</td><td>-0.0419</td><td>(-0.32)</td></tr>
<tr><td>lnknowledgeH</td><td>0.0712</td><td>(0.96)</td><td>-0.0194</td><td>(-0.21)</td><td>0.194</td><td>(1.38)</td><td>-0.604</td><td>(-1.60)</td><td>-0.239</td><td>(-0.94)</td></tr>
<tr><td>lnlabourH*D</td><td>-0.185</td><td>(-0.78)</td><td>-0.210</td><td>(-1.42)</td><td>0.0884</td><td>(0.42)</td><td>-0.728</td><td>(-1.30)</td><td>0.317</td><td>(0.78)</td></tr>
<tr><td>lncapitalH*D</td><td>0.139</td><td>(1.20)</td><td>0.0122</td><td>(0.12)</td><td>0.0612</td><td>(0.52)</td><td>0.315</td><td>(0.99)</td><td>0.0677</td><td>(0.39)</td></tr>
<tr><td>lnknowledgeH*D</td><td>-0.0786</td><td>(-0.80)</td><td>0.0272</td><td>(0.26)</td><td>-0.0164</td><td>(-0.15)</td><td>0.586</td><td>(1.46)</td><td>0.284</td><td>(1.18)</td></tr>
<tr><td>lnmarket</td><td>-0.142*</td><td>(-1.93)</td><td>-0.0711</td><td>(-0.57)</td><td>-0.230***</td><td>(-2.92)</td><td>0.107</td><td>(1.26)</td><td>-0.0408</td><td>(-0.34)</td></tr>
<tr><td>lninstitution</td><td>-0.0192</td><td>(-0.08)</td><td>0.769**</td><td>(2.49)</td><td>0.0185</td><td>(0.22)</td><td>0.0654</td><td>(0.68)</td><td>-0.0215</td><td>(-0.23)</td></tr>
<tr><td>lneco</td><td>0.0276</td><td>(0.78)</td><td>-0.0227</td><td>(-0.64)</td><td>0.0361</td><td>(0.82)</td><td>-0.0468</td><td>(-1.13)</td><td>-0.339***</td><td>(-2.97)</td></tr>
<tr><td>lnpgdp</td><td>0.374*</td><td>(1.81)</td><td>-0.223</td><td>(-0.66)</td><td>-0.499*</td><td>(-1.86)</td><td>-0.0559</td><td>(-0.37)</td><td>0.0363</td><td>(0.53)</td></tr>
<tr><th colspan="10">W权重</th></tr>
<tr><td>lnlabourH</td><td>0.276</td><td>(0.55)</td><td>1.651***</td><td>(4.24)</td><td>-0.248</td><td>(-0.54)</td><td>-0.139</td><td>(-0.10)</td><td>0.241</td><td>(0.34)</td></tr>
<tr><td>lncapitalH</td><td>-0.0242</td><td>(-0.11)</td><td>-0.258</td><td>(-0.72)</td><td>0.126</td><td>(0.72)</td><td>0.0544</td><td>(0.14)</td><td>-0.175</td><td>(-0.75)</td></tr>
<tr><td>lnknowledgeH</td><td>0.0126</td><td>(0.09)</td><td>0.172</td><td>(1.06)</td><td>-0.0239</td><td>(-0.12)</td><td>0.685</td><td>(0.96)</td><td>0.276</td><td>(0.86)</td></tr>
<tr><td>lnlabourH*D</td><td>-0.291</td><td>(-0.48)</td><td>-1.498***</td><td>(-3.55)</td><td>0.110</td><td>(0.25)</td><td>0.0807</td><td>(0.06)</td><td>-0.0261</td><td>(-0.04)</td></tr>
<tr><td>lncapitalH*D</td><td>0.587*</td><td>(1.82)</td><td>0.279</td><td>(1.43)</td><td>-0.0590</td><td>(-0.24)</td><td>-1.018</td><td>(-1.49)</td><td>0.678**</td><td>(2.16)</td></tr>
<tr><td>lnknowledgeH*D</td><td>-0.299</td><td>(-1.37)</td><td>0.192</td><td>(0.97)</td><td>-0.0884</td><td>(-0.39)</td><td>-0.414</td><td>(-0.52)</td><td>-0.786**</td><td>(-2.22)</td></tr>
<tr><td>lnmarket</td><td>0.295**</td><td>(2.37)</td><td>1.034***</td><td>(4.27)</td><td>0.235</td><td>(1.47)</td><td>0.152</td><td>(0.81)</td><td>0.634**</td><td>(2.36)</td></tr>
<tr><td>lninstitution</td><td>-0.499</td><td>(-1.46)</td><td>0.266</td><td>(0.71)</td><td>0.291*</td><td>(1.71)</td><td>-0.215</td><td>(-1.10)</td><td>-0.00222</td><td>(-0.02)</td></tr>
</table>

续表

回归系数及显著性

变量	1990—1995年	Z值	1996—1999年	Z值	2000—2006年	Z值	2007—2010年	Z值	2011—2015年	Z值
lneco	0.00553	(0.06)	0.138**	(2.03)	0.00348	(0.03)	−0.142	(−1.30)	−0.170	(−0.72)
lnpgdp	−0.845***	(−2.82)	1.102*	(1.76)	0.236	(0.50)	0.000671	(0.03)	−0.224	(−1.10)
sigma2_e	0.224**	(2.13)	−0.171	(−1.21)	0.202*	(1.91)	0.0340	(0.22)	0.131	(1.16)
sigma_e	0.0140***	(9.26)	0.0102***	(7.59)	0.0324***	(10.01)	0.107***	(7.61)	0.0159***	

直接效应

变量	1990—1995年	Z值	1996—1999年	Z值	2000—2006年	Z值	2007—2010年	Z值	2011—2015年	Z值
lnlabourH	−0.0253*	(−1.72)	0.200*	(1.90)	0.273	(1.01)	0.680*	(1.70)	−0.214	(−0.45)
lncapitalH	−0.0659	(−0.60)	0.921***	(4.07)	−0.169*	(−1.84)	−0.0465*	(−1.92)	−0.0388	(−0.26)
lnknowledgeH	0.0727*	(1.87)	−0.0193	(−0.19)	0.201	(1.40)	−0.588*	(−1.58)	−0.225	(−0.88)
lnlabourH*D	−0.197	(−0.83)	−0.153	(−1.08)	0.106	(1.52)	−0.729	(−1.46)	0.320	(0.83)
lncapitalH*D	0.196*	(1.59)	0.0208	(0.22)	0.0756	(1.70)	0.334	(1.08)	0.121	(0.78)
lnknowledgeH*D	−0.0853*	(−1.79)	0.0305	(0.28)	−0.0213	(−0.20)	0.596*	(1.57)	0.254	(1.13)
lnmarket	−0.122*	(−1.64)	−0.102	(−0.82)	−0.222***	(−2.61)	0.102	(1.12)	−0.0150	(−1.11)
lninstitution	−0.076	(−0.33)	0.767***	(2.63)	0.026	(1.33)	0.056	(0.61)	−0.036	(−0.38)
lneco	0.026	(0.67)	−0.032	(−0.86)	0.036	(0.81)	−0.053	(−1.18)	−0.354***	(−2.78)
lnpgdp	0.313*	(1.65)	−0.291	(−0.85)	−0.489*	(−1.81)	−0.0680	(−1.46)	0.0239	(0.35)

间接效应

变量	1990—1995年	Z值	1996—1999年	Z值	2000—2006年	Z值	2007—2010年	Z值	2011—2015年	Z值
lnlabourH	0.292	(0.43)	0.467***	(4.43)	−0.275	(−0.51)	0.014	(1.01)	0.224	(0.30)
lncapitalH	−0.079	(−0.25)	−0.398	(−1.16)	0.0867	(0.45)	−0.115*	(−2.03)	−0.231	(−0.81)
lnknowledgeH	−0.012	(−0.06)	0.115***	(2.71)	−0.00867	(−0.04)	0.681*	(1.78)	0.227	(0.71)
lnlabourH*D	−0.285	(−0.34)	−0.310***	(−3.47)	0.179	(0.33)	−0.111	(−1.07)	0.080	(0.10)

续表

变量	1990—1995年	Z值	1996—1999年	Z值	2000—2006年	Z值	2007—2010年	Z值	2011—2015年	Z值
回归系数及显著性									
ln*capitalH*D*	0.792*	(1.80)	0.238	(1.29)	-0.064	(-0.20)	-1.129*	(-1.74)	0.735**	(2.36)
ln*knowledgeH*D*	-0.348	(-1.05)	-0.210*	(-1.94)	-0.114	(-0.42)	-0.362	(-0.38)	-0.796**	(-2.34)
ln*market*	0.335**	(2.29)	0.967***	(4.55)	0.199	(1.11)	0.183	(0.77)	0.755**	(2.47)
ln*institution*	-0.606	(-1.36)	0.118	(0.35)	0.333	(1.46)	-0.219*	(-2.03)	0.0186	(0.13)
ln*eco*	0.112*	(1.91)	0.134**	(2.45)	0.0319	(0.94)	-0.147	(-1.15)	-0.304	(-1.09)
ln*pgdp*	-0.937**	(-2.50)	1.074**	(2.00)	0.275	(0.49)	0.0132	(0.06)	-0.222	(-0.88)
总效应									
ln*labourH*	0.267	(0.42)	0.667***	(4.86)	-0.002	(-1.00)	0.695	(0.39)	0.019**	(2.01)
ln*capitalH*	-0.146	(-0.38)	0.523	(1.46)	-0.082	(-0.37)	-0.162	(-0.14)	-0.269	(-0.82)
ln*knowledgeH*	0.061	(0.26)	0.096**	(2.58)	0.193	(0.90)	0.093	(0.10)	0.0017	(0.01)
ln*labourH*D*	-0.482	(-0.50)	-0.463***	(-3.87)	0.284	(0.47)	-0.840	(-0.48)	0.401	(0.49)
ln*capitalH*D*	0.988**	(1.89)	0.259	(1.14)	0.011	(1.03)	-0.795	(-1.11)	0.856***	(2.64)
ln*knowledgeH*D*	-0.433	(-1.08)	-0.179	(1.16)	-0.135	(-0.44)	0.234	(0.23)	-0.541	(-1.52)
ln*market*	0.214*	(1.42)	0.865***	(4.44)	-0.023	(-1.12)	0.285	(1.08)	0.740**	(1.98)
ln*institution*	-0.682	(-1.39)	0.885***	(3.12)	0.360	(1.50)	-0.162*	(-1.68)	-0.017	(-0.12)
ln*eco*	0.138	(0.32)	0.101*	(1.73)	0.068	(0.46)	-0.200	(-1.41)	-0.658*	(-1.85)
ln*pgdp*	-0.624	(-1.79)	0.783	(1.48)	-0.213	(-0.32)	-0.054	(-0.28)	-0.198	(-0.74)
样本数	174		116		203		116		145	

注：$*p<0.1$，$**p<0.05$，$***p<0.01$，圆括号内为标准误差。

表6-7 基于全样本分时段我国装备制造业SCH演化的空间杜宾模型回归结果

变量	1990—1995年	Z值	1996—1999年	Z值	2000—2006年	Z值	2007—2010年	Z值	2011—2015年	Z值
					Main					
lnlabourH	-0.0555	(-0.76)	-0.164	(-1.19)	0.00826	(0.13)	0.0579	(0.19)	0.0364	(0.18)
lncapitalH	0.144***	(4.89)	-0.576***	(-3.50)	0.0486**	(2.19)	-0.283**	(-2.50)	-0.0111	(-0.24)
lnknowledgeH	-0.0154	(-0.65)	0.126*	(1.64)	0.0199	(0.48)	0.266	(1.42)	0.0686	(0.76)
lnlabourH*D	-0.0873	(-1.15)	0.115	(0.93)	0.00407	(0.06)	0.283*	(1.73)	-0.0124	(-0.09)
lncapitalH*D	-0.0709*	(-1.93)	0.110	(1.26)	-0.0487	(-1.25)	0.112	(0.77)	0.0143	(0.23)
lnknowledgeH*D	0.0427	(1.37)	-0.137	(-1.57)	-0.0303	(-0.76)	-0.156	(-1.21)	-0.0651	(-0.76)
lnmarket	-0.00335	(-0.14)	0.125	(1.19)	-0.0244	(-1.09)	-0.0629	(-1.15)	0.0333	(0.78)
lninstitution	-0.0414	(-0.55)	-0.288	(-1.11)	-0.0134	(-0.53)	-0.0600	(-1.51)	0.0722**	(2.14)
lneco	-0.0381***	(-3.39)	-0.00345	(-0.11)	-0.0204*	(-1.80)	0.142***	(3.80)	0.0163	(0.40)
lnpgdp	0.155**	(2.35)	0.184	(0.64)	-0.0585*	(-1.81)	-0.0270	(-0.14)	0.0424*	(1.76)
					W权重					
lnlabourH	0.0107	(0.07)	-1.237***	(-3.84)	-0.215	(-1.57)	0.161	(0.31)	-0.518**	(-2.06)
lncapitalH	-0.0390	(-0.55)	-0.00537	(-0.02)	-0.0122	(-0.24)	0.0678	(0.29)	0.216***	(2.62)
lnknowledgeH	-0.00409	(-0.09)	-0.0917	(-0.67)	0.0559	(0.87)	-0.434	(-1.35)	-0.204*	(-1.80)
lnlabourH*D	0.524***	(2.73)	1.246***	(3.51)	0.233*	(1.68)	-0.340	(-0.72)	0.307	(1.22)
lncapitalH*D	-0.0109	(-0.11)	0.0255	(0.15)	0.166*	(1.93)	0.0946	(0.32)	-0.266**	(-2.46)
lnknowledgeH*D	-0.0118	(-0.17)	-0.118	(-0.71)	-0.108	(-1.53)	0.312	(1.11)	0.371***	(2.97)
lnmarket	-0.0811**	(-2.05)	-0.694***	(-3.43)	0.00976	(0.23)	0.0577	(0.57)	-0.0466	(-0.49)
lninstitution	0.459***	(4.24)	-0.113	(-0.36)	-0.00635	(-0.12)	0.155*	(1.87)	-0.000746	(-0.02)

续表

变量	回归系数及显著性							
	1990—1995年	Z值	1996—1999年	Z值	2000—2006年	Z值	2007—2010年	Z值	2011—2015年	Z值
lneco	−0.0129	(−0.46)	−0.0705	(−1.23)	−0.0464*	(−1.69)	0.205**	(2.35)	0.167**	(2.00)
lnpgdp	0.0548	(0.57)	−1.245**	(−2.35)	0.0230	(0.47)	0.0320	(0.08)	−0.0458	(−0.63)
sigma2_e	−0.168	(−1.22)	−0.185	(−1.34)	−0.0698	(−0.60)	0.258*	(1.84)	−0.653***	(−5.41)
sigma_e	0.00142***	(9.28)	0.00721***	(7.58)	0.00771***	(10.07)	0.00419***	(7.53)	0.00198***	(8.11)

直接效应

	1990—1995年	Z值	1996—1999年	Z值	2000—2006年	Z值	2007—2010年	Z值	2011—2015年	Z值
lnlabourH	−0.0566	(−0.88)	−0.114*	(−1.92)	0.117	(1.21)	0.0678*	(0.26)	0.121	(1.56)
lncapitalH	0.149***	(4.49)	−0.567***	(−3.06)	0.0508**	(2.09)	−0.278**	(−2.17)	−0.0405	(−1.68)
lnknowledgeH	0.0143	(1.56)	0.137	(1.60)	0.0201	(0.48)	0.244	(1.37)	0.113	(0.98)
lnlabourH*D	−0.108	(−1.43)	0.0627	(0.49)	0.000710	(0.91)	0.271	(1.74)	−0.0662	(−0.38)
lncapitalH*D	−0.0661**	(−1.97)	0.126*	(1.63)	−0.0564	(−0.93)	0.141	(1.08)	0.0718	(1.07)
lnknowledgeH*D	0.0467	(1.50)	−0.126	(−1.38)	−0.0269	(−0.73)	−0.136	(−1.15)	−0.135	(−1.37)
lnmarket	0.000695	(0.03)	0.163	(1.52)	−0.0645*	(−1.81)	−0.0586	(−1.02)	0.0430	(0.87)
lninstitution	−0.0677	(−0.85)	−0.289	(−1.17)	−0.0146	(−1.58)	−0.0537	(−1.33)	0.0725*	(1.75)
lneco	−0.0385***	(−3.04)	−0.00377	(−0.12)	−0.0205*	(−1.73)	0.160***	(3.67)	−0.00732	(−0.16)
lnpgdp	0.150**	(2.28)	0.216	(0.76)	−0.0611**	(−1.97)	−0.0282	(−0.13)	0.0505*	(1.69)

间接效应

	1990—1995年	Z值	1996—1999年	Z值	2000—2006年	Z值	2007—2010年	Z值	2011—2015年	Z值
lnlabourH	0.0133	(1.02)	−1.076***	(−4.18)	−0.395***	(−2.32)	0.260	(0.36)	−0.418*	(−1.76)
lncapitalH	−0.0609*	(−1.90)	0.0554	(0.20)	−0.0226	(−1.49)	−0.0369	(−1.14)	0.163**	(2.19)
lnknowledgeH	0.0135	(1.33)	−0.136	(−1.01)	0.0553	(0.86)	−0.528**	(−2.37)	−0.203**	(−1.72)
lnlabourH*D	0.522***	(2.88)	1.117***	(3.72)	0.311***	(2.43)	−0.284	(−0.47)	0.255	(1.17)

续表

回归系数及显著性

变量	1990—1995年	Z值	1996—1999年	Z值	2000—2006年	Z值	2007—2010年	Z值	2011—2015年	Z值
lncapitalH*D	0.0122	(1.01)	0.0171	(1.05)	0.165**	(2.25)	0.150	(0.42)	−0.228***	(−2.65)
lnknowledgeH*D	−0.0143	(−1.06)	0.0586	(1.38)	−0.106**	(−1.98)	0.347*	(1.75)	0.331***	(3.14)
lnmarket	−0.0731**	(−2.02)	−0.629***	(−3.63)	−0.141**	(−2.34)	−0.125*	(−1.88)	−0.0453	(−1.69)
lninstitution	0.436***	(4.22)	0.0734	(0.23)	−0.221*	(−2.04)	0.184***	(2.57)	−0.0269	(−1.59)
lneco	−0.00765	(−0.32)	−0.0582	(−1.27)	−0.0407	(−1.37)	0.350***	(2.94)	0.110*	(1.94)
lnpgdp	0.0347	(0.35)	−1.113**	(−2.47)	0.265*	(1.85)	0.109	(0.18)	−0.0488	(−0.81)

总效应

变量	1990—1995年	Z值	1996—1999年	Z值	2000—2006年	Z值	2007—2010年	Z值	2011—2015年	Z值
lnlabourH	−0.0433	(0.35)	−1.191***	(−4.33)	−0.278**	(−2.20)	0.327	(1.41)	−0.297**	(−2.30)
lncapitalH	0.0881	(1.13)	−0.511*	(−1.68)	0.0282	(0.58)	−0.315	(−0.96)	0.122**	(2.13)
lnknowledgeH	0.0279	(1.56)	0.00125	(0.01)	0.0754	(1.14)	−0.283*	(−1.72)	−0.0903*	(−1.81)
lnlabourH*D	0.414**	(2.03)	1.179***	(3.84)	0.311**	(2.31)	−0.133	(−1.02)	0.189	(1.30)
lncapitalH*D	−0.0539	(−0.65)	0.143	(0.63)	0.119*	(1.74)	0.291	(0.73)	−0.156***	(−2.69)
lnknowledgeH*D	0.0324	(1.52)	−0.067	(−1.10)	−0.133**	(−1.72)	0.211	(1.57)	0.196***	(3.07)
lnmarket	−0.0724**	(−2.28)	−0.466***	(−2.87)	−0.0204**	(−2.26)	−0.133*	(−1.82)	−0.0123	(−1.04)
lninstitution	0.369***	(3.49)	−0.216	(−1.46)	−0.236**	(−2.33)	0.131*	(1.92)	0.0456*	(1.67)
lneco	−0.0461*	(−1.88)	−0.0619	(−1.26)	−0.0612*	(−1.83)	0.510**	(2.52)	0.103*	(1.67)
lnpgdp	0.184**	(2.42)	−0.897**	(−2.05)	−0.0346	(−1.07)	0.0809	(1.11)	0.0117	(1.04)
样本数	174		116		203		116		145	

注：*$p<0.1$，**$p<0.05$，***$p<0.01$，圆括号内为标准误。

表6-8　1990—2015年我国装备制造业GTFP演化的空间杜宾回归结果

	东部地区	Z值	中部地区	Z值	西部地区	Z值
			Main			
ln*labourH*	0.0134**	(2.12)	−0.0132**	(−2.04)	−0.0318**	(−2.68)
ln*capitalH*	0.0283*	(1.75)	−0.0742*	(−1.83)	0.0174*	(1.82)
ln*knowledgeH*	0.0121*	(−1.71)	0.0114*	(1.85)	−0.0304**	(−2.12)
ln*labourH*D*	0.0242*	(1.75)	0.0213	(0.28)	0.0242*	(1.77)
ln*capitalH*D*	−0.0156	(−1.16)	−0.0413	(−0.52)	−0.0176***	(−2.34)
ln*knowledgeH*D*	0.0156*	(1.92)	0.0340*	(1.81)	−0.0129*	(−1.92)
ln*market*	−0.0159*	(−1.72)	−0.0801***	(−2.73)	−0.00949	(−1.04)
ln*institution*	0.0187***	(2.74)	−0.0252*	(−1.74)	−0.0189*	(−1.90)
ln*eco*	0.00137	(1.28)	0.0249**	(2.07)	0.000746	(0.14)
ln*pgdp*	0.00606	(0.40)	−0.0857	(−0.63)	−0.0146	(−1.03)
			W权重			
ln*labourH*	−0.0292***	(−2.70)	−0.121*	(−1.82)	−0.158***	(−2.72)
ln*capitalH*	−0.0105*	(−1.93)	0.0123	(0.13)	0.0166**	(2.20)
ln*knowledgeH*	0.0183***	(2.32)	−0.0164	(−0.31)	0.0690**	(2.20)
ln*labourH*D*	0.0611*	(1.80)	0.139*	(1.93)	0.149***	(2.61)
ln*capitalH*D*	0.0423**	(2.15)	0.472***	(3.23)	0.0175**	(2.44)
ln*knowledgeH*D*	−0.0170***	(−2.61)	−0.234***	(−2.81)	−0.0596**	(−2.54)
ln*market*	0.00337	(0.19)	−0.00537	(−0.15)	−0.00503	(−0.33)
ln*institution*	0.0314*	(1.93)	−0.106**	(−2.08)	−0.0233	(−1.27)
ln*eco*	−0.00648	(−0.68)	0.0210*	(1.86)	0.0272**	(2.21)
ln*pgdp*	0.00338	(0.15)	−0.0312	(−0.22)	0.00841	(0.33)
	0.0551*	(1.97)	0.374***	(4.99)	0.250***	(3.54)
sigma2_e			0.00618***	(8.46)		
sigma_e	0.00473***	(12.74)			0.00151***	(11.09)
			直接效应			
ln*labourH*	0.0123*	(1.90)	−0.0208*	(−1.92)	−0.0454**	(−2.19)
ln*capitalH*	0.0291**	(2.22)	−0.0728*	(−1.74)	0.0194*	(1.80)
ln*knowledgeH*	0.0145*	(1.98)	0.0103*	(2.20)	−0.0238*	(−1.86)
ln*labourH*D*	0.0264***	(2.93)	0.0527	(1.05)	0.0369*	(1.95)

续表

	东部地区	Z值	中部地区	Z值	西部地区	Z值
ln*capitalH**D	−0.0122	(−0.59)	0.0490*	(1.54)	−0.0144**	(−2.20)
ln*knowledgeH**D	0.0153**	(2.34)	−0.0183*	(−1.80)	−0.0178*	(−1.65)
ln*market*	−0.0157**	(−2.39)	−0.0861***	(−2.63)	−0.0104	(−1.03)
ln*institution*	0.0186**	(2.75)	−0.0481	(−1.36)	−0.0220**	(−2.21)
ln*eco*	−0.00213	(−0.42)	0.0313*	(1.90)	0.00183	(0.32)
ln*pgdp*	0.00519	(0.36)		(−1.82)	−0.0147	(−0.97)
间接效应						
ln*labourH*	−0.0271**	(−2.59)	−0.188**	(−2.23)	−0.204***	(−3.19)
ln*capitalH*	−0.0110*	(−1.93)	−0.0437	(−0.36)	0.0173**	(2.19)
ln*knowledgeH*	0.0149**	(2.20)	−0.0198	(−0.26)	0.0767**	(2.36)
ln*labourH**D	0.0157**	(2.17)	0.256**	(2.19)	0.185**	(2.57)
ln*capitalH**D	0.0427**	(2.33)	0.689***	(3.10)	0.0228*	(1.91)
ln*knowledgeH**D	−0.0132*	(−1.83)	−0.338***	(−2.74)	−0.0747***	(−2.66)
ln*market*	−0.0120**	(−2.12)	−0.0542*	(−2.01)	−0.00949	(−0.50)
ln*institution*	0.0309**	(2.00)	−0.179***	(−2.58)	−0.0323**	(−2.50)
ln*eco*	−0.00771	(−0.73)	0.0486**	(2.14)	0.0221	(1.39)
ln*pgdp*	−0.00179	(−0.08)	−0.0713	(−0.49)	0.00292	(0.10)
总效应						
ln*labourH*	−0.0148*	(−1.83)	−0.209**	(−2.19)	−0.249***	(−4.03)
ln*capitalH*	−0.0182*	(−1.73)	−0.116*	(−1.73)	0.0367**	(2.43)
ln*knowledgeH*	0.0294**	(2.14)	−0.0095	(−0.09)	0.0529*	(1.84)
ln*labourH**D	0.0421**	(3.41)	0.309**	(2.18)	0.222***	(2.73)
ln*capitalH**D	0.0305*	(1.77)	0.738***	(2.67)	0.0084**	(2.34)
ln*knowledgeH**D	−0.0178*	(−1.72)	−0.346**	(−2.30)	−0.0926**	(−2.51)
ln*market*	−0.0277*	(−1.85)	−0.140*	(−1.93)	−0.0199*	(−1.87)
ln*institution*	0.0495***	(2.81)	−0.227***	(−2.58)	−0.0543**	(−2.20)
ln*eco*	−0.00984	(−0.74)	0.0799**	(2.44)	0.0240	(1.25)
ln*pgdp*	0.00340	(0.13)	−0.0713	(−1.75)	−0.0118	(−0.39)
样本数	325		150		250	

注：*p< 0.1，**p< 0.05，***p< 0.01，圆括号内为标准误。

表6-9 1990—2015年我国装备制造业PEC演化的空间杜宾回归结果

	东部地区	Z值	中部地区	Z值	西部地区	Z值
Main						
ln*labourH*	0.0186*	(1.75)	−0.0455*	(−1.91)	0.169*	(1.85)
ln*capitalH*	0.0337*	(1.61)	−0.117	(−0.94)	−0.0341*	(−1.84)
ln*knowledgeH*	0.0163*	(1.70)	−0.0827*	(−1.82)	−0.121*	(−1.94)
ln*labourH*D*	0.0419**	(2.32)	0.0577*	(1.73)	0.0104**	(2.11)
ln*capitalH*D*	−0.0285**	(−2.30)	−0.0573	(−0.51)	−0.0499*	(−1.73)
ln*knowledgeH*D*	0.0137*	(2.05)	0.0423	(0.72)	0.00853	(0.21)
ln*market*	0.0239	(0.42)	−0.105**	(−2.53)	0.00595	(0.21)
ln*institution*	−0.0410*	(−1.84)	−0.0937**	(−1.96)	−0.0120	(−1.40)
ln*eco*	0.0146**	(2.23)	0.0170**	(2.01)	0.00343	(0.21)
ln*pgdp*	−0.0599*	(−1.96)	0.00990	(0.05)	0.0269	(0.63)
W权重						
ln*labourH*	0.201*	(1.84)	−0.109*	(−1.75)	−0.210**	(−2.21)
ln*capitalH*	0.167*	(1.71)	0.0753	(1.55)	−0.0587*	(−1.85)
ln*knowledgeH*	−0.153*	(−1.93)	−0.0270	(−0.36)	0.181*	(1.92)
ln*labourH*D*	−0.189*	(−1.97)	0.0584*	(1.82)	0.151*	(1.93)
ln*capitalH*D*	−0.0536	(−0.35)	0.147	(0.72)	−0.076*	(−1.64)
ln*knowledgeH*D*	0.198*	(1.72)	−0.0869*	(−1.74)	0.0127	(0.18)
ln*market*	−0.00412	(−0.05)	−0.0666**	(−2.28)	−0.0700*	(−1.85)
ln*institution*	0.0609*	(1.91)	−0.161**	(−2.23)	0.0616**	(2.12)
ln*eco*	−0.0848**	(−2.16)	0.0302*	(1.88)	0.0412	(1.12)
ln*pgdp*	−0.0714	(−0.79)	0.00189	(0.01)	0.0924	(1.20)
	0.192*	(1.92)	0.195**	(2.41)	0.110	(1.30)
sigma2_e			0.0122***	(8.61)		
sigma_e	0.0809***	(12.75)			0.0137***	(11.16)
直接效应						
ln*labourH*	0.0183**	(2.17)	−0.0568**	(−1.99)	0.0619*	(1.92)
ln*capitalH*	0.0392*	(1.75)	−0.106*	(−1.78)	−0.0315*	(−1.74)
ln*knowledgeH*	0.0169**	(2.22)	−0.0845*	(−1.94)	−0.111**	(−2.30)
ln*labourH*D*	0.0428*	(1.73)	0.0575*	(1.85)	0.0138**	(2.16)

续表

	东部地区	Z值	中部地区	Z值	西部地区	Z值
ln*capitalH**D	−0.0197	(−0.23)	−0.0339	(−0.30)	−0.0471*	(−1.73)
ln*knowledgeH**D	0.0160	(1.09)	0.0324*	(1.88)	0.00880	(0.24)
ln*market*	0.0245	(0.40)	−0.111**	(−2.53)	0.00268	(0.09)
ln*institution*	−0.0443*	(−1.93)	−0.110**	(−2.37)	−0.0127*	(−1.72)
ln*eco*	0.00153	(0.08)	0.0206**	(2.02)	0.00369	(0.23)
ln*pgdp*	−0.0643	(−1.08)	−0.00434	(−0.02)	0.0288	(0.62)
间接效应						
ln*labourH*	0.125*	(1.67)	−0.150*	(−1.85)	−0.211**	(−2.19)
ln*capitalH*	0.0614**	(2.19)	0.0379	(0.26)	−0.0778*	(−1.75)
ln*knowledgeH*	−0.169*	(−1.70)	−0.0538	(−1.64)	0.182*	(1.92)
ln*labourH**D	−0.221**	(−2.11)	−0.0122	(−0.05)	0.0308**	(2.16)
ln*capitalH**D	−0.0559	(−0.43)	0.184	(0.74)	−0.082*	(−1.71)
ln*knowledgeH**D	0.218**	(2.12)	−0.108*	(−1.80)	0.0178	(0.24)
ln*market*	−0.00824	(−0.11)	−0.103*	(−1.76)	−0.0765	(−1.54)
ln*institution*	0.0526*	(1.83)	−0.220***	(−2.93)	0.0747	(1.35)
ln*eco*	−0.0896**	(−2.08)	0.0427	(0.95)	0.0459	(1.12)
ln*pgdp*	−0.0967	(−1.12)	0.0292	(0.14)	0.0968	(1.20)
总效应						
ln*labourH*	0.144*	(1.69)	−0.207**	(−2.11)	−0.149*	(−1.93)
ln*capitalH*	0.101*	(1.88)	−0.0677	(−0.40)	−0.109**	(−2.11)
ln*knowledgeH*	−0.152*	(−1.83)	−0.138*	(−1.92)	0.0713	(0.96)
ln*labourH**D	−0.178*	(−1.75)	0.0453*	(1.71)	0.0445*	(1.82)
ln*capitalH**D	−0.0756	(−0.47)	0.150	(0.52)	−0.129*	(−1.93)
ln*knowledgeH**D	0.224*	(1.88)	−0.0757	(−0.49)	0.0266	(0.31)
ln*market*	0.0162	(0.28)	−0.214***	(−2.74)	−0.0738	(−1.27)
ln*institution*	0.0083**	(2.15)	−0.330***	(−3.64)	0.0620*	(1.70)
ln*eco*	−0.0881*	(−1.65)	0.0633*	(1.90)	0.0496	(1.02)
ln*pgdp*	−0.161*	(−1.60)	0.0249	(0.24)	0.126*	(1.67)
样本数	325		150		250	

注：*$p<0.1$，**$p<0.05$，***$p<0.01$，圆括号内为标准误。

表6-10　1990—2015年我国装备制造业PTC演化的空间杜宾回归结果

	东部地区	Z值	中部地区	Z值	西部地区	Z值
			Main			
ln*labourH*	−0.107*	(−1.92)	0.0473	(0.44)	0.0186	(0.10)
ln*capitalH*	−0.0413	(−0.65)	0.0730*	(1.83)	0.122*	(1.86)
ln*knowledgeH*	0.0278	(0.73)	0.0585*	(1.74)	0.0514	(0.50)
ln*labourH*D*	0.0632*	(1.85)	−0.0586	(−0.55)	−0.00727	(−0.06)
ln*capitalH*D*	0.0452	(0.51)	0.0139	(0.13)	−0.0151	(−0.17)
ln*knowledgeH*D*	−0.0413*	(−1.95)	−0.00398	(−0.07)	0.0286	(0.56)
ln*market*	−0.00376	(−0.07)	0.0320	(1.01)	−0.0394**	(−2.12)
ln*institution*	0.0337*	(1.73)	0.0646*	(1.62)	0.0596***	(2.55)
ln*eco*	0.00245	(0.13)	0.00338	(0.22)	−0.00947	(−0.46)
ln*pgdp*	0.0594	(1.00)	0.0130	(0.14)	−0.0183	(−0.34)
			W权重			
ln*labourH*	−0.0883	(−0.54)	−0.0164	(−0.10)	0.0138**	(2.02)
ln*capitalH*	−0.0413*	(−1.93)	−0.0580	(−0.51)	0.0342	(0.27)
ln*knowledgeH*	0.129*	(1.72)	0.0170	(0.24)	−0.111*	(−1.92)
ln*labourH*D*	0.165*	(1.89)	0.176*	(1.85)	0.0215*	(2.10)
ln*capitalH*D*	0.0105	(0.07)	0.273**	(2.38)	0.122*	(1.80)
ln*knowledgeH*D*	−0.158*	(−1.84)	−0.116**	(−2.02)	−0.0444	(−0.49)
ln*market*	−0.00984	(−0.14)	0.0327	(0.73)	0.0978*	(1.70)
ln*institution*	−0.0312	(−0.49)	0.0376	(0.61)	−0.119*	(−1.70)
ln*eco*	0.0737**	(1.98)	−0.00861	(−0.28)	−0.0488	(−1.03)
ln*pgdp*	0.0673	(0.78)	−0.157*	(−1.72)	−0.0837*	(−1.85)
	0.0435*	(1.86)	0.276***	(3.52)	0.168*	(2.02)
sigma_e	0.0730***	(12.74)	0.0121***	(8.56)	0.0224***	(11.13)
			直接效应			
ln*labourH*	−0.110*	(−1.79)	−0.0454*	(1.94)	0.0173	(0.12)
ln*capitalH*	−0.0378**	(−2.17)	0.0717*	(1.80)	0.130	(1.22)
ln*knowledgeH*	0.0324	(0.45)	0.0657**	(2.17)	0.0227	(0.49)
ln*labourH*D*	0.168*	(1.62)	0.0501*	(1.87)	0.0147**	(2.04)
ln*capitalH*D*	0.0543*	(1.66)	0.0552*	(1.79)	−0.0117	(−1.02)

续表

	东部地区	Z值	中部地区	Z值	西部地区	Z值
ln$knowledgeH*D$	−0.0442*	(−1.72)	−0.0187	(−0.38)	−0.0564*	(1.75)
ln$market$	−0.00349	(−0.06)	0.0371**	(2.07)	−0.0361*	(−1.93)
ln$institution$	0.0293*	(1.65)	0.0713*	(1.95)	0.0509*	(1.74)
lneco	0.00182	(0.09)	0.00357	(0.19)	−0.0135	(−0.66)
ln$pgdp$	0.0573	(1.02)	−0.0104	(−0.11)	−0.0245	(−0.42)
间接效应						
ln$labourH$	−0.0845	(−0.47)	0.00532	(0.02)	0.0227	(0.10)
ln$capitalH$	−0.0518*	(−1.83)	−0.0784	(−0.57)	0.0509	(0.37)
ln$knowledgeH$	0.120*	(1.72)	0.0603*	(1.74)	−0.120*	(−1.97)
ln$labourH*D$	0.144*	(1.75)	0.190*	(1.86)	−0.0124	(−0.05)
ln$capitalH*D$	0.0122**	(2.10)	0.367***	(2.54)	0.148*	(1.94)
ln$knowledgeH*D$	−0.149*	(−1.82)	−0.150**	(−2.10)	−0.0417	(−0.42)
ln$market$	−0.0148	(−0.21)	0.0624**	(2.07)	0.104*	(1.85)
ln$institution$	−0.0386	(−0.64)	0.0783*	(1.80)	−0.115*	(−1.95)
lneco	0.0726*	(1.76)	−0.00309	(−0.07)	−0.0581	(−1.03)
ln$pgdp$	0.0500	(0.59)	−0.208*	(−1.71)	−0.111	(−1.02)
总效应						
ln$labourH$	−0.195*	(−1.96)	−0.0401**	(−2.20)	0.0400	(0.18)
ln$capitalH$	−0.0896*	(−1.82)	−0.00670	(−0.04)	0.181**	(2.30)
ln$knowledgeH$	0.153*	(1.95)	0.126**	(2.12)	−0.0973*	(−1.65)
ln$labourH*D$	0.312*	(1.92)	0.240*	(1.76)	0.0023	(−0.06)
ln$capitalH*D$	0.0664**	(2.43)	0.422*	(1.63)	0.1363	(0.78)
ln$knowledgeH*D$	−0.193*	(−1.70)	−0.168**	(−2.11)	−0.0981	(−0.13)
ln$market$	−0.0183	(−0.32)	0.0995	(1.25)	−0.0683*	(1.85)
ln$institution$	−0.00930	(−0.17)	0.150*	(1.90)	−0.0639*	(−1.77)
lneco	0.0744	(1.42)	0.000480	(0.01)	−0.0716	(−1.08)
ln$pgdp$	0.107	(1.08)	−0.219**	(−2.11)	−0.135	(−1.30)
样本数	325		150		250	

注：*$p<0.1$，**$p<0.05$，***$p<0.01$，圆括号内为标准误。

表6-11 1990—2015年我国装备制造业SCH演化的空间杜宾回归结果

	东部地区	Z值	中部地区	Z值	西部地区	Z值
			Main			
ln*labourH*	0.121***	(2.82)	0.0143**	(2.06)	−0.115	(−0.96)
ln*capitalH*	0.0356	(1.57)	0.00617*	(1.84)	−0.0844	(−1.40)
ln*knowledgeH*	−0.0786**	(−2.21)	−0.00462**	(−2.36)	0.0387	(0.56)
ln*labourH*D*	−0.114**	(−2.46)	−0.000671	(−0.17)	0.0257	(−2.21)
ln*capitalH*D*	−0.0399	(−1.49)	−0.00736*	(−1.89)	0.0602	(1.03)
ln*knowledgeH*D*	0.0627***	(2.69)	0.00413**	(1.96)	−0.0442	(−1.30)
ln*market*	−0.0308*	(−1.76)	0.00155*	(1.72)	0.0191	(0.81)
ln*institution*	0.0137	(0.81)	−0.00213	(−1.41)	−0.0631**	(−2.46)
ln*eco*	−0.00452	(−0.54)	0.000108	(0.19)	0.00857	(0.62)
ln*pgdp*	0.0384	(1.30)	0.0164**	(−2.48)	−0.0264	(−0.72)
			W权重			
ln*labourH*	−0.107*	(−1.75)	0.00342	(0.57)	−0.00522	(−0.03)
ln*capitalH*	−0.0303	(−0.80)	−0.00429	(−0.99)	0.0131	(0.15)
ln*knowledgeH*	0.0447	(1.03)	0.00411	(1.53)	0.0235	(0.29)
ln*labourH*D*	0.167**	(2.40)	0.0136*	(1.73)	0.116*	(1.78)
ln*capitalH*D*	0.113**	(2.40)	0.0177**	(2.36)	−0.0202	(−0.20)
ln*knowledgeH*D*	−0.0851**	(−2.30)	−0.0111**	(−2.57)	−0.0514*	(−1.85)
ln*market*	0.000917	(0.04)	0.00481***	(2.79)	−0.0328	(−0.85)
ln*institution*	−0.0148	(−0.68)	−0.000870	(−0.37)	0.0230	(0.49)
ln*eco*	0.00223	(0.17)	0.00215*	(1.80)	0.0313	(0.99)
ln*pgdp*	−0.0224	(−0.55)	−0.00221	(−0.53)	−0.0195	(−1.00)
	0.0177	(0.27)	0.0382***	(2.45)	−0.106**	(−2.09)
sigma2_e	0.00584***	(12.75)				
sigma_e			0.00176***	(8.66)	0.0101***	(11.16)
			直接效应			
ln*labourH*	0.119***	(3.23)	0.0143**	(2.23)	0.116*	(1.70)
ln*capitalH*	0.0369	(1.52)	0.00632*	(1.81)	−0.0807**	(−2.25)
ln*knowledgeH*	−0.0767**	(−2.20)	−0.00448**	(−2.17)	0.0425*	(1.76)
ln*labourH*D*	−0.112***	(−2.66)	−0.000400	(−0.10)	−0.124*	(−1.93)

续表

	东部地区	Z值	中部地区	Z值	西部地区	Z值
ln$capitalH*D$	−0.0350	(−1.41)	−0.00675*	(−1.87)	0.0654**	(2.18)
ln$knowledgeH*D$	0.0616***	(2.97)	0.00390**	(2.09)	−0.0431**	(−2.40)
ln$market$	−0.0307	(−1.45)	0.00161*	(1.79)	0.0192	(0.73)
ln$institution$	0.0109	(0.67)	−0.00215	(−1.51)	−0.0667**	(−2.56)
lneco	−0.00492	(−0.60)	0.000168	(0.25)	0.00674	(0.50)
ln$pgdp$	0.0367	(1.25)	0.0187**	(−2.05)	−0.0272	(−0.66)
间接效应						
ln$labourH$	−0.109*	(−1.76)	0.00402	(0.57)	0.0144	(0.10)
ln$capitalH$	−0.0349	(−1.02)	−0.00513	(−1.13)	0.0126	(0.15)
ln$knowledgeH$	0.0375	(0.91)	0.00457*	(1.86)	0.0162	(0.20)
ln$labourH*D$	0.173**	(2.49)	0.0136*	(1.81)	0.0181*	(1.60)
ln$capitalH*D$	0.115**	(2.57)	0.0183**	(2.40)	−0.0203	(−0.24)
ln$knowledgeH*D$	−0.0836**	(−2.53)	−0.0112***	(−2.59)	−0.0414*	(−1.77)
ln$market$	−0.00364	(−0.13)	0.00533***	(3.07)	−0.0332	(−0.89)
ln$institution$	−0.0149	(−0.63)	−0.000753	(−0.32)	0.0345	(0.83)
lneco	0.000954	(0.08)	0.00244*	(1.74)	0.0289	(1.00)
ln$pgdp$	−0.0128	(−0.29)	−0.0277**	(−2.63)	−0.00306	(−0.05)
总效应						
ln$labourH$	0.00987	(0.14)	0.01832	(1.19)	0.1304	(−0.92)
ln$capitalH$	0.00193	(0.05)	0.00119	(0.26)	−0.0681**	(−2.00)
ln$knowledgeH$	−0.0392	(−1.10)	0.00934	(1.03)	0.0586**	(2.16)
ln$labourH*D$	0.0612*	(1.81)	0.0132**	(2.39)	0.110*	(1.76)
ln$capitalH*D$	0.0797*	(1.72)	0.0115**	(2.51)	0.0451*	(1.81)
ln$knowledgeH*D$	−0.0220*	(−1.85)	−0.00734*	(−1.64)	−0.0845*	(−1.76)
ln$market$	−0.0343*	(−1.90)	0.00694***	(3.02)	−0.0140*	(−1.75)
ln$institution$	−0.00398	(−0.19)	−0.00291	(−1.28)	−0.0322	(−0.75)
L$neco$	−0.00397	(−0.27)	0.00261	(1.42)	0.0357	(1.08)
L$npgdp$	0.0239	(0.62)	−0.009	(−1.55)	−0.0303	(−0.58)
样本数	325		150		250	

注：*$p<0.1$，**$p<0.05$，***$p<0.01$，圆括号内为标准误。

第六章 我国装备制造业GTFP演化的空间效应分析

表6-12 1990—2015年我国区域装备制造业GTFP的空间滞后模型回归结果

	回归系数及显著性							
	lnGTFP	Z值	lnPEC	Z值	lnPTC	Z值	lnSCH	Z值
Main									
ln*labourH*	−0.0456**	(−2.63)	−0.0247	(−0.38)	−0.0289	(−0.49)	0.0183**	(2.03)
ln*capitalH*	0.0222**	(2.22)	0.0384*	(1.66)	−0.0289	(−0.86)	0.0204***	(2.47)
ln*knowledgeH*	0.0122*	(1.77)	−0.00670	(−0.23)	0.0304**	(2.14)	−0.00802	(−0.67)
ln*labourH*D*	0.0508***	(2.59)	0.0207	(0.29)	0.0497*	(1.75)	−0.00776	(−0.29)
ln*capitalH*D*	−0.00935	(−0.71)	−0.0845*	(−1.84)	0.0840*	(1.88)	−0.0156*	(−1.92)
ln*knowledgeH*D*	−0.00607	(−0.72)	0.0209	(0.69)	−0.0294**	(−2.02)	0.00400	(0.35)
ln*market*	−0.0116*	(−1.69)	−0.0219	(−0.87)	0.0112	(0.48)	−0.000639	(−0.06)
ln*institution*	0.0109	(1.72)	−0.000986	(−0.04)	0.0220**	(2.00)	−0.0103**	(−2.02)
ln*eco*	0.01423**	(2.17)	0.0142*	(1.74)	−0.00369	(−0.30)	−0.01541**	(−2.20)
ln*pgdp*	−0.0243*	(−1.95)	−0.00262	(−0.05)	−0.0358*	(−1.85)	−0.000778	(−0.04)
	0.546***	(8.38)	0.0609	(0.25)	0.360**	(2.43)	−0.342*	(−1.60)
lambda	−0.330***	(−3.02)	0.0250	(0.10)	−0.252**	(−2.33)	0.290*	(1.74)
sigma2_e	0.00393***	(15.87)	0.0478***	(19.76)	0.0450***	(14.13)	0.00651***	(12.30)
直接效应									
ln*labourH*	−0.0503***	(−3.13)	−0.0261	(−0.46)	−0.0309	(−0.58)	0.00478	(1.02)
ln*capitalH*	0.0251*	(2.17)	0.0415**	(2.06)	−0.0280*	(−1.75)	0.0224*	(1.65)
ln*knowledgeH*	0.0135*	(1.65)	−0.00667	(−0.23)	0.0318**	(2.19)	−0.0184*	(−1.71)
ln*labourH*D*	0.0562***	(2.94)	0.0225	(0.35)	0.0531*	(1.86)	−0.00746	(−0.30)
ln*capitalH*D*	−0.00887	(−0.65)	−0.0808*	(−1.84)	0.0922**	(2.09)	−0.0142*	(−1.87)
ln*knowledgeH*D*	−0.01673*	(−1.82)	0.0209	(1.78)	−0.0309**	(−2.16)	0.00412	(0.39)
ln*market*	−0.0126*	(−1.79)	−0.0215*	(−1.86)	0.0122	(0.53)	−0.01662	(−1.01)
ln*institution*	0.0120*	(1.71)	−0.000977	(−0.03)	0.0230*	(1.88)	−0.0110	(−0.90)
ln*eco*	0.01478**	(2.34)	0.0143**	(2.20)	−0.00351	(−0.31)	−0.01591	(−1.28)
ln*pgdp*	−0.0284**	(−2.13)	−0.00839	(−0.17)	−0.0426*	(−1.99)	−0.00281	(−0.13)
间接效应									
ln*labourH*	−0.0494**	(−2.33)	−0.00176	(−0.06)	−0.0150	(−0.32)	−0.000787	(−0.10)
ln*capitalH*	0.0242**	(2.09)	0.01356**	(2.17)	−0.0164	(−0.55)	−0.00673	(−1.09)

续表

ln*knowledge*H	0.0134***	(2.38)	−0.000677	(−0.06)	0.0174*	(1.71)	0.00290	(0.69)
ln*labour*H*D	0.0554**	(2.33)	−0.00143	(−0.05)	0.0277	(0.57)	0.00269	(0.33)
ln*capital*H*D	−0.00825	(−0.60)	−0.00758	(−0.22)	0.0494**	(2.12)	0.01431*	(1.76)
ln*knowledge*H*D	−0.01684*	(−1.75)	0.00203	(0.15)	−0.0166*	(−1.74)	−0.00168	(−0.50)
ln*market*	−0.0123*	(−1.70)	−0.01407	(−1.30)	0.00657	(0.46)	−0.000465	(−0.12)
ln*institution*	0.0117**	(2.38)	−0.00117	(−0.12)	0.0119	(0.62)	0.00336	(0.74)
ln*eco*	0.01486**	(2.21)	0.00177	(0.20)	−0.000920	(−0.13)	0.0183**	(2.10)
ln*pgdp*	−0.0278*	(−1.93)	−0.00224	(−0.14)	−0.0239**	(−2.17)	0.01954	(1.01)
总效应								
ln*labour*H	−0.0998***	(−2.84)	−0.0279	(−0.37)	−0.0459	(−0.49)	−0.000309	(−0.02)
ln*capital*H	0.0493**	(2.21)	0.0551*	(1.94)	−0.0443*	(−1.70)	0.0156**	(2.39)
ln*knowledge*H	0.0269***	(2.55)	−0.00735	(−0.21)	0.0492**	(2.04)	−0.00550	(−0.63)
ln*labour*H*D	0.112***	(2.74)	0.0211	(0.27)	0.0808*	(1.78)	−0.00477	(−0.25)
ln*capital*H*D	−0.0171	(−0.63)	−0.0884*	(−1.81)	0.142*	(1.81)	0.00011*	(−1.83)
ln*knowledge*H*D	−0.0335*	(−1.79)	0.0229	(0.68)	−0.0474**	(−2.04)	0.00244	(0.30)
ln*market*	−0.0249*	(−1.80)	−0.0356*	(−1.83)	0.0187	(0.53)	−0.0171	(−0.07)
ln*institution*	0.0236*	(1.81)	−0.00215	(−0.07)	0.0350*	(1.83)	−0.00759*	(−1.89)
ln*eco*	0.02964**	(2.30)	0.0161*	(1.97)	−0.00443	(−0.25)	0.01409**	(−2.16)
ln*pgdp*	−0.0562**	(−2.11)	−0.0106	(−0.20)	−0.0664*	(−1.98)	0.01673	(−0.19)
样本数	725		725		725		725	

注：*$p<0.1$，**$p<0.05$，***$p<0.01$，圆括号内为标准误。

6.3 本章小结

本章利用1990—2015年我国省级装备制造业的面板数据，构建了空间面板杜宾模型，探析我国装备制造业绿色全要素生产率演化的空间异质性，实证分析发现：

首先，如果仅从总效应的视角来看，随着装备制造业专业化程度的提升，劳动异质性对本地装备制造业GTFP增长的作用由抑制转为推动，推动力主要来源于效率改善，对周边地区装备制造业GTFP的作用力亦是如此，推动力为技术进步和生产规模扩大，资本异质性对本地装备制造业GTFP增长的推动力减弱，主要是因为企业经营管理不善导致的效率落后。知识异质性对本地装备制造业GTFP增长的推

第六章 我国装备制造业GTFP演化的空间效应分析

动力可能会减弱,原因是专利结构落后阻碍了技术进步。也就是说,劳动异质性对装备制造业GTFP的影响印证了第二章的假设4,但是资本异质性和知识异质性对装备制造业GTFP的影响不能印证假设4。市场内亏损企业占比越大越不利于装备制造业整体GTFP的提升,印证了假设5a。制度环境和生态环境质量越高,越能推动装备制造业GTFP的增长,印证了假设5b和假设5c。

其次,在经济正常发展期(1990—1995年),随着装备制造业专业化程度的提高,劳动异质性的提高有助于本地的改善技术效率,提高相邻地区的规模效率,后者作用力更大,因此劳动异质性对相邻地区装备制造业GTFP的推动力大于本地区,从整体上来说,劳动异质性有助于地区装备制造业GTFP提升。资本异质性推动了本地和相邻地区装备制造业的技术进步,但是不利于本地规模效率的提升。知识异质性有利于本地和相邻地区装备制造业的效率改进,但是不利于本地的技术进步。两者作用力相抵,所以知识异质性的空间效应不显著。市场内亏损企业占比越大,越不利于本地和相邻地区的技术进步,也不利于扩大生产规模。生态环境的改善不利于本地和相邻地区的效率改进和生产规模扩大。在第一次金融危机期间(1996—1999年),在高度专业化的装备制造业中,劳动异质性阻碍了本地装备制造业的效率改进和技术进步,所以不利于GTFP的提高。资本异质性有助于扩大本地的生产规模,带来规模效应,但是不利于效率改进,知识异质性不利于相邻地区装备制造业的技术进步,所以在这一时期,资本和知识的异质性对装备制造业GTFP的作用力不显著。市场内亏损企业越多越不利于本地扩大装备制造业生产规模,但利于相邻地区的技术进步,制度环境中的国有资本投资越大,越有利于本地装备制造业的技术进步,但同样也不利于效率改进。生态环境的改善有助于推动相邻地区装备制造业的技术进步,但不利于效率改进。在第一次金融危机重振期间(2000—2006年),随着装备制造业专业化程度的提高,劳动异质性显著抑制了相邻地区的效率改进,但有助于扩大生产规模,而知识异质性显著地推动了相邻地区装备制造业的效率改进,但不利于提高规模效率。在这一时期,资本异质性的作用力不显著。市场亏损企业越多越不利于扩大本地、相邻地区装备制造业的生产规模,制度环境亦是如此,亏损企业退出市场抑制了本地装备制造业的技术进步,但有助于本地资源重组。在第二次金融危机期间(2007—2010年),在专业化程度高的装备制造业中,知识异质性有助于提高本地装备制造业的技术水平和规模效率。生态环境的改善提高了本地和相邻地区的规模效率,亏损企业越多越不利于本地和相邻地区扩大生产规模,在这一时期扩大国有资本投资并未能很好地提高装备制造业GTFP。综合来看,在两次金融危机期间,国有资本的扩大并不能及时起到"稳定器"的作用,其对生产效率的推动力并不明显,说明国有资本的投资缺乏灵活性,未能很快适应和扭转金融危机带来的不良影响。在第二次金融危机重振期间(2011—2015年),劳动异质性通过提高本地装备制造业技术效率而推动了GTFP增长。资

143

本异质性不利于本地区的效率改进，也不利于相邻地区扩大生产规模。生态环境的改善显著地推动了本地装备制造业的效率改进和规模效率，但不利于技术进步。而国有资本则通过扩大本地装备制造业生产规模效应来提高GTFP增长。

最后，分地区来看，随着装备制造业专业化程度的提升，劳动异质性对东部地区装备制造业GTFP的推动作用力最大，主要是因为技术进步和效率改善。而对西部地区的推动力最小，是因为受到了生产规模的制约。对周边地区装备制造业GTFP增长的推动力最大的是中部地区，主要是技术进步和生产规模扩大推动的。东部地区的资本异质性效率改善受阻导致对GTFP的推动力减弱，而西部地区则是因为生产规模和效率改进无效双重压力导致的推动力减弱。中部地区则是由于技术效率改进无效导致资本异质性抑制了装备制造业GTFP的提升。在东部地区，知识异质性能够显著地推动当地装备制造业GTFP的提高，但是在中部、西部地区，这种推动力就变成了抑制力，且随着专业化程度的提高，这种抑制作用力度会更强。市场内亏损企业占比越大越不利于东、中、西部地区装备制造业GTFP的增长，生态环境质量对中部地区装备制造业GTFP的推动力大。制度环境中的国有资本占比越大，越有助于东部和西部地区提高技术水平和改进效率，但不利于中部地区改善效率。

第七章 案例研究：广西提升装备制造业GTFP的困境与解决思路

装备制造业是广西工业化的核心，决定了广西在国际先进装备制造业价值链上的分工地位。国务院颁布的《中国制造2025》和广西《"十三五"规划》均强调培育和壮大先进装备制造业，推动工业化向中高端水平迈进。习近平总书记2017年4月视察广西提出，我国必须发展实体经济，不断推进工业现代化、提高制造业水平，不能脱实向虚。广西有条件在"一带一路"建设中发挥更大作用。要立足独特区位，释放"海"的潜力，激发"江"的活力，做足"边"的文章，全力实施开放带动战略，推动经济持续健康发展。因此，推进广西装备制造业转型升级、提质增效，要立足于习近平总书记对广西的"三大定位"，加快与"一带一路"沿线国家的深度合作，大跨步迈出广西装备制造业"走出去"的步伐。

7.1 广西装备制造业发展的机遇

7.1.1 "一带一路"沿线国家对基础设施建设市场需求较大

"一带一路"沿线国家囊括了亚非欧地区，大多数是发展中国家和新兴经济体，特别是东盟、中亚、北非等地区的国家基础设施建设较为薄弱，期待能够通过"一带一路"倡议的实施，加快本地区公路、铁路、电力、通信、信息等基础设施的建设，完善国家基础设施体系。根据有关数据统计与预测，"一带一路"沿线国家基础设施建设的市场需求占全球基础设施市场需求的近30%，约1.12万亿美元[171]。基于这一巨大市场需求，广西装备制造业应充分发挥自身优势，利用海外优势资源，提高生产效率，谋求更广阔的合作发展空间。广西毗邻东盟，部分东盟国家比如老挝、缅甸、越南等经济发展较为落后。虽然它们自然资源丰富，劳动生产要素价格比较低，但工业基础薄弱，交通、电力、通信等基础设施建设严重落后，这为广西装备制造业"走出去"提供了难得的海外发展机遇。

7.1.2 广西具有"走出去"的独特区位优势与平台优势

广西是西部地区唯一临海的省份，北部湾一湾连七国，拥有得天独厚的港口建设资源。广西共拥有一类口岸19个、二类口岸6个，中越边民互市点26个，口岸开发数量位于全国第三。2016年，广西口岸进出口货运量首次突破1亿吨，货值达到3455.5亿元人民币[172]。随着每年一度的中国—东盟博览会、中国—东盟商务与投资峰会在南宁举办，广西在东盟国家的知名度显著提升。近年来，广西充分利用沿边、沿江、沿海的区位优势及平台优势，开展各项区域合作。例如，广西享有中国—东盟自由贸易区（CAFTA）、大湄公河次区域合作（GMS）、"两廊一圈"（"两廊一圈"指的是"昆明—老街—河内—海防—广宁"和"南宁—凉山—河内—海防—广宁"经济走廊及环北部湾经济圈）、泛北部湾经济合作、内地与港澳经贸关系合作（CEPA）等多项跨区域合作优势，为广西装备制造业"走出去"奠定了坚实的合作基础。[173]2017年2月以来，广西与重庆、贵州和甘肃密切沟通协商，积极合作推进中新互联互通南向通道建设。中新互联互通南向通道是依托中新（重庆）战略性互联互通示范项目，以重庆为运营中心，以广西、贵州、甘肃为重要节点，通过铁路、公路、水运、航空等多种运输方式，经过广西北部湾等沿海沿边口岸，通达新加坡及东盟主要物流节点，进而辐射南亚、中东、澳洲等区域的复合型国际贸易物流通道。通道向北与中欧（渝新欧、兰州号）班列连接，利用兰渝铁路及甘肃的主要物流节点，连通中亚、南亚、欧洲等地区，建成后将实现丝绸之路经济带、"21世纪海上丝绸之路"及长江经济带的无缝连接。中新互联互通南向通道将是广西实现"三大定位"，发挥独特区位优势，融入"一带一路"建设的重要抓手。

7.1.3 广西装备制造业发展潜力大，对外输出具备广阔发展空间

"一带一路"东起新兴经济体聚集的亚太经济圈，西至经济较为发达的欧洲经济圈，中部是经济发展潜力大的经济凹陷区，沿线国家经济体制不同、经济发展速度各不相同，意味着有巨大的发展潜力和发展空间。经过多年发展，广西装备制造业不断壮大，已经形成具有一定经济规模、门类品种相对齐全、拥有相对比较优势、具备较高水平竞争力的产业体系，汽车、机械、电子和修造船工业是广西装备制造业的主要领域，拥有一批竞争力较强的装备制造业新技术和新产品。部分高端装备制造技术已经从依靠对外进口逐步转变为自主研发，并开始主动向国外输出，例如东风柳汽集团在英国建厂，广西玉柴集团与德国、美国等研究机构保持长期密切的研发合作。广西装备制造业"走出去"一方面可以对接海外市场需求，根据海外利益诉求进行供给侧结构性改革，增强产品竞争力。另一方面可寻求海外优势资源，形成资源互补，提高生产效率，为广西与"一带一路"沿线国家和地区开展产能合作奠定坚实基础。[173]

7.2 广西装备制造业GTFP的演化特征

从2010年以来，广西的装备制造业发展迅速，工业总产值大幅增长，2015年已经超过了6000亿元（如图7-1所示）。从细分子行业来看，2003年开始，除了仪器仪表设备制造业以外，其他六个子行业的工业总产值均有不同幅度的增长。交通设备制造业的工业总产值领先其他六个行业，且上升势头迅猛。计算机及电子设备制造业和电气设备制造业规模分别排名第二、三位。金属制品业的上升速度较快，但是总量和规模不及交通设备制造业（如图7-2所示）。在装备制造业规模迅速扩大的同时，随之带来了不可忽视的环境污染与能源消耗问题。自2007年以来，固体废物排放量陡然上升，工业二氧化硫排放量和能源消耗量连年上升，上升势头不容小觑。工业废水排放量和二氧化碳排放量近年来虽未有大幅增加，但下降速度缓慢（如图7-3所示）。

习近平总书记多次强调，要促进人与自然和谐共生，绿水青山就是金山银山。广西拥有得天独厚的生态环境，森林覆盖率达到了62.24%，居全国第三位、西部地区第一位。如果广西一味地扩大装备制造业规模，而不注意保护生态环境，那么广西经济增长将是一种病态的、不可持续的增长。因此，我们要重视经济发展效益与生态效益并重，贯彻绿色发展理念。在重视扩大经济规模的同时，更要注重环境保护。绿色全要素生产率指标（GTFP）不仅测度了技术在经济发展过程中的贡献度，而且还考虑了能源消耗与环境污染，是从绿色发展的角度，衡量装备制造业发展效率的重要指标。

1990—2015年，广西装备制造业的GTFP值基本在0.8~1.2内波动，2006年以来广西的GTFP值基本保持在1左右，但是值得注意的是，2013—2015年广西的GTFP值有下降的趋势，形势不容乐观（如图7-4所示）。与全国比较，广西在多个年份低于全国水平（如图7-5所示）。

从装备制造业细分子行业来看，1990—2001年，7个子行业的GTFP分异较大。计算机及电子设备制造业在20世纪90年代发展较好，但进入21世纪后，效率下降。仪器仪表设备制造业起伏波动较大，通用设备制造业和专用设备制造业效率不高。2001年以后，各子行业发展效率较为相近，2014—2015年金属制品业GTFP指标有小幅提升（如图7-6所示）。

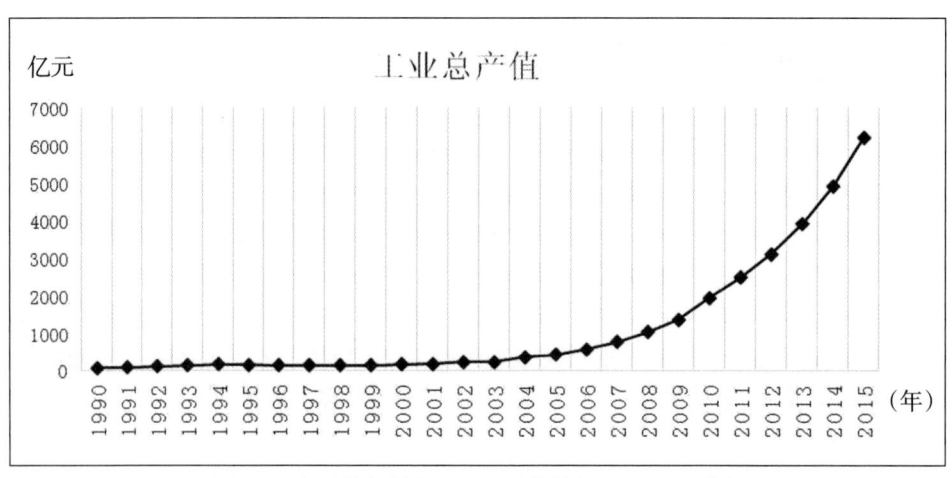

图7-1　广西装备制造业工业总产值(1990—2015年)

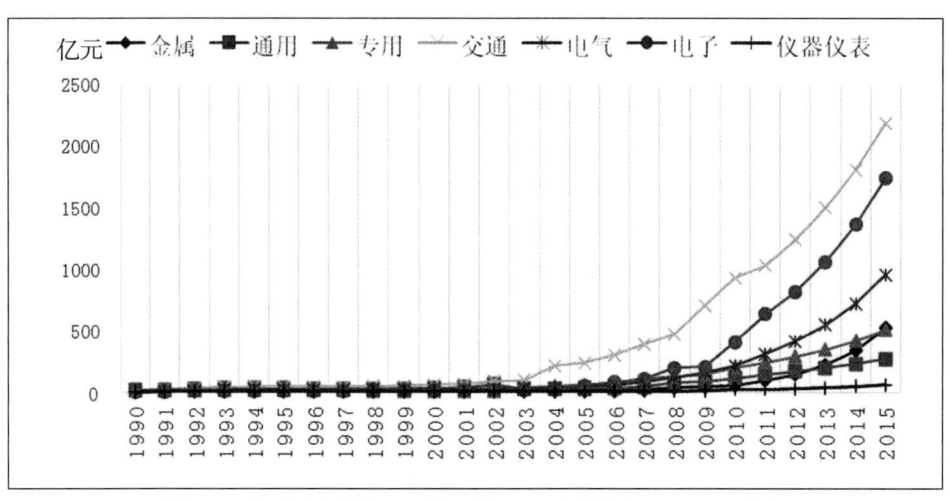

图7-2　广西装备制造业子行业的工业总产值(1990—2015年)

第七章 案例研究:广西提升装备制造业GTFP的困境与解决思路

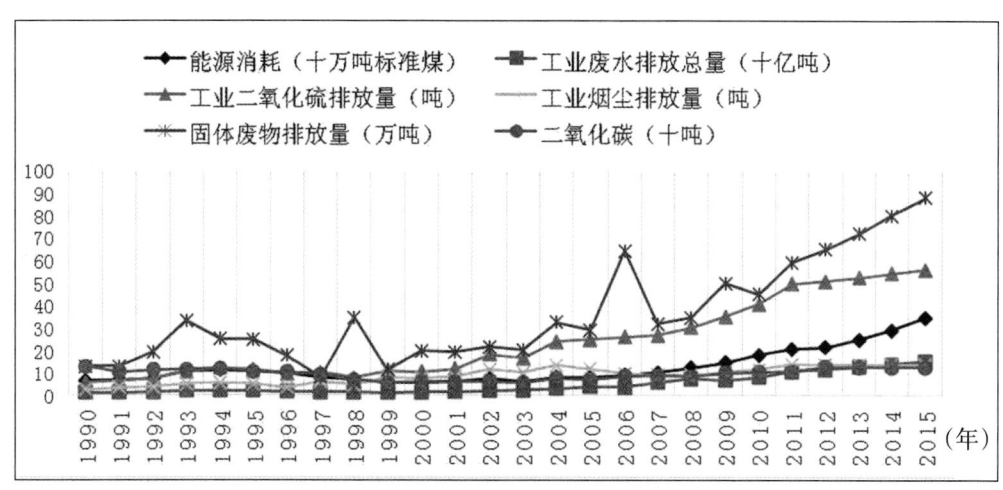

图7-3 广西装备制造业能源消耗、环境污染指标的演化轨迹(1990—2015年)

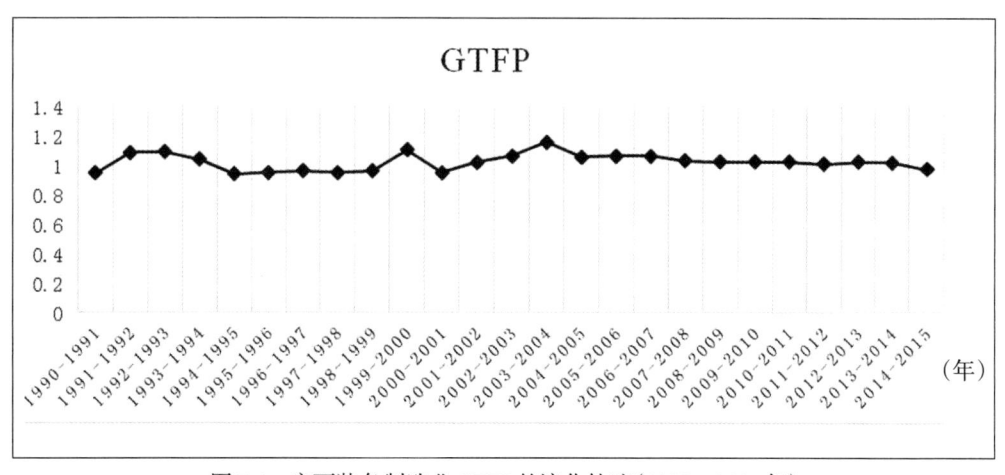

图7-4 广西装备制造业GTFP的演化轨迹(1990—2015年)

149

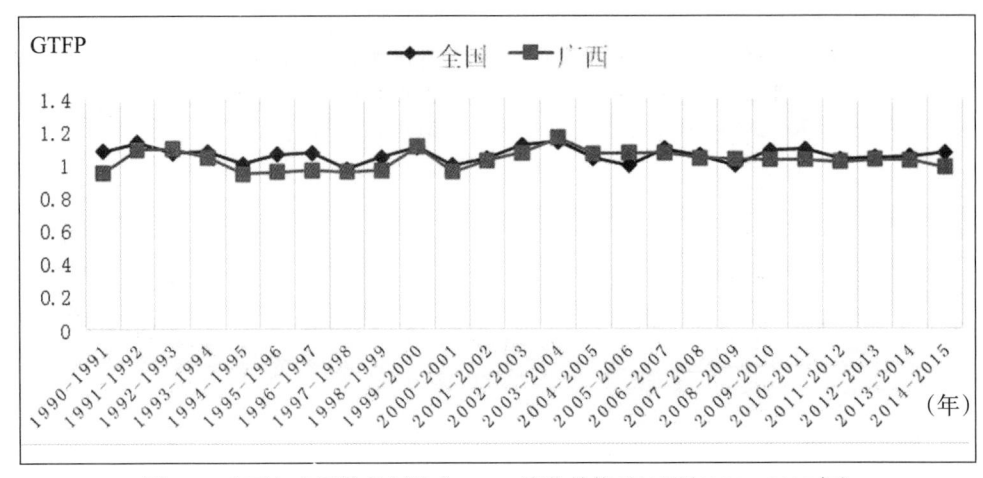

图7-5　广西与全国装备制造业 *GTFP* 演化趋势对比图（1990—2015年）

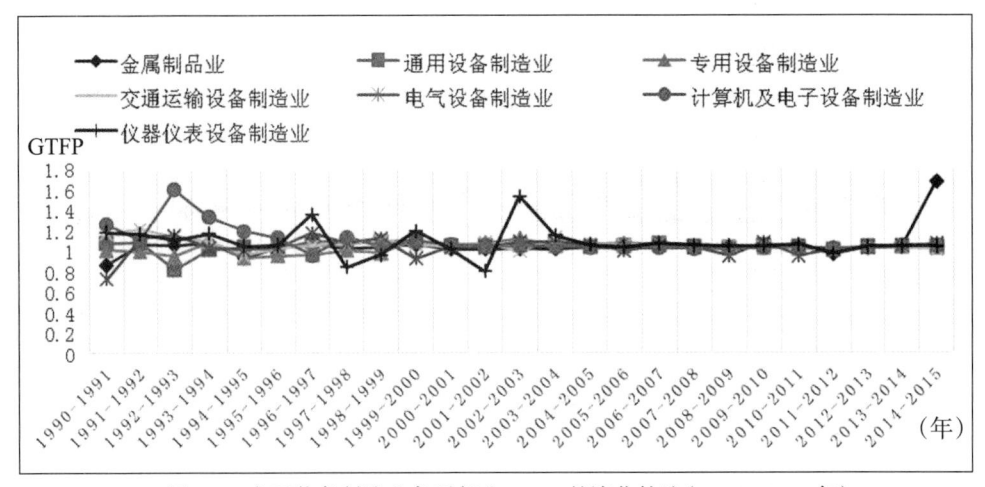

图7-6　广西装备制造业各子行业 *GTFP* 的演化轨迹（1990—2015年）

7.3　广西提升装备制造业GTFP面临的困境

7.3.1　劳动力质量不高，高素质人才队伍缺失

以劳动力的平均受教育年限乘以劳动力的数量来衡量劳动力质量。西部各省市对比来看，广西装备制造业的劳动力质量排名第三，与陕西相近，但是远低于四川。其余的西部省、自治区（青海、宁夏、新疆等地）装备制造业的劳动力质量相近。从发展趋势看，广西装备制造业的劳动力质量在1999—2006年经过低谷之

第七章 案例研究:广西提升装备制造业GTFP的困境与解决思路

后,2007年劳动力质量开始提升,这与工业总产值增长趋势相似。而且近年来劳动力质量有较大的上升趋势。陕西装备制造业的劳动力质量从1998年开始下滑,近年来提升速度较慢。四川装备制造业的劳动力质量自2007年以来大幅上升,且提升幅度大,遥遥领先于西部其他省份(如图7-7所示)。

与全国相比,2015年广东的装备制造业劳动力质量最高,其次是江苏和浙江。广西装备制造业的劳动力质量排名全国第18位,处于中后位置。与发达省份相比,劳动力质量仍差距较大(如图7-8所示)。说明广西的装备制造业劳动力质量不高,高素质人才队伍缺失。招不进人才,或招进了人才而留不住人才的问题普遍存在。2017年年初以来,武汉、西安、长沙、成都、郑州、济南等先后掀起"抢人"大战,而广西却迟迟未见政策出台,很有可能错失了塑造装备制造业优质人才队伍的良机。

从装备制造业的细分子行业看,广西交通运输设备制造业的劳动力质量最高,且从2008年开始劳动力质量大幅提升。自2010年来,广西的计算机及电子设备制造业的劳动力质量提高较快。相比之下,其他子行业的劳动力质量稍微逊色。其中,仪器仪表设备制造业的劳动力质量最低(如图7-9所示)。

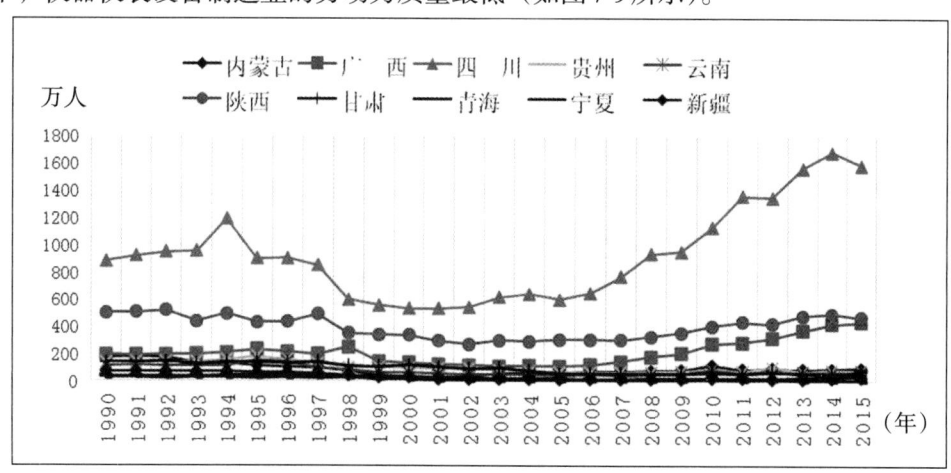

图7-7 广西与西部各省劳动力质量的比较(1990—2015年)

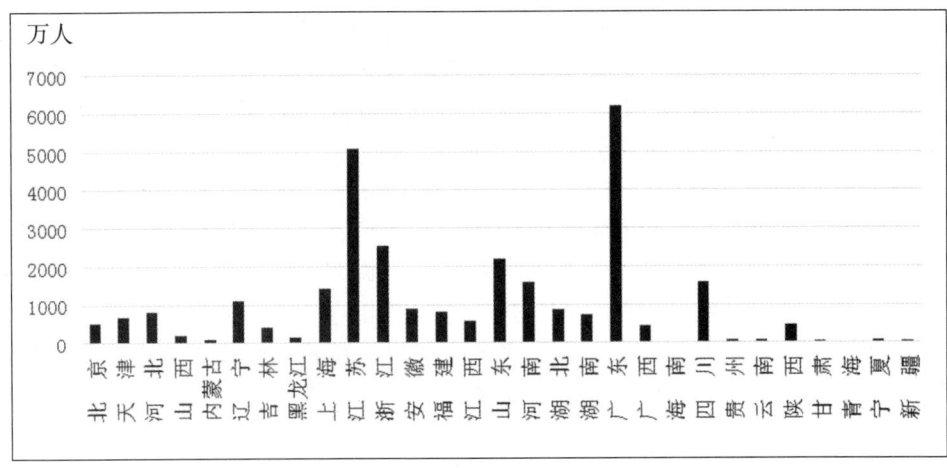

图7-8 广西与全国各省劳动力质量的比较(2015年)

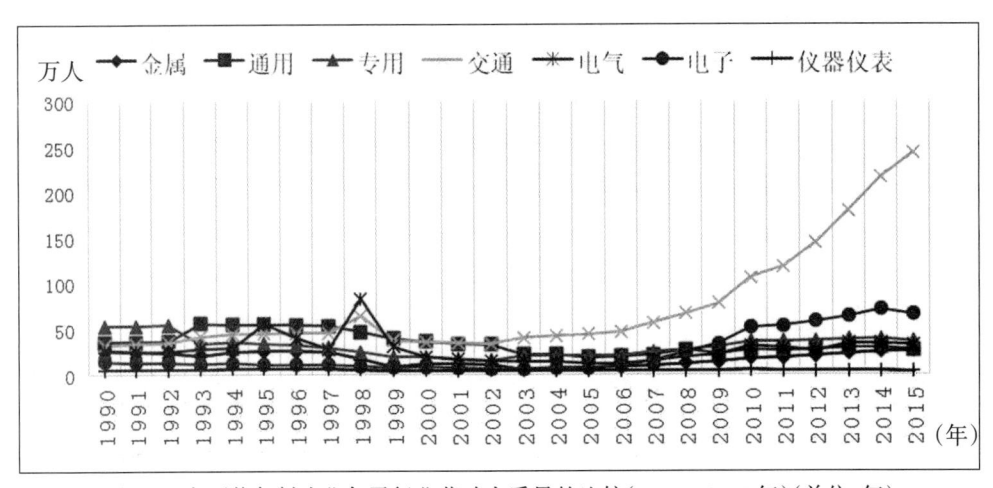

图7-9 广西装备制造业各子行业劳动力质量的比较(1990—2015年)(单位:年)

7.3.2 地区资本密度相对较小，创新活动不活跃

以从业人数的人均资本存量来衡量资本密度。一般来说，一个地区的资本密度越大，则经济越活跃。与全国水平相比，1990—2015年广西装备制造业的资本密度走势与全国基本相似。1998年开始，装备制造业资本密度增加明显。2001—2003年装备制造业资本密度小幅上升，2014—2015年资本密度上升速度快。2001—2005年广西的资本密度高于全国平均水平，但是2006年以后，广西的资本密度低于全国。与西部其他省份相比，近年来广西的资本密度上升较快，但是与云南相比，仍

第七章 案例研究：广西提升装备制造业GTFP的困境与解决思路

有一定差距。从细分子行业看，1990—2015年广西交通运输设备制造业的资本密度波动较大，2009年仪器仪表设备制造业的资本密度大幅提升，但在2013年以后迅速衰减。2010年以后通用设备制造业、专用设备制造业、金属制品业、电气设备制造业的资本密度均有不同程度的增长。其中，电气设备制造业增长较快（如图7-10、图7-11、图7-12所示）。

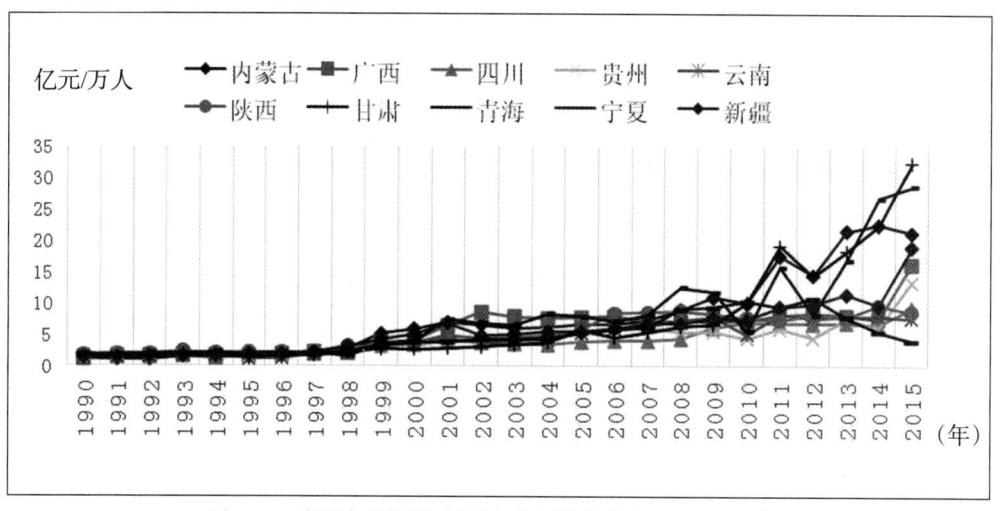

图7-10　广西与西部各省资本密度的比较（1990—2015年）

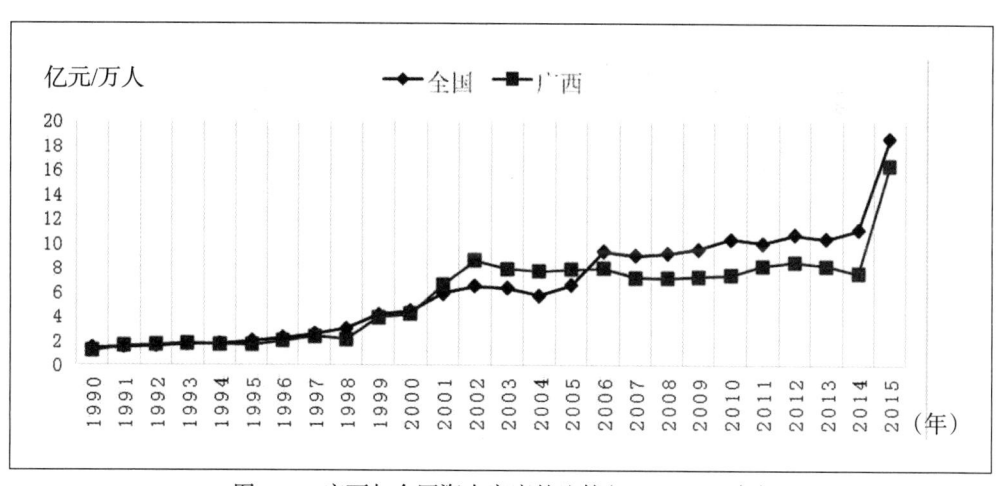

图7-11　广西与全国资本密度的比较（1990—2015年）

153

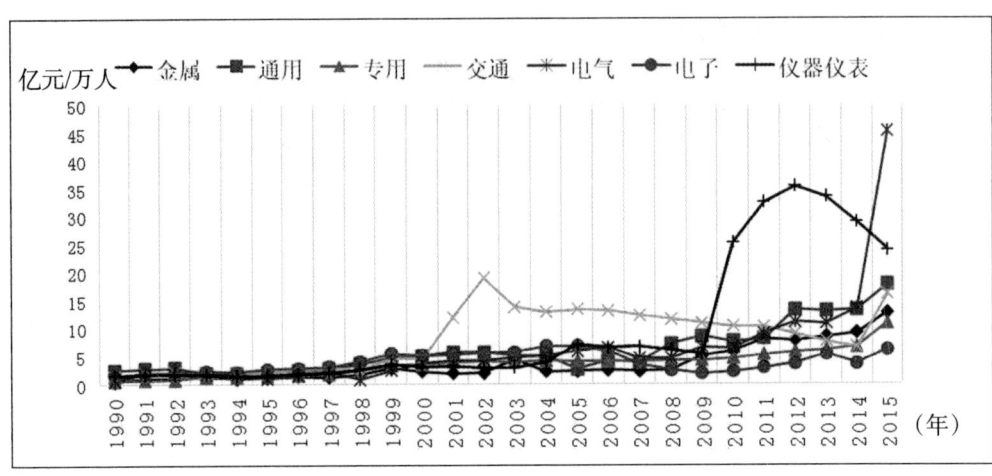

图 7-12 广西装备制造业子行业的资本密度比较(1990—2015年)

7.3.3 专利结构滞后,知识质量不高

以发明专利申请数量与专利申请数量相比来衡量专利结构,也从另一层面表示专利的质量。从表7-1可知,与其他西部省份相比,1990年与2015年广西装备制造业专利结构的排名基本没变,处于中下水平。与全国相比,广西装备制造业发明专利占比不足全国的10%(见表7-2所列)。专利结构滞后,专利质量低,在一定程度上反映出广西装备制造业的知识创新水平不高,创新能力不强。

表7-1 广西与西部各省专利结构的比较(1990年、2015年)(单位%)

1990年		2015年	
云南	0.124	云南	4.165
四川	0.099	贵州	3.406
陕西	0.075	四川	3.261
内蒙古	0.050	甘肃	3.039
甘肃	0.050	新疆	1.585
广西	0.050	广西	1.501
青海	0.050	内蒙古	1.468
贵州	0.025	陕西	1.392
新疆	0.025	宁夏	1.084
宁夏	0.025	青海	0.388

表7-2　广西与全国专利结构的比较（1990、2015年）（单位%）

	1990年	2015年
全国	2.485	27.619
广西	0.050	1.501

7.3.4　生产专业化度水平较低，高端装备制造业发展滞后

与先进省份相比，广西的装备制造业生产专业化度水平较低。2011年以来，广西的装备制造业生产专业化水平提升速度较快，但与1990年相比，并无太大进步。从子行业看，交通设备制造业和专用设备制造业专业化水平较高。2012年以来，金属制品业的专业化水平稳步提升，但是计算机及电子设备制造业和仪器仪表设备制造业的专业化水平偏低，且从1990年以来它们的生产专业化度一直处于较低水平（如图7-13、图7-14所示）。

目前，广西高端装备制造业发展滞后，虽然2016年广西高端装备制造业企业已发展到134家，但其产值仅占装备制造业的6.5%。广西装备制造业发展水平不高，其最根本的原因是研发投入不足、产业低端、产品层次不高。2015年，广西装备制造业研发经费投入占主营业务收入0.93%，研发经费投入与其工业增加值增速并不相称。其中，计算机、通信和其他电子设备制造业研发经费投入占主营业务收入0.19%，低于全国1.67个百分点，电子产品基本上以零部件代加工为主，原材料、人才、科研等资源的外依存度较高，缺乏拥有自主知识产权的高技术部件、高集成整机技术与高端终端产品的大企业，产业发展层次低端；机械工业中的电气机械和器材制造业研发经费投入占主营业务收入的比例低于全国1.01个百分点，铁路、船舶、航空航天和其他运输设备制造业经费投入占主营业务收入的比例低于全国2.0个百分点，机械装备制造所需的高端钢材尚不能自产，有的核心部件甚至依赖进口，中高档数控机床技术基础弱、信息化应用程度不高，高端产业链的延伸、产业层次的提高和整体增值能力的增强仍显不足；面对不进则退、慢进也是退的竞争环境，汽车制造业尚未能及时推出适应消费者个性的新款车型、高档整车，强势开拓新兴销售市场的力度仍需加强。[174]

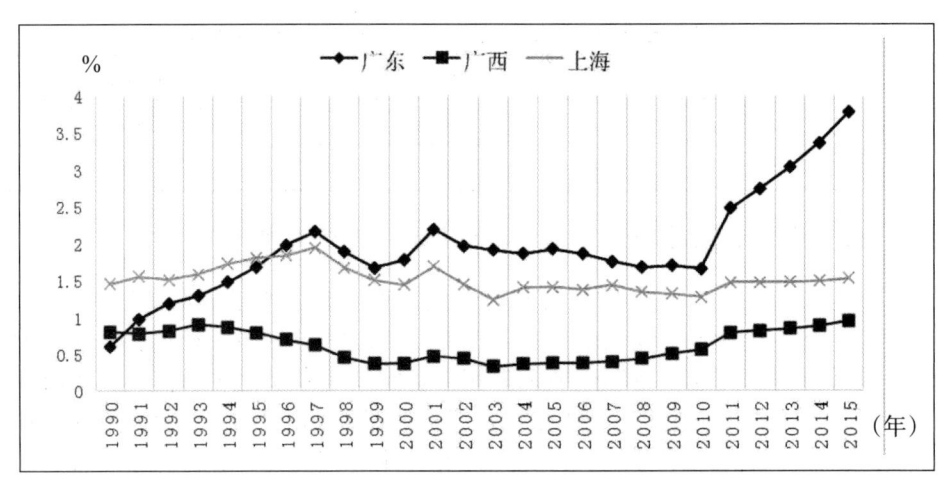

图7-13 广西与其他省份装备制造业生产专业化度的对比

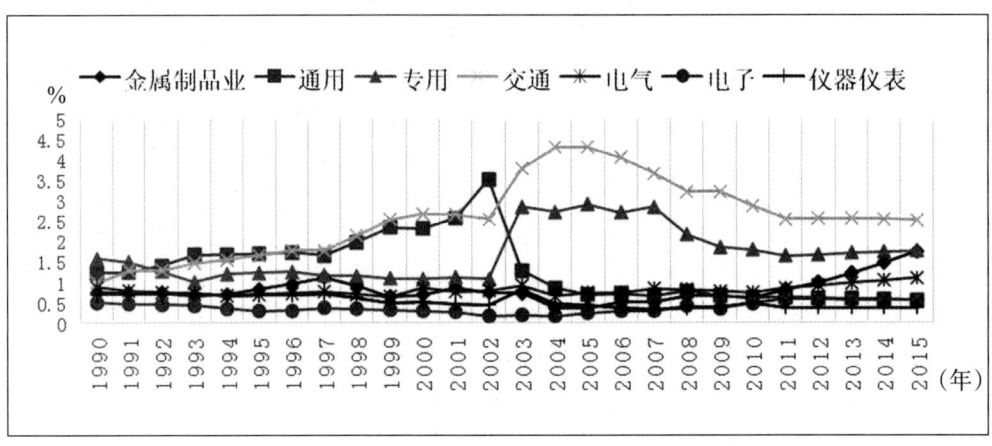

图7-14 广西装备制造业子行业的生产专业化度

7.3.5 外部环境推动力各不相同

1. 制度环境

广西为推动高端装备制造业发展出台了不少政策文件（见表7-3所列），针对企业融资少、技术改进难等问题实施了有效措施。但总体来讲，广西装备制造业的GTFP有待进一步提高。

表7-3　广西关于装备制造业发展的主要政策文件

年份	政策	主要内容	实施效果
2006.03	广西"十一五"规划	大力发展资源型工业和现代制造业，着力抓好制糖、铝工业、汽车和工程机械、钢铁、石化、建材、林浆纸、锰业、医药、食品等优势产业	装备制造业工业总产值上升速度快。交通设备制造业规模迅速扩大，但二氧化硫和固体废物排放量大幅增加，GTFP低于全国水平
2011.11	广西机械工业发展"十二五"规划	重点发展工程机械、电工电器、农业机械等，支持企业技术改造	工业总产值保持较高增长率，计算机及电子设备制造业、电气设备制造业规模扩大，但能源消耗增加，GTFP呈现下降趋势
2012.12	广西先进装备制造业发展"十二五"规划	重点发展智能制造装备、节能工程机械、海洋工程设备等	
2017.03	广西机械工业二次创业实施方案	大力发展战略性新兴产业，推动传统制造向数字化制造、智能制造转变，推动产业结构向传统产业转型升级和新兴产业发展壮大双轮驱动转变	广西新一代信息技术产业企业有49家，主要分布在北海、南宁与桂林，以生产计算机及通信、光电子器件、电子元件、仪器仪表等产品为主。高端装备制造业增速降幅收窄。新能源快速发展，但战略性新兴产业企业数量少、产业规模小、创新能力不强
2017.08	广西高端装备制造业发展"十三五"规划	重点发展机器人与智能制造装备、节能与新能源汽车、轨道交通装备、农机装备等。推动循环经济，建设生态型工业园区，走新型工业化的发展道路。增强可持续发展能力	

2. 市场环境

广西装备制造业产品产量连年增长，部分产品在全国拥有重要市场份额。2016年，广西民用钢质船舶产量占全国12.8%、小型拖拉机产量占全国11.1%、汽车产量占全国8.7%、发动机产量占全国8.7%，市场占有率较高，其中，车用柴油机市场占有率居全国第1位；工业锅炉占全国2.7%、饲料生产专用设备占全国2.6%、金属冶炼产量占全国2.0%。但与全国发达省份相比,广西新产品的市场占有率不高,主要源于生产能力不强。2016年,广西智能手机产量突破400万台,但低于重庆、四川和陕西;在数控设备、移动通信基站设备、传感器等新产品领域广西处于起步阶段,装备制造业的新产品产能急待激活。[174]

3. 生态环境

生态环境与"三废"的处理能力有关,"三废"处理能力强,则说明生态环境质量高。所以本书以"三废"综合利用产品利润占比来表示生态环境质量。从图7-15可知,1990—2015年广西装备制造业"三废"利润与"三废"产值比例呈现下降再上升的趋势,2009年以来,比值虽无太大变化,但总体有下降的趋势,说明广西装备制造业"三废"处理能力有待提高,要注重装备制造业发展与生态发展并重,提高经济发展质量与效益。

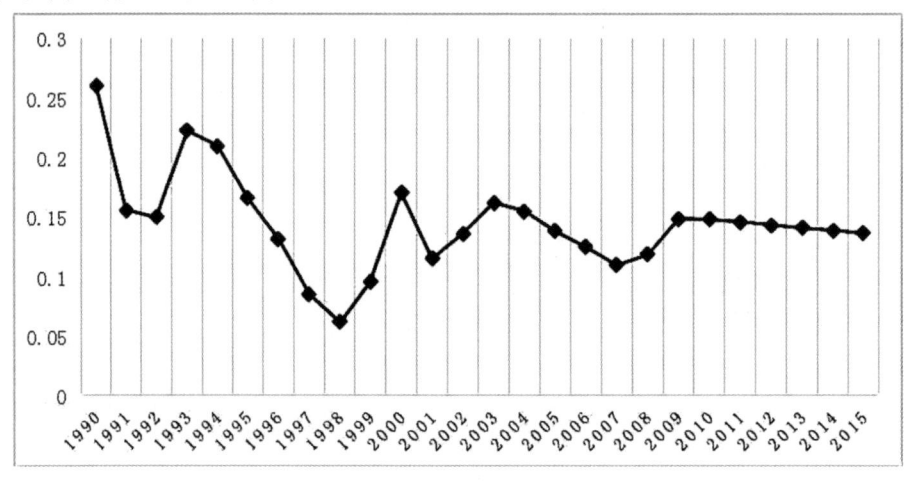

图7-15 广西"三废"利润占比变动情况(1990—2015年)

7.4 广西提升装备制造业GTFP的思路

7.4.1 深化人才强业战略,为提升GTFP提供智力支持

人才决定质量、人才决定成败。目前,专业人才工匠精神不足和高技术研发人才短缺严重制约了广西装备制造业的发展。深化实施人才强业战略,一是尽快出台吸引人才入桂的优惠政策与福利待遇,积极加入"抢人"大战中,为广西装备制造业高质量发展储备高技能人才队伍。二是逐步建立完善的广西企业职工与港澳、内地职业教育机构合作的培训制度,通过服务行业专业考试"相互程序认可"等方式,扩大广西与港澳专业人才资格互认的范围,构建广西装备制造业终身职业教育

体系。三是通过企业互访、合作等形式促进广西与广东、港澳企业之间的交流，输送广西一线工人到广东、港澳企业进行工艺规程和操作技术的实地培训，培育和弘扬企业员工在技术创新、质量改进和工艺创新中精益求精的"工匠精神"。四是借助CEPA（《关于建立更紧密经贸关系的安排》）合作平台，大力引进香港、澳门先进的教育、医疗、环保、质检、建筑与设计等服务业，加快建设北部湾经济区、珠江-西江经济带、桂西资源富集区优质生活圈，向在广西各地工作的优秀人才提供生活质量高、生态环境好的宜居环境，增强广西对优质专业人才的吸引力。[174]

7.4.2　健全环保装备制造业发展资金担保体系，拓宽信贷渠道

一方面创新广西装备制造业中小企业的授信门槛和标准，扩大抵押担保范围，鼓励和引导金融机构和担保机构提高信用良好企业的抵押物折扣率。深化银行机构与税务部门的合作，推动"银税互动"的良性循环发展，将企业的纳税信用、纳税贡献转化为有价值的融资成本，提高装备制造企业技术改造中长期贷款在制造业贷款中的比重。另一方面，拓宽融资渠道，鼓励金融机构和小额贷款公司结合当地环保装备制造业发展，大力发展普惠金融、科技金融，对环保装备制造企业"量身定做"金融产品。进一步完善环保装备制造企业上市及在"新三板"、北部湾股权交易所挂牌扶持政策，简化企业挂牌审核程序及审批手续。重点推进一批高新技术环保装备制造企业在创业板上市，稳步拓展融资渠道。

7.4.3　引入和制定环保装备制造业高标准，促品牌提升

实施环保装备制造业标准化是广西装备制造业质量提升的关键路径，而品牌价值是企业文化竞争实力的体现。长期以来，广西制造业以加工贸易为主，而加工贸易主要采取贴牌生产的制造模式，没有真正形成广西装备制造业自己的品牌优势。实施环保装备制造业标准化和品牌提升工程，一是以高标准提升产品质量。广西应该发掘和遴选具有国际、全国、地方和行业竞争优势的企业，借助港澳及内地发达地区在品牌创意、策划、设计、宣传和保护方面的经验，推行精、专、美的制造理念，积极支持广西企业和技术专家牵头或参与制定修订国际标准、国家标准、地方标准和行业标准，确立广西制造在标准制修订中的话语权。二是以产品质量促品牌提升。广西可以通过直接购买高端生产链、关键技术项目委托、共同生产等途径，协同广西区域内外技术知识，提升产品质量。借鉴重庆天骄航空动力有限公司与乌克兰马达西奇股份公司共建生产基地的合作模式，考虑在扶绥现有的航空产业园的基础上，通过园中园的形式，引入乌克兰、俄罗斯等国际领先的航空技术跨国企业与广西本土企业合作，突破核心技术、增强产品可靠性、满足用户的质量需求，使之逐步成为尖端航空运输设备制造业基地。积极与先进省份的制造行业间建立技术合作平台，鼓励广西企业重点实现汽车工业、船舶工业、电子信息制造业等重要行

业核心技术突破，抓住"工业4.0"机遇发展高端智能化环保装备制造业，积极培育知名品牌，持续提升软实力。三是以企业质量管理促效益提升。广西可以借鉴港澳及内地发达地区企业在质量标杆、精细制造、精益管理等先进的生产管理模式和方法，积极推动广西本土环保装备制造企业向其学习，引进高水平管理人员，尽早建立全员、全过程的质量管理体系。[175]

7.4.4 实施"制造业+互联网"试点示范工程，提高专业化水平

自主技术创新是装备制造业竞争力提升的核心动力。利用"制造业+互联网"的途径，借助互联网、大数据等现代科技手段，实现广西装备制造业在关键技术、共性技术和基础零部件制造上的突破，提高生产专业水平，推动分工精细化，是广西装备制造提升GTFP的关键路径。

实施"制造业+互联网"试点示范工程，一是借助广西CEPA先行先试示范基地，加大港澳生产性服务企业招商引资力度，在广西装备制造业产业园附近，形成港澳生产性服务业聚集区，建立"生产性服务业开放试验区"。建议中央在粤桂合作特别试验区基础上，建立"粤桂港澳服务贸易自由化试验区"，在试验区中建立创意园，重点发展工业设计、新材料应用设计、建筑设计等领域，推动港澳生产性服务业与广西装备制造业良性互动，产业协同升级。根据装备制造业细分子行业，具体来说，可以考虑基于贵港新能源汽车产业园打造广西与香港合作的桂港汽车学院，引进港澳、俄罗斯、乌克兰技术专家，专研智能汽车配件等关键技术突破和汽车工业设计，培养广西汽车制造和工业设计的高技能人才；针对污染严重、技术改进慢的金属制品业，可考虑在原有工业园区基础上，打造桂港澳低碳经济试验园区，在园区内建立桂港澳合作低碳技术研究中心，开展低碳金属制品、低碳建筑机械、新材料、新能源、水处理技术的研究开发和成果转化工作，初步建成符合低碳经济模式的现代产业体系；在原有的中国电子北海产业园的基础上，引进港澳信息技术服务优势，打造以开放实验室、产业技术服务、产业人才服务及创业支撑服务为一体的高端电子信息产业园，打造广西千亿元电子信息产业；尝试建设桂港高端装备制造业产业园，打造成为功能完备、产业高端、辐射能力极强的园区。优先引进航空制造业急需的复合材料、仿真机器人、精密仪器制造、高端电子产品等高端制造业。借助工业3D打印技术，加大精密仪器和关键零部件的生产。二是实施工业云与工业大数据试点示范工程。依托港澳和内地发达地区企业的技术优势，整合要素资源，提升产业园关联度，协同推进广西行业和区域工业云平台建设，重点培育高端汽车制造业、船舶、航空航天设备制造业、计算机、通信和其他电子设备制造业等高端制造业的大数据应用，大力发展线上线下相结合的制造业公共服务平台，将制造业的"港中介、桂工厂"合作模式逐步转型为"港桂品牌、内外市场、国际技术、内地工厂"的新模式。[175]

7.4.5 优化营商环境，提高广西装备制造业GTFP增长的环境质量

营商环境是广西装备制造业提高GTFP的重要外部推动力。面对新时代高质量发展的新要求，全国各地都把优化营商环境作为赢得高质量发展、加快培育发展新优势的突破口。广西优化装备制造业发展的营商环境可从以下三个方面着手。第一，加强装备制造企业生产经营要素保障。可借鉴广州和河南的经验做法，对装备制造业园区实施工业用地使用权先租赁后出让和弹性年期出让的制度，提高土地利用率；降低企业用电、水、气的成本；通过设立现代物流业发展引导资金，完善物流公共信息平台建设、重要物流基础工作和重点物流园区发展，降低物流成本，降低装备制造企业政策性、制度性成本，比如：完善西江流域过闸收费政策，适当降低空船过闸收费标准，减轻企业税负。第二，充分激发广西装备制造业创新发展的动力。以中国-东盟信息港建设为契机，大力发展大数据、区块链、信息技术、物联网等，支持装备制造企业牵头重点开展关键核心共性技术研发，打造一批具有较大竞争力和影响力的创新型骨干企业和产业集群。加速科技成果的应用和转化，加速产业创新平台建设。第三，加强法治环境建设。营造风清气正的法治环境，规范装备制造企业的监管，对严重破坏生态环境、消耗能源巨大的装备制造企业予以严厉惩罚；加强知识产权保护力度，严厉打击以合同诈骗、制售假冒伪劣等方式侵犯他人知识产权的行为，充分保护科研人员创新成果，激发创新热情。

第八章 主要结论、政策建议、不足与展望

本章对第二章至第七章得出的基本结论进行了归纳总结,并提出推动我国装备制造业绿色全要素生产率提升的对策建议。

8.1 主要结论

综合前文第二章至第七章的理论分析与实证检验,可得出如下主要结论:

8.1.1 依靠投资驱动的我国装备制造业GTFP整体偏低

从时间维度的演化轨迹看,1990—2015年的大多数年份里我国装备制造业的GTFP普遍低于TFP,表明考虑了生态资源约束后,技术对经济产出增长的贡献有限,依赖于大量投资驱动的装备制造业节能减排任务依然艰巨。1990—2015年装备制造业的绿色全要素生产率呈现先下降后上升的演化轨迹,演化动力为技术进步,制约因素为规模效率恶化。我国装备制造业绿色全要素生产率对经济产出增长的贡献率逐步提升,但整体仍处于粗放型增长阶段,依然要靠传统要素投入(主要是资本)来推动装备制造业产出的高增长。分行业看,1990—2015年GTFP增长速度慢的行业有:仪器仪表制造业、电气机械制造业、计算机及通信设备制造业、金属制品业,主要制约因素为企业管理水平低下导致的纯技术效率恶化和资源配置无效导致的规模效率降低。GTFP增长速度快的行业有:交通运输设备制造业、通用设备制造业、专用设备制造业,动力为技术进步。交通运输设备制造业发展势头好,产出增长速度、GTFP增长速度均为全行业最快,规模有效,技术进步明显。

从空间维度的演化轨迹看,相比1991年,2015年东部地区的辽宁、中部地区的湖南、西部地区的内蒙古和甘肃的装备制造业绿色全要素生产率下降速度快。而东部地区的黑龙江、河北和天津,中部地区的湖北,西部地区的陕西的装备制造业绿色全要素生产率提升速度快,进入GTFP第一梯队。分行业看,东北地区的金属制品业和通用设备制造业的GTFP增长迅猛,西部地区专用设备制造业、计算机及电子设备制造业、仪器仪表设备制造业的GTFP下降幅度快,被挤出全国GTFP的第一阵营,交通设备制造业发展势头良好。中部地区的专用设备制造业、交通设备

制造业的GTFP均有不同幅度增长。

8.1.2 不同条件下的多重异质性对我国装备制造业GTFP演化的作用力各异

在线性假设下，不同产业集聚水平、不同区域、不同行业的多重异质性对我国装备制造业GTFP的作用力各有差异。

1. 在不同的产业集聚水平下，多重异质性对我国装备制造业GTFP的影响各异

随着装备制造业集聚水平的提高，劳动异质性对GTFP的影响由负转为正。由于以资本密集度差异为衡量标准的资本异质性推动的技术进步未能充分解决资本密集型企业生产所带来的高污染、高能耗问题，所以资本异质性对装备制造业GTFP的推动力有限。现阶段我国装备制造业专利结构滞后，发明专利占比小，创新能力弱，使得知识异质性对装备制造业GTFP具有抑制作用，且随着专业化集聚水平的提高，这种抑制力会增强。环境异质性对装备制造业GTFP的影响也不尽相同。市场中亏损企业的退出和倒闭会抑制装备制造业GTFP的增长，印证了假设5a。国有资本占比越大越有利于装备制造业GTFP的提高，因为在我国国有资本占比大意味着拥有更多的生产原料和社会资源，拥有掌控和分配资源的能力，更能集中资源、集中力量推动装备制造业GTFP的增长。生态环境的改善有利于推动装备制造业的GTFP增长，但推动力较小，说明我国装备制造业的绿色转型仍有很大的潜力与发展空间。结论整理见表8-1所列。

表8-1 多重异质性影响我国装备制造业GTFP的演化效应（基于全样本）

	与GTFP演化的关系			
	专业化度低的装备制造业	主要原因	专业化度高的装备制造业	主要原因
劳动异质性	抑制	技术滞后	推动	效率改进、技术进步
资本异质性	推动	规模扩大带来效率提升	推动力可能减小	规模无效
知识异质性	作用力不显著	——	抑制	技术滞后
外部环境的异质性	与GTFP演化的关系			主要原因
市场环境	抑制			规模扩张无效
制度环境	推动			技术进步
生态环境	推动			效率改进

2. 多重异质性对装备制造业GTFP演化的影响存在着地域差异

在专业化集聚度高的装备制造业中，东部地区劳动异质性的提升有利于装备制造业GTFP的增长，主要动力是技术进步和生产规模扩大带来的效率提升。但是在中部地区，劳动异质性对GTFP有抑制作用，虽然西部地区的劳动异质性推动了GTFP增长，但是作用力很小，原因是中、西部地区的劳动质量低导致了技术效率恶化和技术滞后。东部地区的资本异质性促进了技术进步，进而有力地推动了东部地区装备制造业的GTFP增长，但中、西部地区的资本异质性抑制了效率改善。东、中、西部地区专利结构的落后导致了技术滞后，不利于装备制造业GTFP增长。在专业化集聚度较低的装备制造业中，无论在哪一个区域，劳动异质性都会显著地抑制装备制造业GTFP的增长，原因是技术效率恶化和技术滞后。资本异质性有助于中部和西部地区装备制造业提高技术水平，但不利于东部地区。知识异质性提高引发的技术进步和效率改善显著地推动着东部地区装备制造业GTFP的增长。但是在中部和西部地区，由于专利结构的落后（相比东部地区，发明专利申请数占比较小）抑制了装备制造业的技术进步和规模有效，使得GTFP难以实现良性增长。环境异质性对装备制造业GTFP演化的影响也存在着地域差异。从制度环境来看，国有资本占比越大越不利于东部地区装备制造业的技术进步，而中部地区恰恰相反，国有资本能够显著地推动技术进步，在西部地区，国有资本投资不利于扩大规模效益。从生态环境来看，在东部地区，"三废"处理能力越强，生态环境质量越高，会有力地推动效率改善，但是会带来规模无效。中、西部地区亦是如此。从市场环境来看，东部地区的大量企业退出市场，改善了技术效率，却抑制了技术进步和规模效率的提升，这是产业结构调整的过程，长期来看，市场良性竞争会促进技术进步、提高生产效率。在中部和西部地区，企业亏损退出市场会通过抑制效率改进和技术进步，阻碍地区装备制造业GTFP的增长。结论梳理见表8-2所列。

表8-2　多重异质性对装备制造业GTFP演化的影响（基于区域分异）

异质要素和结构	与绿色全要素生产率的关系			
	东部地区			
	专业化集聚度低的装备制造业	主要原因	专业化集聚度高的装备制造业	主要原因
劳动异质性	抑制	技术效率恶化	推动	技术进步、规模有效
资本异质性	抑制	技术落后	推动	技术进步
知识异质性	推动	技术效率改进、技术进步	抑制	技术落后

续表

	与绿色全要素生产率的关系			
	中部地区			
	专业化集聚度低的装备制造业	主要原因	专业化集聚度高的装备制造业	主要原因
劳动异质性	抑制	技术效率低、技术落后	抑制力加大	技术效率低、技术退步
资本异质性	推动	规模经济导致技术进步的空间大	抑制	规模经济导致技术进步的空间相对减小
知识异质性	抑制	技术落后	抑制力加大	技术效率低、技术落后
	西部地区			
	专业化集聚度低的装备制造业	主要原因	专业化集聚度高的装备制造业	主要原因
劳动异质性	抑制	技术落后	推动,但作用力小	技术进步,但规模无效
资本异质性	推动	技术进步	抑制	技术落后
知识异质性	抑制	技术落后、规模无效	抑制力减小	技术效率低,但规模有效

外部环境的异质性	与绿色全要素生产率的关系	主要原因
	东部地区	
市场环境	推动	效率改进
制度环境	作用力不显著	技术退步与技术效率改进、规模变化的作用力相反
生态环境	作用力不显著	技术效率改进与规模无效作用力相反
	中部地区	
市场环境	抑制	技术效率低
制度环境	推动	技术进步
生态环境	推动	技术效率改进
	西部地区	
市场环境	抑制	技术落后
制度环境	作用力不显著	规模无效与技术进步作用力相反
生态环境	作用力不显著	规模无效

(3) 多重异质性对装备制造业GTFP演化的影响存在着行业差异

在专业度集聚高的装备制造业中，电气设备制造业、仪器仪表设备制造业的劳动异质性通过提高技术效率来推动行业GTFP的增长。金属制品业、专用设备制造业的资本异质性则通过推动技术进步进而推动GTFP增长。专用设备制造业、电气行业设备制造业、计算机及电子设备制造业的知识异质性对技术进步有显著的推动作用，是GTFP增长的主要来源。在专业集聚度低的装备制造业中，交通设备制造业、专用设备制造业的劳动异质性通过改善技术效率，提高GTFP指数，计算机及电子设备制造业的劳动异质性则是通过扩大规模效应来提高GTFP。但是在金属行业和电气行业中，劳动异质性的扩大阻碍了技术效率的改进，从而抑制了行业GTFP的增长。通用设备制造业、专用设备制造业、电子设备制造业的资本异质性显著地推动了技术进步，进而提高了该行业的GTFP指数，但是金属制品业、仪器仪表设备制造业的资本异质性阻碍了改善效率和生产规模的扩大，从而降低了该行业的GTFP指数。交通设备制造业和电子设备制造业的知识异质性通过改进技术效率和提高技术水平，提升行业GTFP指数。从环境变量来看，金属行业和交通行业的国有资本占比越大，越有利于提高规模效率、推动技术进步。生态环境对各子行业的影响不显著。结论整理见表8-3所列。

表8-3 多重异质性对我国装备制造业GTFP演化的影响（基于分行业）

异质要素和结构	与绿色全要素生产率的关系			
	金属制品业			
	专业化度低的金属制品业	主要原因	专业化度高的金属制品业	主要原因
劳动异质性	不显著	技术效率低与规模有效作用力相抵	抑制	技术效率低
资本异质性	推动	技术进步	推动力增强	技术进步、规模有效
知识异质性	不显著	三个分解指标不显著	不显著	三个分解指标不显著
	通用设备制造业			
	专业化度低的通用设备制造业	主要原因	专业化度高的通用设备制造业	主要原因
劳动异质性	不显著	技术落后	不显著	技术滞后
资本异质性	推动	技术进步	推动力可能减小	技术滞后与规模无效

第八章　主要结论、政策建议、不足与展望

续表

	与绿色全要素生产率的关系			
知识异质性	不显著	三个分解指标不显著	不显著	技术进步与技术效率低相抵
	专用设备制造业			
	专业化度低的专用设备制造业	主要原因	专业化度高的专用设备制造业	主要原因
劳动异质性	推动	技术效率改进	抑制	技术效率低
资本异质性	推动	规模有效	推动力增强	规模效率提升
知识异质性	推动	技术进步	推动力增强	规模效率提升
	交通设备制造业			
	专业化度低的交通设备制造业	主要原因	专业化度高的交通设备制造业	主要原因
劳动异质性	推动	技术效率改进	推动力可能减小	技术效率低
资本异质性	抑制	技术效率低	抑制力可能减小	技术效率改进
知识异质性	推动	技术效率改进、技术进步	推动力可能减小	技术效率低、技术落后
	电气设备制造业			
	专业化度低的电气设备制造业	主要原因	专业化度高的电气设备制造业	主要原因
劳动异质性	抑制	技术效率低	推动	技术效率改进
资本异质性	不显著	技术落后	不显著	规模无效
知识异质性	抑制	技术落后	推动	技术进步
	计算机及电子设备制造业			
	专业化度低的计算机及电子设备制造业	主要原因	专业化度高的计算机及电子设备制造业	主要原因
劳动异质性	不显著	规模有效	不显著	技术进步与规模无效作用力相抵
资本异质性	推动	技术进步	不显著	技术落后
知识异质性	抑制	技术效率低	推动	技术效率改进
	仪器仪表设备制造业			
	专业化度低的仪器仪表设备制造业	主要原因	专业化度高的仪器仪表设备制造业	主要原因

167

续表

		与绿色全要素生产率的关系		
劳动异质性	不显著	技术效率改进与技术落后作用力相抵	推动	技术效率改进
资本异质性	不显著	技术效率低	不显著	技术落后
知识异质性	不显著	技术进步与技术效率低作用力相抵	不显著	技术效率改进

外部环境的异质性	与绿色全要素生产率的关系	主要原因
金属制品业		
市场环境	抑制	技术落后、技术效率低
制度环境	作用力不显著,系数为负	规模有效与技术落后作用力相抵
生态环境	推动	效率改进
通用设备制造业		
市场环境	抑制	技术效率低
制度环境	作用力不显著,系数为负	技术效率低
生态环境	作用力不显著,系数为负	技术落后
专用设备制造业		
市场环境	作用力不显著,系数为负	三个分解指标不显著
制度环境	推动	技术进步
生态环境	作用力不显著,系数为负	三个分解指标不显著
交通设备制造业		
市场环境	作用力不显著,系数为负	技术落后
制度环境	推动	技术进步
生态环境	作用力不显著,系数为正	技术效率改进
电气设备制造业		
市场环境	作用力不显著,系数为负	规模无效
制度环境	作用力不显著,系数为正	规模有效

续表

外部环境的异质性	与绿色全要素生产率的关系	主要原因
生态环境	作用力不显著，系数为负	——
计算机及电子设备制造业		
市场环境	作用力不显著，系数为负	技术效率低
制度环境	作用力不显著，系数为正	——
生态环境	作用力不显著，系数为正	技术落后与效率改进作用力相抵
仪器仪表设备制造业		
市场环境	作用力不显著，系数为负	规模无效
制度环境	作用力不显著，系数为正	效率改进
生态环境	作用力不显著，系数为负	技术落后

8.1.3 多重异质性对我国装备制造业GTFP演化的影响存在门槛效应

1. 劳动异质性对我国装备制造业GTFP演化的门槛效应

未跨越门槛之前，劳动异质性抑制了装备制造业GTFP增长，主要是由于技术效率低下所导致。跨越门槛之后，劳动异质性促进了技术进步和生产规模的扩大，对GTFP具有显著的推动作用，能显著地促进GTFP增长。

2. 资本异质性对我国装备制造业GTFP演化的门槛效应

未跨越门槛之前，资本异质性有助于装备制造业GTFP提升，推动力为技术进步。跨越门槛之后，资本异质性对技术进步的影响呈现倒U型，即在合理区间内，资本异质性的提升会对技术进步有显著的推动作用，但是倘若超过这个合理区间，则资本异质性越大，越不利于技术水平的提升。总体来看，资本异质性对装备制造业GTFP的推动力减小了。

3. 知识异质性对我国装备制造业GTFP演化的门槛效应

未跨越门槛之前，知识异质性有助于推动装备制造业绿色全要素生产率增长。跨越门槛之后，由于知识异质性对技术进步的推动力减小，所以对装备制造业GTFP增长的推动力也减小了。

4. 环境异质性对我国装备制造业GTFP演化的门槛效应

市场中亏损企业越多反而更有利于企业重组和整合。国有资本有力地促进了技术进步和规模扩张，但是规模扩张并未带来效率提升，所以国有资本对装备制造业GTFP的推动力有限。生态环境的保护能力强有利于技术效率改善和技术进步，但不利于生产规模扩大。结论整理见表8-4所列。

表8-4 多重异质性影响我国装备制造业GTFP演化的门槛效应

	与绿色全要素生产率的关系			
	跨越门槛前	主要原因	跨越门槛后	主要原因
劳动异质性	抑制	技术效率低	推动	技术效率提高、技术进步、生产规模扩大
资本异质性	推动	技术进步	推动力可能减小	技术落后
知识异质性	推动	技术进步	推动力可能减小	技术效率低、规模减小

续表8-4

外部环境的异质性	与绿色全要素生产率的关系	主要原因
	门槛效应模型	
市场环境	抑制	技术落后
制度环境	推动	技术进步
生态环境	推动	技术效率改进、技术进步

8.1.4 多重异质性对我国装备制造业GTFP演化的影响存在空间效应

1. 基于全样本的多重异质性对装备制造业GTFP演化的空间影响

随着装备制造业专业化程度的提升，劳动异质性对本地装备制造业GTFP的作用力由抑制转为推动，推动力主要来源于效率改善，对周边地区装备制造业GTFP的作用力亦是如此，推动力为技术进步和生产规模扩大，资本异质性对本地装备制造业GTFP增长的推动力减弱，主要是因为企业经营管理不善导致的效率落后。知识异质性对本地装备制造业GTFP增长的推动力可能会减弱，原因是专利结构落后阻碍了技术进步。也就是说，劳动异质性对装备制造业GTFP的影响印证了第二章的假设4，但是资本异质性和知识异质性对装备制造业GTFP的影响不能印证假设4。市场内亏损企业占比越大越不利于装备制造业整体GTFP的提升，印证了假设5a。制度环境和生态环境质量越高，越能推动装备制造业GTFP的增长，印证了假设5b和假设5c。结果整理见表8-5所列。

2. 基于时间分异的多重异质性对装备制造业GTFP演化的空间影响

在经济正常发展期（1990—1995年），随着装备制造业专业化程度的提高，劳动异质性有助于本地区改善技术效率，提高相邻地区的规模效率。资本异质性推动了本地和相邻地区装备制造业的技术进步，但是不利于本地规模效率的提升。知识异质性有利于本地和相邻地区装备制造业的效率改进，但是不利于本地的技术进步。两者作用力相抵，所以知识异质性对GTFP的空间作用力难以判断。市场内亏损企业占比越大，越不利于本地和相邻地区的技术进步，也不利于扩大生产规模。

第八章 主要结论、政策建议、不足与展望

生态环境的改善不利于本地和相邻地区的效率改进和生产规模扩大。在第一次金融危机期间（1996—1999年），高度专业化的装备制造业的劳动异质性阻碍了本地装备制造业的效率改进和技术进步，不利于GTFP的提高。资本异质性有助于扩大本地的生产规模，带来规模效应，但是不利于效率改进。知识异质性不利于相邻地区装备制造业的技术进步。市场内亏损企业越多越不利于本地扩大装备制造业生产规模，但利于相邻地区的技术进步。国有资本投资越大，越有利于本地装备制造业的技术进步，但不利于效率改进。生态环境的改善有助于推动相邻地区装备制造业的技术进步。在第一次金融危机重振期间（2000—2006年），随着装备制造业专业化程度的提高，劳动异质性显著抑制了相邻地区的效率改进，但有助于扩大生产规模，知识异质性显著地推动了相邻地区装备制造业的效率改进，但不利于提高规模效率。在这一时期，资本异质性的作用力不显著。市场亏损企业越多越不利于扩大本地和相邻地区装备制造业的生产规模，制度环境亦是如此。亏损企业退出市场抑制了本地装备制造业的技术进步，但有助于本地资源重组。在第二次金融危机期间（2007—2010年），专业化程度高的装备制造业的知识异质性有助于提高本地装备制造业的技术水平和规模效率。生态环境的改善提高了本地和相邻地区的规模效率，亏损企业越多越不利于本地和相邻地区扩大生产规模，在这一时期扩大国有资本投资并未能很好地提高装备制造业GTFP。综合来看，在两次金融危机期间，国有资本的扩大并不能及时起到"稳定器"的作用，其对生产效率的推动力并不明显，说明国有资本的投资缺乏灵活性，未能很快适应和扭转金融危机带来的不良影响。在第二次金融危机重振期间（2011—2015年），劳动异质性通过提高本地装备制造业技术效率而推动了GTFP增长。生态环境的改善显著地推动了本地装备制造业的效率改进和规模效率。而国有资本则通过扩大本地装备制造业生产规模效应来提高GTFP增长。结论整理见表8-6所列。

3. 基于区域分异的多重异质性对装备制造业GTFP演化的空间影响

随着装备制造业专业化程度的提升，劳动异质性对东部地区装备制造业GTFP的推动作用力最大，主要是因为技术进步和效率改善。而对西部地区的推动力最小，是因为受到了生产规模的制约。对周边地区装备制造业GTFP增长的推动力最大的是中部地区，主要是技术进步和生产规模扩大推动的。东部地区的资本异质性导致效率改善受阻，从而对GTFP的推动力减弱，而西部地区则是因为生产规模和效率改进无效双重压力导致的推动力减弱。中部地区则是由于技术效率改进无效导致资本异质性抑制了装备制造业GTFP的提升。在东部地区，知识异质性能够显著地推动当地装备制造业GTFP的提高，但是在中部、西部地区，这种推动力就变成了抑制力，且随着专业化程度的提高，这种抑制作用力度会更强。市场内亏损企业占比越大越不利于东、中、西部地区装备制造业GTFP的增长，生态环境质量对中部地区装备制造业GTFP的推动力大。制度环境中的国有资本占比越大，越有助于

东部和西部地区提高技术水平和改进效率，但不利于中部地区改善效率。结论梳理见表8-7所列。

表8-5　多重异质性影响我国装备制造业GTFP演化的空间效应（基于全样本）

	与绿色全要素生产率的关系（随着装备制造业专业化度逐步提升）			
	外地对本地	本地对本地	本地对外地	总效应
劳动异质性	抑制转为推动，因为规模有效	抑制转为推动，因为技术效率改进	抑制转为推动，因为技术进步、规模有效	抑制转为推动，因为技术进步、规模有效
资本异质性	推动力增大，因为技术效率改进、规模扩大	推动转为抑制，因为技术效率低	推动力可能减小，因为技术效率低，但技术进步	推动力增强，因为技术进步、规模有效
知识异质性	不显著，但系数为负	不显著，但系数为负	推动力可能减小，因为规模无效	推动力可能减小，因为技术落后、规模无效
市场环境	不显著，但系数为负	抑制力，因为技术落后、技术效率低	不显著，但系数为负	抑制力，因为技术效率低
制度环境	推动力增强，因为规模有效	不显著，但系数为正	推动力，因为规模有效	推动力，因为技术进步
生态环境	推动力增强，因为规模有效	不显著，但系数为正	不显著，但系数为正	不显著，但系数为正

表8-6　多重异质性影响我国装备制造业GTFP演化的空间效应（基于时间分异）

	与绿色全要素生产率的关系（随着装备制造业专业化度逐步提升）			
	经济正常发展期间（1990—1995年）			
	外地异质性对本地GTFP	本地异质性对本地GTFP	本地异质性对外地GTFP	总效应
劳动异质性	推动力增强，因为规模有效	抑制力减小，因为效率改进	推动力增强，因为规模有效	推动力增强，因为规模有效
资本异质性	推动力增强，因为技术进步	抑制力减小，因为技术进步	推动力增强，因为技术进步	推动力增强，因为技术进步
知识异质性	不显著，但系数为正	不显著，但系数为正	抑制力减弱，因为效率改进	抑制力减弱，因为效率改进

续表

	与绿色全要素生产率的关系(随着装备制造业专业化度逐步提升)			
	经济正常发展期间(1990—1995年)			
	外地异质性对本地GTFP	本地异质性对本地GTFP	本地异质性对外地GTFP	总效应
市场环境	推动力,因为技术进步	抑制力,因为技术滞后	抑制力,因为规模无效、技术效率低	抑制力,因为技术效率低
制度环境	不显著,但系数为正	不显著,但系数为负	不显著,但系数为正	不显著,但系数为正
生态环境	抑制力,因为技术效率低、规模无效	抑制力,因为规模无效	抑制力,因为技术效率低	抑制力,因为规模无效
	第一次金融危机期间(1996—1999年)			
劳动异质性	不显著,但系数为正	推动力转为抑制力,因为技术滞后、技术效率低	不显著,但系数为正	不显著,但系数为正
资本异质性	不显著,但系数为正,因为技术进步	推动力增大,因为规模有效	不显著,但系数为正	不显著,但系数为正
知识异质性	不显著,但系数为正	不显著,但系数为负	不显著,但系数为正	不显著,但系数为正
市场环境	不显著,但系数为正	不显著,但系数为负	不显著,但系数为正	不显著,但系数为正
制度环境	不显著,但系数为正	抑制力,因为技术效率低	推动力,因为技术进步	推动力,因为技术进步
生态环境	抑制力,因为技术效率低	推动力,因为技术效率改进	抑制力,因为技术效率低	不显著,但系数为负
	第一次危机后重振期间(2000—2006年)			
劳动异质性	推动力转为抑制力,因为技术效率低	不显著,但系数为负	推动力转为抑制力	推动力转为抑制力,因为技术效率低
资本异质性	不显著,但系数为负	推动力增大,因为技术进步	不显著,但系数为负	不显著,但系数为负
知识异质性	不显著,但系数为正	推动力增大,因为效率改进	推动力增大,因为效率改进	抑制力转为推动力,因为效率改进
市场环境	不显著,但系数为负	不显著,但系数为负	不显著,但系数为负	不显著,但系数为负
制度环境	推动力,因为技术进步	不显著,但系数为负	推动力,因为技术进步	推动力,因为技术进步

续表

	与绿色全要素生产率的关系(随着装备制造业专业化度逐步提升)			
	经济正常发展期间(1990—1995年)			
	外地异质性对本地GTFP	本地异质性对本地GTFP	本地异质性对外地GTFP	总效应
生态环境	不显著,但系数为正	不显著,但系数为负	推动力,因为效率改进	推动力,因为效率改进
	第二次金融危机期间(2007—2010年)			
劳动异质性	不显著,但系数为正	抑制力减小,因为技术效率改进	不显著,但系数为正	不显著,但系数为正
资本异质性	不显著,但系数为负	抑制力转为推动力,因为技术进步	推动力转为抑制力,因为技术滞后	不显著,但系数为正
知识异质性	不显著,但系数为正	抑制力增大,因为效率恶化、规模无效	抑制力减弱,因为规模有效	推动力增强,因为技术进步、规模有效
市场环境	抑制力,因为技术效率低	不显著,但系数为负	抑制力,因为生产规模无效	抑制力,因为规模无效
制度环境	抑制力,因为技术滞后	抑制力,因为技术效率低	抑制力,因为技术滞后	抑制力,因为技术滞后
生态环境	抑制力,因为技术滞后	不显著,但系数为正	不显著,但系数为负	不显著,但系数为负
	第二次危机后的重振期间(2011—2015年)			
劳动异质性	不显著,但系数为正	抑制力转为推动力,因为技术进步	不显著,但系数为正	抑制力减小,因为技术进步
资本异质性	抑制力增强,因为规模无效	抑制力减小,因为技术进步、规模有效	不显著,但系数为正	不显著,但系数为正
知识异质性	不显著,但系数为负	推动力增大,因为技术进步	不显著,但系数为负	不显著,但系数为正
市场环境	不显著,但系数为正	不显著,但系数为正	不显著,但系数为正	不显著,但系数为正
制度环境	不显著,但系数为正	不显著,但系数为正	推动力,因为技术进步	推动力,因为规模有效
生态环境	不显著,但系数为正	推动力,因为技术效率改进	不显著,但系数为正	不显著,但系数为正

第八章 主要结论、政策建议、不足与展望

表8-7 多重异质性影响我国装备制造业GTFP演化的空间效应（基于区域分异）

	与绿色全要素生产率的关系(随着产业专业化度逐步提升)			
	东部地区			
	外地对本地	本地对本地	本地对外地	总效应
劳动异质性	抑制力转为推动力,因为技术进步、规模有效	推动力增强,因为技术进步、规模有效	抑制力转为推动力,因为技术进步、规模有效	抑制力转为推动力,因为技术进步、规模有效
资本异质性	抑制力转为推动力,因为规模有效	推动力减弱,因为技术效率低、规模无效	抑制力转为推动力,因为技术进步、规模有效	抑制力转为推动力,因为技术进步、规模有效
知识异质性	推动力转为抑制力,因为规模有效	推动力增强,因为规模有效	推动力转为抑制力,因为技术滞后、规模无效	推动力转为抑制力,因为技术滞后、规模无效
市场环境	不显著,但系数为正	抑制力,因为规模无效	抑制力,因为技术效率低	抑制力,因为规模无效
制度环境	推动力,因为技术效率改进	推动力,因为技术效率低	推动力,因为技术效率改进	推动力,因为技术效率改进
生态环境	不显著,但系数为负	不显著,但系数为负	不显著,但系数为负	不显著,但系数为负
	中部地区			
	外地对本地	本地对本地	本地对外地	总效应
劳动异质性	抑制力转为推动力,因为技术进步	抑制力减弱,因为技术进步、效率改进	抑制力转为推动力,因为技术进步、规模有效	抑制力转为推动力,因为技术进步、规模有效
资本异质性	推动力增强,因为技术进步	抑制力转为推动力,因为技术进步	抑制力转为推动力,因为技术进步、规模有效	抑制力转为推动力,因为技术进步、规模有效
知识异质性	推动力转为抑制力,因为技术效率低	推动力转为抑制力,因为技术滞后	抑制力增强,因为技术效率低、技术滞后	抑制力增强,因为技术滞后
市场环境	不显著,但系数为负	抑制力,因为技术效率低	抑制力,因为技术效率低	抑制力,因为技术效率低
制度环境	抑制力,因为技术效率低	不显著,但系数为负	抑制力,因为技术效率低	抑制力,因为技术效率低
生态环境	推动力,因为技术效率改进	推动力,因为技术效率改进	推动力,因为效率改进、规模有效	推动力,因为效率改进

续表

	西部地区			
	外地对本地	本地对本地	本地对外地	总效应
劳动异质性	抑制力转为推动力,因为技术进步	抑制力转为推动力,因为技术进步、效率改进	抑制力转为推动力,因为效率改进	抑制力转为推动力,因为效率改进
资本异质性	推动力增强,因为技术进步	抑制力增强,因为技术效率低、技术滞后	推动力增强,因为技术进步	推动力增强,因为技术进步,规模有效
知识异质性	推动力转为抑制力,因为规模无效	抑制力增强,因为技术滞后、规模无效	推动力转为抑制力,因为规模缩小、技术滞后	推动力转为抑制力,因为规无效、技术滞后
市场环境	不显著,但系数为负	不显著,但系数为负	不显著,但系数为负	抑制力,因为规模无效、技术滞后
制度环境	不显著,但系数为负	抑制力,因为规模无效、技术效率低	抑制力,因为技术滞后	抑制力,因为技术滞后
生态环境	推动力,因为技术效率改进	不显著,但系数为正	不显著,但系数为正	不显著,但系数为正

8.1.5　广西装备制造业提高GTFP需要从人才强业、品牌塑造、"互联网+"、优化营商环境等途径实现

本书以广西装备制造业作为案例,研究欠发达地区提升装备制造业绿色全要素生产率面临的困境与解决途径。知识结构滞后、创新能力不强是制约广西装备制造业高质量发展的主要原因。可从人才强业、品牌塑造、"互联网+"、优化营商环境等途径提高劳动力质量、提升知识创新能力,塑造具有较强竞争实力的自主品牌,充分利用好互联网等信息化技术,深度融入《中国制造2025》战略,推动广西装备制造业提质增效。

8.2　对策建议

根据上述主要结论可知,在不同的分析视角下(时间分异、空间分异),多重异质性影响我国装备制造业GTFP演化的结论存在差异,但是我们可以从这些结论中找寻一些共同点。由此,我们得出多重异质性影响我国装备制造业GTFP演化的一些规律:随着装备制造业专业化程度的提升,劳动异质性主要通过技术进步、提高规模效率来推进我国装备制造业GTFP增长;资本异质性提升有利于技术进步,但是受到技术效率恶化的影响,对我国装备制造业GTFP增长的推动力有限;由于专利结构落后,知识异质性可能导致技术滞后、规模无效,不利于我国装备制造业

GTFP的增长。亏损企业占比大的市场环境不利于扩大规模经济，制度环境有助于推动技术改进与效率提升，高质量的生态环境能够有力地提升技术效率。

企业的制度政策、组织结构、管理水平的提高能有效提升技术效率，而规模变化与资源配置有关。如果规模扩张无效，说明规模的扩张未能有效地实现资源重组、资源得不到合理配置，会降低GTFP指数；知识创新、技术创新能显著地推动技术进步。基于这些基本判断，本章提出如下对策建议：

1. 加大绿色创新要素投入，深入实施创新驱动战略，推动低碳技术进步

绿色创新要素指的是与装备制造业绿色经济发展有关的创新型要素，主要包括：人才、环保技术、知识和大数据，绿色创新要素能打破边际效益递减规律，持续提升装备制造业产业的绿色经济效益。

（1）大力推动知识创新和绿色科技创新。

加大科研投入，提高环保技术知识的质量，充分发挥环保技术知识在绿色全要素生产率增长中的促进作用，打破传统投入要素边际效益递减规律，以技术效率提升绿色经济效益，技术进步推动低碳经济产出持续增长。

一是搭建装备制造业低碳技术知识交易平台，完善知识中介服务，加快环保新技术、新设备、新工艺、新材料、新产品在低碳装备制造产业中的应用与推广，推动知识技术以更快速度转化为生产力。

二是推动地方知识产权立法，加强知识产权开发利用和保护，特别是推动地方装备制造业绿色发展的核心知识与技术，提升企业竞争力。

三是打造装备制造业绿色科技创新中心，建设环保装备制造业试点园区。推动政产学研金"五位一体"紧密结合。

（2）加快建设结构合理、素质优良的人才队伍，提高劳动力质量。

一是可以考虑成立地方教育投资集团，通过海外或香港优质的金融服务，扩大融资渠道，不仅为中外合作办学提供资金支持，而且可以引导本土高校与海外高校开展教育内容和教育形式的合作交流，借鉴和学习海外高校质量教育和特色学科建设的经验，为我国装备制造业培养高水平的技术人才和质量管理人才，提高发明专利占比。

二是逐步建立完善我国装备制造业企业职工与发达国家或地区（例如德国、美国、新加坡）的职业教育机构合作培训制度，建设公共教育质量网络平台，形成装备制造业终身职业教育体系。通过服务行业专业考试"相互程序认可"等方式，扩大我国与海外专业人才资格互认的范围。

三是通过企业间交流，加强我国各地一线工人到发达国家或地区企业进行绿色环保工艺规程和操作技术的实地培训，促进装备制造业从业人员对绿色质量文化的认同，培育和弘扬企业员工在环保技术创新、绿色质量改进和环保工艺创新中精益求精的"工匠精神"。

四是通过引进海外先进的环保、医疗、教育、建筑与设计等服务业,加快建设优质生活圈,向在我国工作的海外优秀人才提供绿色宜居环境,增强我国对海外专业人才的吸引力,为留住人才打造生活质量高、生态环境好的宜居环境[176]。

2. 大力发展环保装备制造业,推动我国迈向全球产业链中高端

环保装备制造业是节能环保产业的重要组成部分,是保护环境的重要技术基础,但现阶段我国的环保装备制造业创新能力还不强,产品低端同质化竞争严重,仍处于全球价值链的中低端环节。十九大报告指出,我们要培育若干先进世界级制造业集群,推动我国产业迈向全球价值链中高端,这是建设现代化经济体系的重要目标和任务之一,也是实现我国工业绿色发展的重要保障。根据工信部2017年10月发布的《加快推进环保装备制造业发展的指导意见》文件,结合我国装备制造业GTFP的演化效应,我们认为可从以下三个方面着手:

(1) 依托工业4.0,实施环保装备制造业智能制造。

开展"互联网+"和环保装备制造业升级专项行动。借助"互联网+"信息化技术优势,搭建生产数据存储与用户信息管理为一体的"环保装备制造业转型升级大数据平台"信息技术支持系统,协同推进东中部地区环保装备制造业的工业云平台建设和高端环保装备制造业产品的大数据应用,打造"我国品牌、内外市场、国际技术、内地工厂"的新模式[176]。

(2) 深度应用CPS(信息物理系统),建设环保智能工厂或数字化车间,实现敏捷制造和精细化管理。

探索实施标准化制造,推广物联网、自动化装备等高技术在生产过程中的应用,提高环保装备制造业的智能制造和信息化管理水平,创建绿色生产示范工厂,提高装备制造业绿色制造水平。

(3) 以建设环保装备制造业产业龙头园区为核心,打造绿色产业小镇。

以建设环保装备制造业产业龙头园区为核心,打造具有"三生一景"(生活+生态+生产+景观)的特色小镇,构建功能区,合理布局生态景观,实现重点突出,协同发展。主要包括以下几个功能区:

①总部商务区。可集中布局环保装备制造业的大宗装备制造业商品现货交易平台、国家装备制造业产品质量监督检验中心,环保装备制造业专科学校和工业设计学校、技术服务中心等推动装备制造业的高端化发展。

②环保装备制造业产业集聚区。一是中西部地区主动承接我国东部发达地区尤其是珠三角地区环保装备制造业的转移,加快引进轨道车辆、汽车产品、航天器等高端项目,鼓励环保装备企业向产品质量化、模块精细化、服务特色化的方向发展,形成一批由龙头企业带领,中小型企业配套、装备制造业与生产性服务业协同发展的聚集区。二是整体引进先进环保装备制造业加工制造装备制造业,打造生态装备制造业深加工基地。

③生态保障区。按照《国家生态工业示范园区标准》(2016),应用大数据、物

第八章 主要结论、政策建议、不足与展望

联网等信息技术打造绿色供应链。完善装备制造业废弃物回收再利用园区建设，引进先进节能环保技术装备，建设绿色工厂、绿色园区。

3. 提升政府服务能力和保障能力，加强行业规范引导，提高资源配置效率

一方面，鼓励传统装备制造业通过兼并、合资、收购等途径重组优质资源，向环保装备制造业转型，优化生产要素（资本、劳动力、能源、技术）的分配比例，提高资源配置效率，此外，政府应充分发挥市场选择机制，破除地方垄断，允许"根深蒂固"的僵尸企业破产倒闭；另一方面，加快先进技术装备的研发和推广应用。积极引导海外优秀的环保装备制造业企业、行业协会、商会、制造业质量专家进驻我国企业开展制造业质量诊断、质量改进服务。进一步完善装备制造业环保生产标准体系。推进质量技术服务市场化，建设融合标准信息咨询、计量检定、产品和服务认证认可、质量检验检测于一体的"一站式"服务体系。构建环保装备制造业经济运行监测体系，规范行业有序发展[176]。

4. 完善环保装备制造业的金融体系，提高资本质量

拓宽资金来源口径，优化资金来源和资金运用的结构匹配。比如，成立环保装备制造业发展基金、环保装备制造业的产权交易中心，同时，充分发挥社会资本的作用，推进PPP、BOT等模式，引导和带动社会资本投资环保装备制造业各子行业，提高资金运用效率。

5. 各子行业根据自身发展情况及GTFP制约因素选择合适的创新发展路径

本书实证结论显示，各子行业之间的绿色全要素生产率及无效率成因呈现出明显的异质性。因此，我国在制定装备制造业发展规划时，应依据装备制造各子行业的自身特点选择合适的绿色创新发展路径。各行业发展重点具体见表8-7所列[177]。

表8-7 装备制造各子行业GTFP增长制约因素及产业发展重点

装备制造业各子行业	制约GTFP增长因素	发展重点
金属制品业	耗费能源量最大，技术对产出增长的贡献度小	通过引进技术人才、购买绿色环保先进生产线等方式，对水循环利用、重金属污染减量化、废渣资源化等节能降噪、资源节约的关键绿色工艺技术进行专项研发和改进，提高水电使用比例推动产业可持续发展
通用设备制造业	前沿技术创新弱，技术效率低下	通过项目合作、共建生产基地、产学研联盟等方式，提高产品的稳定性、可靠性、安全性和耐久性，重点定位于高端装备制造业、军工装备等市场需求增长的领域
专用设备制造业	市场资源配置无效导致规模效率恶化	对节能环保型农业机械装备及其核心部件进行专项研究，加快高性能医疗器械、环境污染防治专用设备关键技术的研制。借助大数据等手段及时掌握市场供需动态，将刚性生产转化为以下游行业客户需求为导向的柔性生产

续表

装备制造业各子行业	制约GTFP增长因素	发展重点
交通设备制造业	市场资源配置无效导致规模效率恶化	重点对市场潜力大、技术含量高的海洋工程装备及高技术船舶、先进轨道交通装备、节能与新能源汽车的关键技术与生产制造进行攻关。积极推进装备制造业的市场化改革激励企业调整规模结构
电气机械制造业	市场资源配置无效导致规模效率恶化	发展重点放在市场需求大、经济增长前景乐观的风电、太阳能发电等新型产品上，对高电压等级超导输变电设备、大容量发电机保护断路器和电力机器人等关键和共性技术进行专项研制，提高规模效率
计算机及通信设备制造业	前沿技术倒退和管理水平较低导致了技术效率恶化	攻坚新型计算、高速互联、先进存储、体系化安全保障等核心技术，组建企业之间的知识产权联盟。加大对专业技术人才、经营管理人才和技能人才的培养力度，以提高现代经营管理水平和企业竞争实力
仪器仪表制造业	技术退步，民营企业发展难	政府允许企业将科技知识转化为专利来出售、授权进行融资等利好方式促进企业加大科技投入，充分发挥企业在创新资源配置中的主体作用

8.3 研究不足

1. 变量的选取与处理

在样本数据的处理上，由于统计年鉴上未有统计整体"装备制造业"的数据，本书的装备制造业数据需要收集29个省份7个细分子行业的数据再进行加总，虽然已尽量剔除极值和补漏缺失值，但是难免存在错漏之处。

2. 空间计量的内生性处理

虽然本书在实证研究中已经对内生变量做一至两阶滞后处理，但是现阶段空间计量分析对内生性问题处理的方法还不成熟，所以本书的空间计量分析可能存在一些偏误。为了尽量减少这些偏误，本书在第四、五、六章的实证检验中专门进行了稳健性检验，从检验结果看，回归结果参数稳定，结果可信。

8.4 研究展望

本书运用系统论框架构建多重异质性，研究装备制造业绿色全要素生产率演化效应，未来还可以在以下方面进一步展开研究：复杂系统理论下异质性生成的动力机制。同质性与异质性之间的相互转化是产业系统演化的动力机制，在产业系统演化过程中，异质性与同质性相互转化、协同作用，形成互为因果的反馈路径，影响系统结构和功能。产业系统的动力研究可涉及不同产业阶段的异质性与同质性相互转化、异质性与同质性的转换动力、异质性与同质性更替规律的研究等。

参 考 文 献

[1] 胡彬. 西部地区装备制造业异质性对技术进步路径选择的影响研究[D]. 重庆：重庆师范大学，2016.
[2] 孙晓华，田晓芳. 装备制造业技术进步的溢出效应——基于两部门模型的实证研究[J]. 经济学（季刊），2011(01):133-152.
[3] 楚明钦. 上海生产性服务业与装备制造业融合程度研究——基于长三角及全国投入产出表的比较分析[J]. 上海经济研究，2015(02):94-100.
[4] 薛万东. 我国装备制造业全要素生产率测算及实证分析[J]. 产经评论，2010(03):41-49.
[5] 段婕. 我国装备制造业技术效率评价的实证研究——基于超效率DEA和TOBIT两步法[J]. 西北工业大学学报（社会科学版），2014(01):48-54.
[6] 王欣，庞玉兰. 装备制造业全要素生产率动态测度[J]. 安徽工业大学学报（社会科学版），2011(02):6-10.
[7] 杨华，欧阳墨馨. 装备制造业竞争力评价文献综述[J]. 经营与管理，2014(08):99-100.
[8] 于斌斌. 演化经济学理论体系的建构与发展：一个文献综述[J]. 经济评论，2013(05):139-146.
[9] HODGSON G M K T. Firm-specific learning and the nature of the firm: why transaction costs may provide an incomplete explanation[J]. Working Paper in the Business School, University of Herfordshire., 2004.
[10] 刘志高，尹贻梅. 演化经济学的理论知识体系分析[J]. 外国经济与管理，2007(06):1-6.
[11] 贾根良. 演化经济学的本体论假设及其实践指导价值[J]. 当代财经，2010(07):5-10.
[12] 孙华平. 生产性服务业的空间集聚及演化[J]. 浙江树人大学学报（人文社会科学版），2009(03):51-56.
[13] 赵进，刘延平. 产业集群生态系统协同演化的环分析[J]. 科学管理研究，2010(02):70-72.
[14] 方永恒. 产业集群系统演化研究[D]. 西安：西安建筑科技大学，2011.
[15] 于斌斌. 产业结构调整与生产率提升的经济增长效应——基于中国城市动态空间面板模型的分析[J]. 中国工业经济，2015(12):83-98.
[16] 姚建华. 基于企业家创新的产业演化研究[D]. 广州市：暨南大学，2009.
[17] 徐廷廷. 长江经济带产业分工合作演化研究[D]. 上海：华东师范大学，2015.
[18] 安虎森，张古. 区域产业结构调整和演化机理分析[J]. 西南民族大学学报（人文社科版），37(5):114-120.
[19] 张敏. 东北地区制造业产业自主创新的动力要素分析[J]. 辽宁大学学报（哲学社会科学版），2013(04):48-53.

[20] 刘志攀,杨浩雄,魏彬.电子信息产业演化实证研究及仿真分析[J].计算机仿真,2016(08):1-6.

[21] 王炜,罗守贵.基于Netlogo知识密集产业演化仿真[J].现代管理科学,2016(07):27-29.

[22] 赵卓,王敏.产业演化动力机制研究新进展[J].理论探讨,2012(04):103-106.

[23] 王军.产业组织演化理论及实证研究[D].济南:山东大学,2006.

[24] 宋磊,葛东升.产业政策研究的演化经济学范式:日文文献的贡献[J].南方经济,2018,1(1):11-15.

[25] 张林,黄文龙.演化视角下我国农特产业走出"双重挤压"的路径——以广西甘蔗种植业为例[J].江苏农业科学,2016(10):505-510.

[26] 兰飞.产业自主创新能力演化及评价研究[D].武汉:武汉理工大学,2009.

[27] SEKER M. Effects of Licensing Reform on Firm Innovation: Evidence from India[J]. Social Science Electronic Publishing, 2016, 213(12):111-121.

[28] AUDRETSCH D B, THURIK A R.Capitalism and democracy in the 21st Century: from the managed to the entrepreneurial economy[sup *].[J].Journal of Evolutionary Economics, 2000, Vol.10（1）：17

[29] AUDRETSCH D B, TALAT M. New Firm Survival: New Results Using a Hazard Function[J]. The Review of Economics and Statistics, 1995, Vol.77(1): 97-103

[30] 陈金丹,吉敏.基于多Agent的产业创新网络演化模型研究[J].统计与决策,2013,20(2):45-48.

[31] 于焱,李庆东.产业创新系统中的协同演化理论研究[J].2009,2(12):35-39.

[32] 盛昭瀚,高洁."新熊彼特"式产业演化模型及其应用研究[J].管理工程学报,2007(02):5-9.

[33] 吴艳文.基于制度和技术的产业组织协同演化研究[D].上海:上海社会科学院.

[34] 黄韦华,向吉英.全球价值链治理、破坏性创新与本土产业升级——以深圳手机产业为例[J].开放导报,2011(02):93-96.

[35] 眭纪刚,陈芳.新兴产业技术与制度的协同演化[J].科学学研究,2016(02):186-193.

[36] 特日昆,徐小博,韦庆明.战略性新兴产业演化模型研究——基于技术与制度共同演化视角[J].工业工程与管理,2016(01):117-125.

[37] 巫景飞,芮明杰.产业模块化的微观动力机制研究——基于计算机产业演化史的考察[J].管理世界,2007(10):75-83.

[38] 洪嵩,洪进,赵定涛.高技术产业与区域经济共同演化水平研究[J].科研管理,2014(06):84-93.

[39] 黄凯南.企业和产业共同演化理论研究[D].济南:山东大学,2007.

[40] 柴国荣,李振超,石㻋.装备制造业集群中企业纵向合作关系的演化分析[J].华东经济管理,2009(11):47-52.

[41] 娄玉东,綦良群.区域装备制造业集群演化机理分析[J].科技与管理,2010(02):111-115.

[42] 娄玉东.东北地区装备制造业集群演化动力机制研究[D].哈尔滨:哈尔滨理工大学,2010.

[43] 欧阳青燕.装备制造业集群创新网络结构演化机理研究[D].成都:电子科技大学,2010.

[44] 白洁.中国装备制造业协同演化实证研究[D].沈阳:辽宁大学,2011.

[45] 王子龙.中国装备制造业系统演化与评价研究[D].南京:南京航空航天大学,2007.

[46] 王跃伟.基于Logistic增长模型的我国装备制造业演化轨迹研究[J].生态经济,2013(03):84-87.

[47] LOTTI F, SANTARELLI E, VIVARELLI M.The relationship between size and growth: the case of Italian newborn firms.[J]. Applied Economics Letters,2001,Vol.8(7): 451-454

[48] MALERBA F. Innovation and the dynamics and evolution of industries: Progress and challenges [J]. International Journal of Industrial Organization,2011,25(4):675-699.

[49] 吴雷.装备制造业突破性创新机制的系统演化过程研究[J].科学学与科学技术管理,2014(04):121-128.

[50] 赵爽.产学研合作网络时空演化研究——以中国装备制造业为例[J].现代管理科学,2013(11):85-87.

[51] 吕国庆,曾刚,顾娜娜.基于地理邻近与社会邻近的创新网络动态演化分析——以我国装备制造业为例[J].中国软科学,2014(05):97-106.

[52] ABERNATHY W, CLARK K, KANTROW A. The new industrial competition[J]. Harvard Business Review,1981,59(5):68-81.

[53] BRESCHI S,MALERBA F,Orsenigo L. Technological Regimes and Schumpeterian Patterns of Innovation[J]. Economic Journal,2000,110(463):388-410.

[54] FORTIN H W M. Spatial analysis of landscape:Concepts and statistics[J]. Ecology,2005,86(8):1975-1987.

[55] JACBOS J. The Economy of Cities[J]. New York:Random House,1969.

[56] NELSON R P,WINTER S G. An evolutionary theory of economic change[J]. MA:Harvard University Press,1982.

[57] ANDERSEN E S. Evolutionary economics-post-Schumpeterian contributions[J]. London:Pinter.,2004.

[58] OLAV R S, HOUSE S U G. Entrepreneurship And Heterogeneity [J]. Diversity in the Knowledge Economy and Society.UK:Glensanda House.,2008.

[59] 崔学锋.演化经济学增长理论的演化[J].演化与创新经济学评论,2012,1(1):61-72.

[60] 黄凯南.演化经济学四个基础理论问题探析[J].中国地质大学学报"社会科学版",2011,11(6):85-90.

[61] MARSHALL A. Principles of Economics[J]. London:Macmillan. Marx, K. (1976), Capital: A, 1961.

[62] 黄凯南.现代演化经济学基础理论研究[M].杭州:浙江大学出版社,2010.

[63] COHEN W M, MALERBA F.Is the Tendency to Variation a Chief Cause of Progress?[J].Industrial and Corporate Change,2001,Vol.10(3): 587-608

[64] KNELL M. Heterogeneity in economic thought: foundations and modern methods[J]. Diversity in the Knowledge Economy and Society.UK:Glensanda House,2008.

[65] 刘志铭,郭惠武.异质性、经济增长与结构变迁:演化宏观经济理论的发展[J].经济评论,2006(04):76-83.

[66] 盛昭翰,蒋德鹏.演化经济学[M].上海:上海三联书店,2002.

[67] 弗朗哥·马雷尔巴,李宏生,乔晓楠,等.创新与产业动态变化及演化:研究进展与挑战[J].经济

社会体制比较,2011(02):61-68.
[68] 张林. 系统视角下西部区知识经济发展能力研究[M]. 北京:科学出版社,2015.
[69] 郭京京. 产业集群中技术学习策略对企业创新绩效的影响机制研究:技术学习惯例的中介效应[D]. 杭州:浙江大学,2011.
[70] 胡树光,刘志高,樊瑛. 产业结构演替理论进展与评述[J]. 中国地质大学学报(社会科学版),2011(01):29-34.
[71] METCALFE J S. The entrepreneur and the style of modern economics[J]. Journal of Evolutionary Economics,2004,14(2):157-175.
[72] VILLANUEVA D P. Monetary and Fiscal Policies in aggregate growth models with endogenous technical change.[J]. The American Economist,1971,Vol.15
[73] FISHER R A. The Evolution of Dominance in Certain Polymorphic Species[J]. American Naturalist,1930,694(64):385-406.
[74] LEHNERT G S D. Long waves and 'evolutionary chaos' in a simple Schumpeterian model of embodied technical change[J]. Structural Change & Economic Dynamics,1993,4(1):9-37.
[75] MONTOBBIO F. An evolutionary model of industrial growth and structural change[J]. Structural Change & Economic Dynamics,2002,13(4):387-414.
[76] MARSILI O B,Verspagen. Technology and the dynamics of industrial structures:an empirical mapping of Dutch manufacturing[J]. Industrial & Corporate Change,2002,11(11):791-815.
[77] SEMENOVA N A,BURMISTROV D E,SHUMEYKO S A,et al.Fertilizers Based on Nanoparticles as Sources of Macro- and Microelements for Plant Crop Growth: A Review[J].Agronomy,2024,Vol.14(8):1646
[78] 赵建华,赵新良. 基于产业技术特征的企业创新策略分析框架——以辽宁装备制造业为例[J]. 东北大学学报(自然科学版),2009(06):897-900.
[79] 刘慧. 出口对中国制造业工资差距的影响研究——基于要素密集度和所有制异质性视角的S-S定理检验[J]. 浙江理工大学学报,2015(04):102-108.
[80] 孙晓华,王昀,刘小玲. 范式转换、异质性与新兴产业演化[J]. 管理科学学报,2016(08):67-83.
[81] 周及真. 规模异质性下制造业企业创新行为模式研究——基于江苏省82896家企业调查数据的分析[J]. 技术经济与管理研究,2017,11(3):57-63.
[82] 王明益. 外资异质性、行业差异与东道国技术进步[J]. 财经研究,2014(9):110-120.
[83] 杨超,宋维明,戴永务. 空间异质性视角下中国制造业集聚度测算差异研究[J]. 统计与信息论坛,2016(09):28-33.
[84] 张蕊,孙凯,SUBAL C K. 中国制造业增长方式和结构变迁的再检验——基于行业和时期异质性的半参数平滑系数模型[J]. 经济理论与经济管理,2012(05):80-90.
[85] 邱晓东,吴福象,邓若冰. 生产性服务业集聚与耦合测度及动态效应分析——基于长三角16个核心城市动态面板数据的广义矩法估计[J]. 云南财经大学学报,2015,11(6):114-123.
[86] 覃成林,种照辉,任建辉. 制造业集聚的异质性及影响因素--基于就业洛伦兹曲线及其分解的分析[J]. 产经评论,2016,7(2):5-16.

[87] 丁永健,袁晓娜. 异质性视角的产业进入壁垒与流动壁垒——兼论我国产业管制的政策取向[J]. 经济问题探索,2009(11):51-56.

[88] 李军,刘海云. 生产率异质性还是多重异质性——中国出口企业竞争力来源的实证研究[J]. 南方经济,2015(03):1-23.

[89] WINTER S,KANIOVSKI Y,DOSI G. A baseline model of industry evolution[J]. Journal of Evolutionary Economics,2003,13(4):355-383.

[90] CARREIRA C,TEIXEIRA P. Entry and exit as a source of aggregate productivity growth in two alternative technological regimes[J]. Structural Change & Economic Dynamics,2011,22(2):135-150.

[91] 许昌平. 生产率差异、行业生产率增长与企业进退[J]. 贵州财经大学学报,2014,3(3):45-54.

[92] FÄRE R,GROSSKOPF S,LINDGREN B,et al. Productivity changes in Swedish pharamacies 1980–1989:A non-parametric Malmquist approach[J]. Journal of Productivity Analysis,1992,3(1-2):85-101.

[93] RAY S C,DESLI E. Productivity Growth,Technical Progress,and Efficiency Change in Industrialized Countries:Comment[J]. American Economic Review,1997,87(5):1033-1039.

[94] 徐雷. 试论促进我国装备制造业自主创新的最优对策选择[J]. 软科学,2010,24(9):33-38.

[95] 牛泽东,张倩肖,王文. 中国装备制造业全要素生产率增长的分解:1998-2009——基于省际面板数据的研究[J]. 上海经济研究,2012(03):56-73.

[96] 陈爱贞,钟国强. 中国装备制造业国际贸易是否促进了其技术发展——基于DEA的面板数据分析[J]. 经济学家,2014(05):43-53.

[97] 王卫,綦良群. 中国装备制造业全要素生产率增长的波动与异质性[J]. 数量经济技术经济研究,2017(10):111-127.

[98] 秦琳贵,王青,马强. 辽宁省装备制造业效率分析——基于DEA模型和Malmquist指数法[J]. 沈阳工业大学学报(社会科学版),2016(04):314-324.

[99] 王青,安亚革. 装备制造业技术创新效率评估——以辽宁为例[J]. 科技与经济,2016(03):29-33.

[100] 胡彬. 装备制造业、全要素生产率与异质性人力资本[J]. 经贸实践,2015(11):280.

[101] 李春临,许薛璐,刘航. 产业补贴配置方式对企业全要素生产率提升效应研究——基于装备制造业上市公司数据的实证分析[J]. 经济经纬,2017(04):99-104.

[102] 吴利华,申振佳. 产业生产率变化:企业进入退出、所有制与政府补贴——以装备制造业为例[J]. 产业经济研究,2013(04):30-39.

[103] 冯正强,白利利. 我国装备制造业技术水平测算及其影响因素研究——基于省际面板数据的比较分析[J]. 经济与管理评论,2018(02):69-81.

[104] 唐晓华,陈阳. 中国装备制造业全要素生产率时空特征——基于三种空间权重矩阵的分析[J]. 商业研究,2017(04):135-142.

[105] 王映川. 我国先进装备制造业全要素生产率及影响因素分析——基于产业组织视角[J]. 工业技术经济,2017(01):15-21.

[106] 于成学,李星光. 基于Malmquist指数的我国装备制造业全要素生产率测度分析[J]. 科技与管

理,2009,11(5):102-105.

[107] 户慧,刘财.中国装备制造业TFP增长的结构性研究——基于面板数据的实证分析[J].商场现代化,2013(23):132-134.

[108] 韩晶,陈超凡,施发启.中国制造业环境效率、行业异质性与最优规制强度[J].统计研究,2014(03):61-67.

[109] 段文斌,刘大勇,余泳泽.异质性产业节能减排的技术路径与比较优势——理论模型及实证检验[J].中国工业经济,2013(04):69-81.

[110] 贺胜兵,周华蓉,刘友金.环境约束下地区工业生产率增长的异质性研究[J].南方经济,2011(11):28-41.

[111] 朱学红,曾旖,丰超.中国全要素生产率的产业异质性、区域差异及空间布局优化[J].商业研究,2016(05):1-8.

[112] 杨虎涛.论演化经济学的困境与前景[J].经济评论,2007(4):86-91.

[113] FOSS K,FOSS N J,KLEIN P G. The entrepreneurial organization of heterogeneous capital(Article)[J]. Journal of Management Studies,2007,Vol.44(7): 1165-1186

[114] CHEN M X. The matching of heterogeneous firms and politicians[J]. Economic Inquiry,2013,51(2):1502-1522.

[115] 李陈华,杨振.外资来源、内生组织形式与生产率溢出[J].经济管理,2013(3):1-11.

[116] 王明益.外资异质性、行业差异与东道国技术进步——基于制造业分行业的全参数与半参数估计比较[J].财经研究,2014(09):109-120.

[117] GULATI K,WARD P S,LYBBERT T J,et al.Intrahousehold preference heterogeneity and demand for labor-saving agricultural technology.[J]. American Journal of Agricultural Economics,2024,Vol.106(2):684-711

[118] METCALFE J S. Evolutionary economics and creative destruction[J]. London:Routledge,1998.

[119] ELIAS G,CARAYANNIS D F J,CAMPBELL. Mode 3 knowledge production in quadruple helix innovation systems: 21st-century democracy, innovation, and entrepreneurship for development[J]. Springer Briefs in Business,2012,50(1):139-142.

[120] 杰克·J.弗罗门.经济演化[M].北京:经济科学出版,2003.

[121] 库尔特·多普弗.经济学的演化基础[M].北京:北京大学出版社,2011.

[122] 贾根良.理解演化经济学[J].中国社会科学,2004(2):33-41.

[123] HAYEK F A. The use of Knowledge in society[J]. American Economic Review,1945,35(4):519-530.

[124] 孟祥宁,张林.西部地区装备制造企业模块化演进机制研究——以广西玉柴集团为例[J].学术论坛,2016(2):54-59.

[125] CHIAROMONTE F. Heterogeneity, competition, and macroeconomic dynamics[J]. Structural Change and Economic Dynamics,Elsevier,1993,4(1):39-63.

[126] KANCS D A. Trade Growth in a Heterogeneous Firm Model:Evidence from South Eastern Europe[J]. World Economy,2007,30(7):1139-1169.

[127] RICHARD E. BALDWIN T O. International Trade, Offshoring and Heterogeneous Firms[J]. Review of International Economics, 2014, 22(1):59-72.

[128] MARIUSSEN A. Specialization and heterogeneity in small national economies: the Nordic countries[J]. Diversity in the Knowledge Economy and Society.UK: Glensanda House, 2008.

[129] 张道民. 系统发展论与过渡现象研究[J]. 系统科学学报, 2006(01):35-39.

[130] 李红刚. 关于系统结构及其演化问题的讨论[J]. 自然辩证法研究, 1994(09):54-58.

[131] ESSLETZBICHLER J R D L. Generalized darwinism and evolutionary economic geography[J]. The Handbook of Evolutionary Economic Geography, 2010, 6(1):43-61.

[132] 季赛卫安虎森. 演化经济地理学理论研究进展[J]. 学习与实践, 2014, 11(7):5-18.

[133] HOPENHAYN H A. Entry, exit and firm dynamics in long run equilibrium[J]. Econometrica, 1992, 60(5):1127-1150.

[134] ERICSON R, PAKES A .Markov-perfect industry dynamics: A framework for empirical work.[J]. Review of Economic Studies, 1995, Vol.62(210): 53

[135] HUNEEUS F, LANDERRETCHE O, PUENTES E, et al. A multidimensional employment quality index for Brazil, 2002-11[J]. International Labour Review, 2015, 154 (2):195-226.

[136] 李月, 胡春晖. 人力资源价值计量方法新探[J]. 财会月刊, 2013(21):3-6.

[137] TANO S. Migration and Regional Sorting of Skills[J]. Umeå Economic Studies, 2014.

[138] BELO F, LIN X, LI J, et al. Labor-Force Heterogeneity and Asset Prices: The Importance of Skilled Labor[J]. NBER Working Paper Series, 2015, Working Paper 21487.

[139] XIE Y.Founder premiums, venture capital investments and acquirer benefits.[J].Journal of Business Finance & Accounting, 2024, Vol.51(3): 943-1014

[140] 刘金菊, 孙健敏. 社会资本的测量[J]. 学习与实践, 2011(09):110-118.

[141] GIOVANNETTI G, MARVASI E, RICCHIUTI G. The Heterogeneity of Foreign Direct Investors: Linking Affiliates to Parent Productivity[J]. Working Paper N.13, 2015.

[142] CHAO Z, FENG L.Does global diversification promote or hinder green innovation? Evidence from Chinese multinational corporations[J].Technovation, 2024, Vol.129: 102905

[143] CHICHKANOV N.Patterns of Knowledge-Intensive Business Services Use Across Europe.[J]. Foresight & STI Governance, 2022, Vol.16(1): 22-33

[144] KALOUDIS A. Heterogeneity as sectoral specialization: the case of the EU15[J]. Diversity in the Knowledge Economy and Society.UK: Glensanda House, 2008.

[145] 孙晓华. 技术创新与产业演化:理论及实证[M]. 北京:中国人民大学出版社, 2012.

[146] YITBAREK T B, ROBEL H B.Linking Strategic Management and Corporate Entrepreneurship for Firm Value Creation: A Developing Country Perspective[J]. Journal of African Business, 2022, Vol.23(1): 79-103

[147] 哈肯著, 凌复华. 协同学:大自然的构成的奥秘[M]. 上海人民出版社, 2005.

[148] MIGUEL M B D,MARÍA D M M,JOSÉ A G.The Innovative Regional Environment and the Dynamics of its Clusters[J].European Planning Studies,2011,Vol.19(10):1713-1733

[149] PAOLO R G P. Order allocation in a multiple suppliers-manufacturers environment within a dynamic cluster [J]. International Journal of Advanced Manufacturing Technology,2015,80(1-4):171-182.

[150] 陈诗一. 中国工业分行业统计数据估算：1980—2008[J]. 经济学（季刊）,2011(03):735-776.

[151] 万伦来,朱琴. R&D投入对工业绿色全要素生产率增长的影响——来自中国工业1999—2010年的经验数据[J]. 经济学动态,2013(09):20-26.

[152] 李斌,彭星,欧阳铭珂. 环境规制、绿色全要素生产率与中国工业发展方式转变——基于36个工业行业数据的实证研究[J]. 中国工业经济,2013(04):56-68.

[153] FUJII H,MANAGI S,KANEKO S.Decomposition analysis of air pollution abatement in China: empirical study for ten industrial sectors from 1998 to 2009[J]. JOURNAL OF CLEANER PRODUCTION,2013,Vol.59:22-31

[154] 王飞成,郭其友. 经济增长对环境污染的影响及区域性差异——基于省际动态面板数据模型的研究[J]. 山西财经大学学报,2014(04):14-26.

[155] 张军. 基于环境库兹涅茨模型的经济与环境关系分析[J]. 中国环境监测,2013(02):91-94.

[156] 汪锋,解晋. 中国分省绿色全要素生产率增长率研究[J]. 中国人口科学,2015(02):53-62.

[157] 成刚. 数据包络分析方法与MaxDEA软件[M]. 北京:知识产权出版社,2014.

[158] PASTOR J T,LOVELL C A K. A global Malmquist productivity index[J]. Economics Letters,2005,88(2):266-271.

[159] 张军,陈诗一,张熙. 中国工业部门的生产率变化与要素配置效应：1993-2006[J]. 东岳论丛,2010(10):70-82.

[160] 郭亚军. 综合评价理论、方法及应用[M]. 北京:科学出版社,2007.

[161] 熊婕,刘渝琳,杨流. 人力资本的差异性定价与溢出效应——基于人口、行业和区域异质性[J]. 重庆大学学报（社会科学版）,2014(04):65-72.

[162] 李珊珊. 环境规制对异质性劳动力就业的影响——基于省级动态面板数据的分析[J]. 中国人口·资源与环境,2015(08):135-143.

[163] 肖文,林高榜. 海外研发资本对中国技术进步的知识溢出[J]. 世界经济,2011(01):37-51.

[164] 康华,扈文秀,吴祖光. 国家创新体系、资本密度与我国上市公司研发投入——基于制度观视角[J]. 科技管理研究,2016(06):31-35.

[165] 伍先福. 生产性服务业与制造业协同集聚对全要素生产率的影响[D]. 南宁:广西大学,2017.

[166] GROVES T,HONG Y,MCMILLAN J,et al. Autonomy and Incentives in Chinese State Enterprises[J]. Quaterly Journal of Economics,1994,109:183-209.

[167] ARELIANO M,BOVER O. Another look at the instrumental variable estimation of error-components models[J]. Journal of Econometrics,1995,68(2):29-51.

[168] 张媖. 重视知识产权保护以创新驱动装备业发展[N]. 中国船舶报.

[169] TAYLOR M S,ANTWEILER W,COPELAND B R. Is Free Trade Good for the Environment?[J]. American Economic Review,2001,91(4):887-904.

[170] 傅京燕. 产业特征、环境规制与大气污染排放的实证研究——以广东省制造业为例[J]. 中国人口.资源与环境,2009(02):73-77.

[171] 江小国,刘凤芸. "一带一路"背景下我国高端装备制造产业"走出去"布局与对策[J]. 经济纵横,2017(05):26-31.

[172] 广西新闻网. 广西口岸进出口货运量破亿吨货值达到3455.5亿元[J]. http://www.chinanews.com/cj/2011/01-20/2801792.shtml,2017.

[173] 胡建华. 广西推进"一带一路"战略的政策取向与路径选择[M]. 北京:人民出版社.

[174] 广西壮族自治区统计局. 广西装备制造业发展状况分析[EB/OL]. http://www.gxtj.gov.cn/tjxx/yjbg/qq_267/201706/t20170606_133553.html.

[175] 孟祥宁. 以CEPA促广西装备制造业转型升级的构思与对策[J]. 当代广西,2017(14):56-57.

[176] 孟祥宁. 供给侧结构性改革是我国经济发展进入新常态的必然选择[J]. 当代广西,2017(20):32-34.

[177] 孟祥宁,张林. 中国装备制造业绿色全要素生产率增长的演化轨迹及动力[J]. 经济与管理研究,2018(01):105-115.